HOMO JURIDICUS
Essai sur la fonction
anthropologique du Droit

著◎【法】阿兰·苏彼欧
Alain Supiot

译◎郑爱青

法律人

试论法的人类学功能

中国政法大学出版社
2019·北京

Homo juridicus
Essai sur la fonction anthropologique du Droit
by Alain Supiot
© Éditions du Seuil, 2005
版权登记号：图字 01-2019-2496 号

图书在版编目（ＣＩＰ）数据

法律人：试论法的人类学功能/（法）阿兰·苏彼欧著;郑爱青译. —北京：
中国政法大学出版社, 2019. 11
ISBN 978-7-5620-9246-9

Ⅰ.①法…　Ⅱ.①阿…②郑…　Ⅲ.①法学－人类学－文集　Ⅳ.①
D90-059

中国版本图书馆CIP数据核字(2019)第230440号

书　　　名　　法律人：试论法的人类学功能 FA LÜ REN SHI LUN FA DE REN LEI
XUE GONG NENG
出　版　者　　中国政法大学出版社
地　　　址　　北京市海淀区西土城路 25 号
邮　　　箱　　fadapress@163.com
网　　　址　　http://www.cuplpress.com（网络实名：中国政法大学出版社）
电　　　话　　010-58908435(第一编辑部) 58908334(邮购部)
承　　　印　　固安华明印业有限公司
开　　　本　　880mm×1230mm 1/32
印　　　张　　9.5
字　　　数　　210 千字
版　　　次　　2019 年 11 月第 1 版
印　　　次　　2019 年 11 月第 1 次印刷
印　　　数　　1～3000 册
定　　　价　　49.00 元

|目 录|

下卷　法律技术：诠释的资源

|序 言|

> 人呐，滑过去，不要撑在上面，因为您脚下的冰脆弱。
> ——皮埃尔·伊夫·纳尔瓦（Pierre-Yves NARVOR）

　　人是形而上学意义上的动物。作为一种生物存在，人首先 ⁷
通过感官感知世界。但是，人类生活不仅在物体（choses）的领
域展开，它还在符号或标识（signes）的领域展开，而这一领
域，可以超越语言所及，延伸到一切可以使思想物化之所在，
并且使得没有物体形态的东西得以即刻在人的精神层面表现出
来。那些载有某种含义的物体或事物都是如此，尤其是那些在
制作过程中，融入了主导制作过程的某种思想的物体，是区别
于其它自然物体的：从最不起眼的（一块打磨的石头、一块手
帕）到最神圣的（"蒙娜丽莎""先贤祠"）。外在的商标或标
记（服装规范、化妆、纹身等）和与行为相关的学科（礼仪、
行为艺术、舞蹈等）也都属于此类，它们把人的身体当作一种
符号，作为一种含义的外在标记。在人的里面，这些含义的存
在与生命的意义交织在一起，人能够致力于投入这一生命的意
义，并由此赋予死亡本身以一种含义。因此，对于人而言，为
了不陷入无意义的状态，即为了成为并保持一种理性的存在，

赋予自身与世界以含义（signification）是首要的。

每个人都是这样带着一种含义上的债权（créance de sens）来到世上，关于这个已存世界的含义，该世界赋予其存在以一种意义。了解和把握这一含义的前提就是，每个儿童学习说话，并且服从于一位"语言规则的制定者"。如果说这位"语言规则的制定者"正是柏拉图笔下的那位"人类社会中难以发现的规则制定者"[1]，是因为它总是习惯隐藏在母亲的面庞后面。母语，是含义的第一来源，也是主体构建中不可或缺的教义性资源的第一种。母语给予每个人如他所愿地去思考和表达的自由，这种自由意味着，人人都服从于赋予母语所包含的词语以特定含义的那些限制；没有极端的他律，也就没有可能的自律。但是，任何一个新生儿，在通过语言了解到其存在的含义之前，就已经在亲子关系中被指定了一个名字：一个被分配的家谱中的位置。因为，甚至在我们能说出"我"之前，法律已经让我们每个人成为一个法律上的主体了。一个主体，为了自由，必须首先受到那些将其与其他人联系起来的话语的约束。法律上的和语言上的联系就是这样联系在一起，让每个新生儿得以成为人类大家庭中的一员，即赋予其生命以一种含义（signification）：就含义这个词的双重意思而言：一般含义和法律含义[2]。与其同类隔

---

〔1〕 Platon, *Cratyle*, in Oeuvres compèltes, trad. L. Robin, Gallimard, 1950, t. I, p. 620 sq（没有注明的出版地点都是巴黎）。

〔2〕 拉丁文 *Signum* 有"区别性标记""印记"的意思，既可以指徽记、旗帜、画的或刻的形象，也可以指一个人区别于他人的"名字"，或是预兆或征兆的符号。法语上，这个词最初指那些令人想到某种不在现场的东西的存在。Signifier 和 signification 很早就有了法律上"通知"（正式向接受者告知一个证书）的含义，参见 A. Rey（dir.）, *Dictionnaire historique de la langue française*, Robert, 1992, s. v. signe; A. Ernout, A. Merillet, *Dictionnaire étymologique de la langue française latine*, Klincksieck, 2001, 4e édi., s. v. signum.

绝，人类就成为语义学上的"白痴"（希腊语上的白痴指自我封闭的人）。同理也如此，封闭在自己世界观中的人也会成为白痴。这些人不能理解其他可能的存在，即不能与其同类在关于世界的表象上相互协调，而我们必须明白，每个人在这个世界上都有自己的位置。因而，对正义的向往，不是什么前科学时代想法的遗迹，而是代表着一种基本的人类学信息，不论是在最好的时候还是在最差的时候。人可以为自己认为正义的事情（自由、祖国、上帝、荣耀等）而去杀戮或去赴汤蹈火。由此可知，我们每个人心里都藏着一颗"炸弹"。

人并非生来就有理性，而是在掌握人类的共同含义过程中变得有理性的。因而，每一个人类社会都以其自有的方式成为理性的教导者。我们所称为"社会"的，其内在结构就是由把人们维系在一起的话语联系所组成的。因而，就此而言，不可能存在动物的社会[1]。法语上，法律（loi）和合同（contrat）分别表示人们在法律上的两类联系：从法律层面看，法律文件及其规定强制性地适用于我们，不以我们的意志为转移；从合同层面看，我们与他人的关系则取决于我们与他人自由订立的契约所约定的内容。任何人在受到合同承诺约束之前，先要受到法律确认给他的民事身份的约束。从作为法律术语的"义务"（obligation 系于……）的字面和词源含义上看，并非我们的所有话语都约束我们，都使我们"系于……"例如，此刻我并不受我正在写作文字的约束，我保留有推翻所说的或使自己自相矛盾的话语的权利。既然那些对我有约束力的话语，无需是我说过的或同意的，一定又都是我人生历程首先要遵守的，那么，

─────────

〔1〕　参见 P. Legendre, *De la Société comme Texte. Linéaments d'une anthropologie dogmatique*, Fayard, 2001.

就应当区分在我被迫遵守的和我与他人产生联系的话语和文件中，哪些来自我自己，哪些来自他人。法律与合同的观念就是如此紧密地联系在一起，并都来自对一位神圣"规则制定者"的信仰；这位"规则制定者"也担保信仰他的人的话语，即忠诚于他的、也忠诚于他们自己话语的人。这就是为何在其他文明中，如日本，找不到如此一般和抽象形态下的法律和合同观念。而这正是所有圣经文明的共同点，当然，关于法律与合同的思想只是建立人类正义并使人类服从于理性的众多方式中的一种。

10　　使每个人成为"法律人（*homo juridicus*）"，是西方把人的构成的生物学层面与象征性层面联系起来的一种方式。**法**（Droit），把我们精神世界的无限性与我们身体经验的有限性联系起来，正是通过此种方式，它担负着西方建立理性的人类学的功能。人类一旦否定构成人的两个层面中的任何一个层面，就会招致疯狂的后果：或是把人视为动物来对待，或是把人视为是纯精神的，能超越除了人类自我限定以外的所有界限的存在。帕斯卡尔（Pascal）曾经用最简单的词语表达过：人既不是天使也不是牲畜。但是，就是如此简单的说法也让我们难以理解，因为，在我们的思想范畴中，是把物质与精神对立起来的，把"唯物论"与"唯心论"对立。如此二分法，在科技进步的推动下，使我们相信，一方面，人可以被解释为任何一种自然物，除了自然科学能向我们揭示并使我们能掌握的事物以外，关于人，我们没有什么能知晓的；另一方面，通过科学，变得对自身透彻了解的人类，有一天可以突破所有的自然限定：选择性别、身体不受岁月的侵袭、攻克疾病，以至于战胜死亡。可见，把人视为纯粹的物或纯粹的精神是疯狂的两个侧面。

　　汉娜·阿伦特（Hannah Arendt）从极权体制经历中提炼出

的教训之一就是，"通向极权统治之路的第一步，就是毁掉人所具有的法律人格[1]"。以所谓生物的、政治的或经济的现实主义为名，否认**法**的人类学功能，是所有极权主义的一个共同做法。这一教训似乎被当今的法律人所遗忘，因为，他们都认同：法律人格是一种与实实在在的人无关的纯粹人为拟制的概念。毋庸置疑，法律人格确实是一种人为虚构的概念，但是，就人类所特有的象征性范畴而言，所有的一切都属于人为现象。法律人格确实不是一种自然事实，而是人类的一种确实表象，表明人是物质与精神的统一体，同时，禁止把人克减为只是一个生物存在或只是一个精神存在。这就是人类在走出纳粹带来的恐怖后，认识到有必要保障任何人在任何地点的法律人格的原因[2]。当今那些寻求使法律主体丧失资格的人们所瞄准的目标正是这一禁止，他们的目的在于把人理解为一个计算单位，并把人或视为牲畜来对待，或视为一种纯粹的抽象来对待[3]。

实际上，如此对人的克减，是与支撑过资本主义和现代科学的计算的活跃发展同步进行的。例如，当今，平等这一法律原则，正是倾向在此模式下被诠释：代数方程式的"平等"允许无差别：如果我说<a＝b>，由此推导出，任何一个 a 存在，就可以对应一个 b，因此，a+b=a+a=b+b；将之应用于男女平等上，就是一个男人等于一个女人，反之亦然。但是，男女平等原则并不是指男人就是女人。男女平等原则是西方最珍贵、

11

---

[1]　H. Arendt, *The Origins of Totalitarianizt*, New York, Harcourt, Brace and World, 1951, trad. fr. *Les Origines du totalitarisme. Le système totalitaire* (dorenavant：*Le Système totalitaire*), Seuil, 1972, p.185.

[2]　《世界人权宣言》第6条。

[3]　关于人类的法律物化的不同侧面，参见 B. Eedelman, *La Personne en danger*, PUF, 1999.

5

也是最脆弱的一项获胜。如果以数学模式去理解，即以纯粹量化模式来对待人，这一原则就不能持久地坚持下来。现代社会所有的症结正是在于：应当思考并使平等原则在不否认差异的同时得以实施。这一认识也应当延伸适用于具有不同国籍、风俗、文化、宗教或代际的男女关系上。资本主义的固有标志不是对物质财富的追求，而是它使事物的量化（quantité）统治超越了人与物的多样性。如果这种量化的统治思想引导我们去相信一种与被计算对象的"质"完全无关的抽象数字的话，那么，对"平等"的理解就是疯狂的了。[1]

12　　　　计算不等于思考。通过支撑过资本主义的计算而来的合理化，趋向于把不可计算的都视为不存在之时，人类社会就进入了狂热的妄想之中。计算的能力，虽然是理性的一个基本属性[2]，但它并不是理性的全部。正是这种智力能力合乎逻辑的形式化，使得计算机得以发明。自从人类凿出第一块燧石以来，这种把人的精神投射到一个物体上的活动，一直是技术进步和人类控制物体世界的原动力。然而，当今占领我们精神层面的"认识论"则源自相反的运动：它将计算机器的模式投射到人的精神上，由此希望有一天通过纳米技术的帮助，实现对人的思想的物化控制。就像现实生活中的经济学意识形态一样，它是建立在如下的一种信仰之上的：合理的存在，都是一种纯粹的可计算的存在，因而其行为可以被计算、可以被程序化。然而，

---

〔1〕 Cf. R. Guenon, *Le Règne de la quantite et les signes des temps*, Gallimard, 1945.

〔2〕 Raison（理性）来自拉丁文 *ratio*，出自动词 reor-compter（计算），最早是指账户、计算、利益，之后用于指判断、决断、学理，最后是指理性（A. Ernout, A. Meillet, *Dictionnaire étymologique de la langue latine*, *op. cit.*, *s. v. reor*）；《ratio》在现代法语中最终保留"理性"这一含义（rapport numérique）。

为了计算，人们就得忘掉或忽视事物的多样性，只记住关键的一点，即他们具有可被计算的这个基本特征。由于人的理性存在另一侧面，即负责抵制数字抽象的侧面，所以，忘掉或忽视事物的多样性是可能的，况且，这种忘掉或忽视本身对于利益计算和科学计算都是必要的。如果没有不可论证的公理，如果没有人的智力可以建立在其上的公理，就没有数学。人们并不把蟾蜍和云彩收集在一起进行计数，因为人们只能对那些可以识别的、具有共同自然属性的物体进行计数。虽然，我们借以识别和分类自然物体的思想范畴本身并不是很精确，但是，这并不是说这种识别和分类就是不合理的。思想的工作就在于，通过把测量得来的数量归为一个度量含义的方式，来赋予计算一种含义；而这种含义的界定就不可避免地带有武断性，因为我们的思想范畴并不是大自然给予的，而是我们为了理解大自然所赋予我们自己的一种途径。

　　勇于运用你的思考（sapere aude）！"大胆地使用你的知性吧![1]"康德（kant）的这句著名箴言，使我们想起启蒙运动建立其上的信仰：即对作为理性存在的人类自身的信仰。因此，忠诚于启蒙思想就意味着，相信人类有能力自由地思想。这种信仰并不禁止对于人可以到达理性的条件进行自问；相反地，它禁止将人视同动物或机器，或完全根据外部决定机制来解释人类。人文科学，如果笨拙地效仿自然科学，并寻求将人克减为可解释的、可设计的物体，就不再是人文科学了，而只是沦

13

---

　　〔1〕　E. Kant, *Beantwortung der Frage：was ist Aufklärung?*〔1783〕, trad. fr. H. Wismann, *Réponse à la question：qu'est-ce que les Lumières?*, in Oeuvres philosophiques, Gallimard,《Bibliothèque de la Pléiade》, 1985, t. Ⅱ, p. 209 sq.

为西方教义学的残渣，或成为处于解体中的一种科学思想的可怜余烬。这种科学思想，本应由它来理清一些问题的，结果它却想方设法使这些问题消失了。因为，这种科学思想热衷于把人类社会带入到一些模仿机械学或生物学的模式中，而这些都是徒劳无益的。要知道，生物有机体从其自身找到自身的规律，而人类社会，则需要从其外部找到它建立其上的、并使每个人在其中各有其位的规则。这就是乔治·冈圭朗（Georges Canguilhem）所言的，"人类存在的首要问题之一和理性提出的基本问题之一[1]"，即生命的含义（le sens）并不存在于我们人体器官中，而是必须来自我们身外的一个共同至高的**参照**（Référence）。拒绝理解这一点，把理性等同于科学解释，或者把**法**等同于生物学规则，只能为疯狂和屠杀打开闸门，因为，一旦我们无视如何构建理性这一问题，我们就被引导以至于把社会视为一堆简易的颗粒，这些颗粒是由对人的个体效用的计算或由其物理化学上的表现特征蜕变而来的。如此一来，所有人都被要求作为一个自给自足的存在而行动，然而，事实上没有一个人能不依赖他人而存在。缺少这样一个保障每个人（在生命中）含义和（在社会中）位置的共同至高**参照**，会使得人人都陷入自我参照的陷阱之中，因而只能在孤独和暴力中择一而终。于是，人类成为人类自身的豺狼，备受维柯（Vico）所称的正在瓦解的人民的"市民病"（la maladie civile）的折磨[2]。

---

〔1〕 G. Canguilhem,《 Le problème des régulations dans l'organisme et dans la société》, *Cahiers de l'Alliance Israélite universelle*, 92, sept. -oct. 1995, p. 64 sq. , repris in *Ecrits sur la medicine*, Seuil, 2002, cité p. 108.

〔2〕 G. Vico, *Principi di Scienza nuova d'intorno alla commune natura delle nationi* [1744], trad. fr. A. Pons, *Principes d'une science nouvelle relative à la nature commune des nations*, Fayard, 2001, p. 536 sq.

如果说科学技术和市场经济都是西方文明的历史产物，并
且当今仍然紧密地与西方文明相联系，那是因为这一文明得以
建立其上的信仰的缘故。科技活动源于相信上帝早就把地球作
为产业给予人类，相信上帝也已经按照亘古不变的规律把大自
然组织起来，并且相信掌握这些规律就可以使人类成为地球的
主人。因而，西方的物质强大，很大程度上应当归功于基督教，
基督教巩固了西方的身份认知[1]。如今，我们都倾向认为这些
都成了过去，西方社会已经从宗教中解放出来了。"除魅"和
"宗教让位"已经成为陈词滥调，被社会科学推而广之，而且，
很多西方人把其他民族对宗教的依恋视为应当呼吁消失的一种
古风。然而，如果我们回想一下，"宗教"这个词的含义其实是
随着社会的世俗化而颠倒了的，那么，情况可能有所不同。有
宗教（religion）……也有**公共信仰**（Religion）。之前作为一个
社会之教义基础的宗教，当今已是属于个人自由的事情了，曾
经作为公共事务的宗教也已经变成了私人的事情。这就是为何，
在当今社会谈论宗教，会带来无穷无尽的误解。在中世纪的欧
洲，**公共信仰**（Religion）不是私人的事情，因而，那时不存在
我们当今含义上的宗教[2]。中世纪的**公共信仰**（Religion）同
时为王子与臣民确立法律地位和规范，甚至这个时期建立起来
的商法，还是那些被一个共同信仰联合起来的虔诚基督徒的功

---

　　[1]　"西方"一词的所指，起源于东西罗马帝国的分裂，是指继承了中世纪基
督教制度构建的不同文化。这一承继，以及其他因素合起来解释了，为何西方人拒
绝承认这样一种"西方"所指，即把它与其他文明放在平等地位上，因为西方人相
信他们对世界的看法是具有绝对普世性的。

　　[2]　Cf. J. -C. Schmitt,《La croyance au Moyen Âge》, *Raison présente*, 115, 1995,
p. 15, repris in *Le Corps, les rites, les rêves, le temps. Essais d'anthropologie médiéval*, Galli-
mard, 2001, p. 77 sq.

劳。Trust（相信或信用）这个词，后来成为资本主义一项有用的工具，在当时是为了满足方济各会僧侣的需要而发明的，因为，这些僧侣作为财产的受赠人，不想拥有所有权[1]。关于永不消亡的国家的思想，是来源于一种神秘形体的想法和一王二体的理论[2]。当然，现代西方使这些概念都世俗化了，并使国家成为个人身份和所说话语的终极守护者。但是，尽管如此，信仰范畴和计算范畴之间的主要区别，依然存在：信仰的范畴是定性的、不可论证的，过去基本上是关于法律和公共决断领域的事情；而计算的范畴，则是定量的，曾经是关于合同和谈判方面的事情。

16 　　基督教在当今一些西方国家失去宪法性地位的事实，并不意味着这些国家不再具有教义根基。这些国家和这些国家的人一样，继续由一些不可论证的确信和真实的信仰所支撑着；这些确信和信仰并非源于他们的自由选择，而是因为它们都具有确定他们身份的特性。如果现在问一个英国人是否"相信女王"（英国国家和国教元首："上帝拯救女王！"），或问一个法国人是否"相信共和国"（不可分的、世俗的、民主的、社会的），恐怕会和中世纪欧洲时问"你相信教皇吗？"一样的荒唐了。显然，西方人现在是什么都不信了，特别是在古老的天主教国家更是如此，这些国家的政府与宗教可谓泾渭分明。然而，那些自称不相信宗教的人，也会很快承认说相信他们胸前口袋中的

---

〔1〕　Cf. L. Parison, 《L'involontaire contribution franciscaine aux outils du capitalisme》, in A. Supiot（dir.）, *Tisser le lien social*, MSH, 2004, p. 199 sq.

〔2〕　E. Kantorowicz, *The King's Two Bodies: A Study in Medieval Political Theory*, Princeton, Princeton University Press, 1957, trad. fr. Les Deux Corps du roi, Gallimard, 1989.

美元的价值，尽管它们只是一些纸片而已。在美元上，确实印着"我们相信上帝"，美国总统的宣誓总是手按《圣经》，他也不会错过任何时机提及美国与上帝之间的联系[1]，这种联系也通过"上帝祝福美国"的格言表达出来。然而，日元或欧元也具有与美元一样的信用，即使人们小心翼翼地擦掉上面的宗教性参照因素。

　　在由铭刻我们这个时代的计算而来的合理性（rationalité）　17
的核心之处，我们总是可以找到由**法**所建立和保障的那些信仰。
经济，从涉及交易之时，就首先是信用的事情（信用词源上的
含义：相信）。自由交换的普及使一切经济活动都建立在法律的
拟制之上，如法人或代表信用流转的债权转让。当某一经济活
动的操作者（或参与人）的诚信突然出了问题的时候，市场的
这些教义性根基的作用就更加凸显出来了[2]。人们会怀疑这些
通过会计准则获得的、并已成为企业标识的数字化图像的真实
性吗？这令人立刻想起，美国法律现在正在向世界推广古老宣
誓技术和对背信者的严厉惩罚；这样做的目的，无非就是在会
计形象的真实性上，重建已经摇摇欲坠的诚信[3]。总而言之，
任何一个国家——不仅仅是那些宣称是绝对世俗化的国家，都
不能不利用某种根基性的信仰来维持诚信。这些根基性信仰不

---

　　〔1〕　"在联盟誓约中援引上帝不构成对权利的违反。事实上，这是一种基于事
实的确认，我们从上帝那里接受权利，正如我们的独立宣言所宣称的"，布什总统在
2002 年 6 月于加拿大召开的八大富裕国家峰会上如此说道（United Press Internation-
al，28 juin 2002，et USA Today，27 juin 2002）。

　　〔2〕　Cf.《The dogmatic foundations of the market》，*Industrial Law Journal*，vol. 29，
4，December 2000，p. 321~345.

　　〔3〕　在安然公司（*Enron et World Com*）丑闻事件之后，2002 年 7 月底，美国
通过 Sarbanes-Oxley 法，要求公司领导以信誉保证账户的真实性，违者将可能被判
监禁 20 年，并且不得援引破产法来逃避责任。

属于任何经验论证的范畴，但是，却决定着这个国家的存在和行动的方式。如果没有对话语的信奉，人类就不可能有言论自由和沟通的可能；同理，如果没有对**法**的信仰，人类就不能自由地并以良好的精神状态生活在地球上。

18 　　西方对世界其他地区的主导，是建立在它对真理的掌握和它超越其他人类社会的确信之上的。这种确信仍然未变，即使在历史进程中，它曾以不同的面貌呈现。首先，这一确信由罗马基督教教义所支撑。西方概念的本身就来源于此，与东方帝国的基督教相对立，而且，这些教义起初是用来论证对于非基督教地区的征服和皈依的合理性。之后，科学（Science）接替宗教成了西方主导其他地区人民的论据。因此，二战之前，人在生物意义上不平等的观点，曾经被视为一种"科学真理"，被后达尔文主义科学广泛传播，特别是在新教国家[1]。在天主教文化的国家，例如法国，则用西方历史使命的观点来论证其殖民行为的合理性。这种完成"文明的使命"的目的，在于使处于黑暗迷信中的人们转向启蒙。纳粹被消灭后，种族不平等的观念不复存在；殖民帝国崩溃之后，文明使命的想法也随之消失了，然而西方的历史法则，以一种细微变化的形态仍然在发挥着作用。此后，我们看到，人类社会区分为发达国家和不发达国家，近年来，不发达国家又被称为发展中国家。对此区分特别在意的一些经济学家，甚至提出了"人类发展指数"的概念，用于衡量与西方国家相比某些国家的落后程度[2]。至于那些鼓吹历史末日的人，他们则在观察西方国家对经济学规则的

---

〔1〕 Cf. A. Pichot, *La Société pure. De Darwin à Hitler*, Flammarion, 2000.

〔2〕 人类发展世界报告，Bruxelles, De Boeck et Larcier, 2002. 人类发展指标的建立，在报告附录的一个技术文件中有解释，p. 2552 sq. 根据此报告，2002 年，挪威人在全球人类中发展最好。

遵守上，看出西方世界主导其他地区的客观理由。这一经济学规则的信条也被国际机构和地区共同体机构所坚持，因为，这些机构在努力去把规制经济所假定的各种好处推广到全世界。不论如何，西方国家仍然确信其走在历史的含义（le sens）之中[1]，并认为他们是唯一相信这一历史含义的。

把人视为理性的存在并将这种认同理念推至极致的西方法 20 律体系，也是建立在教义性宣示之上的。例如，法国《1946年宪法》序言开头所宣称的、《1958年宪法》又重申的："法国人民再次重申，所有人，不分种族和宗教信仰，享有神圣的、不可克减的权利。"这里主张神圣权利的主体（法国人民），显然没有遭遇到我们当今糟糕的环境，这使得他们能够提醒世界曾经在1789年已经宣告的某种理念，即人的神圣性。同样地，美国《独立宣言》也是建立在它所宣称的"显而易见的真理"之上的（我们因掌握这些真理而自信——所有人都平等地被创造，并被造物主赋予某些不可让与的权利……），即建立在"教义"（dogmes）（词源含义上的）之上的那些真理（那些真正的并被如此尊崇的真理）。这里，摆在我们面前的是词语最初含义上的宗教风格的宣称，即这种宣称不属于个人自由评判的范畴，而是绝对永恒地适用于这个国家里的所有人的。那些关于**法**滞后于现实的陈词滥调，实际上是在忽视法律制度自身特有的时间性。如同任何其他的教义性制度，**法**并不处于时间先后承继的顺序之中，而是处于特定的时代序列之中，在这样的序列中，

〔1〕　K. Löwith, *Weltgeschichte und Heilsgeschehen. Die theologischen Voraussetzungen der Geschichtsphilosophie* 〔1983〕, trad. fr. M. – C. Challiol – Gillet, S. Hurstel et J. – F. Kervégan, *Histoire et Salut. Les présupposés théologiques de la philosophie de l'histoire*, Gallimard, 2001.

一部新的法律既要重申法律制定当时的理念，也要提出新的认知范畴[1]。

21　　我们要感谢皮埃尔·勒让德（Pierre Legendre）先生，他把教义（dogmatique）的概念重新置于关于现代性分析的中心地位[2]。教义被视为各种科学（特别是医学[3]）史上的一个关键概念，在当今的日常词汇中则被视为理性的反命题。然而，无论是现在还是过去，不论是西方还是其他地方，人的理性是建立在教义根基之上的，即建立在存在一个"公设的、并社会化实施的正当真理之地"上[4]。使用语言这一人类的特性，也会成为人类产生各种狂妄设想的开端；而教义的存在就是为了制止这种情况。其实，人类理性的这一教义层面并没有向人文科学的鼻祖们隐藏过。托克维尔（Tocqueville）认为，"教义性信仰可能改变形式或对象，但是，不会改变到足以让人们认为教义性信仰不存在的程度，也就是说，人们通常是不争论、只凭着相信去接受一种信仰[5]"。奥古斯特·孔德（Auguste

---

〔1〕　法律言论所特有的时间性在根源于圣书的不同文化中都存在，关于穆斯林的情况，参见 Aziz Al-Azmeh，《Chronophagous discourse：a study of cleric-legal appropriation of the world in an Islamic tradition》，in F. E. Reynolds, D. Tracy（eds.），*Religion and Practical Reason*，Albany, State University of New York Press, 1994, p. 163 sq.

〔2〕　P. Legendre, *L'Empire de la vérité. Introduction aux espaces dogmatiques industriels*, Fayard, 1983；*Sur la question dogmatique en Occident*, Fayard, 1999；*De la société comme Texte*, op. cit.

〔3〕　Cf. M. Herberger, *Dogmatik, Zur Geschichte der Begriff und Methode in Medizin und Jurisprudenz, Francfort*, Klostermann, 1981.

〔4〕　P. Legendre, *Sur la question dogmatique en Occident*, op. cit.，p. 78.

〔5〕　A. de Tocqueville, *De la démocraite en Amérique*，Ⅱ，Ⅰ，chap.Ⅱ：《De la source principale des croyances chez les peuples démocratiques》，in（Euvres, Gallimard,《Bibliothèque de la Pléiade》，t.Ⅱ，1992, p. 518.

Comte）基于同样的认识建立了科学实证主义和人道教，并对此提出了更加清晰的论述："（持有）教义论是人类智力的正常状态。人类智力从其性质上，总是不停地以各种形态朝着这一正常状态伸展，即使是看上去是在远离它的时候。因为，怀疑论只是一种危机状态，它既是智力空缺期不可避免的一种结果——每当人的精神被召唤去换一种学说的时候，这种智力的空缺期都会必然地出现；同时，又是或由个人或由某个类别、为了从一种教义转向另一种教义的不可或缺的一种手段。这是怀疑论唯一有用的地方……可以说，现代社会的人民也是遵守我们本性上的这个规律的，甚至在革命的时候，因为，每次应当真正采取行动之时，即便是为了摧毁的行动，人们都必然地要去为本质上该被批判的想法披上教义的外衣[1]。"我们都知道，宗教因素在埃米尔·涂尔干（Émile Durkheim）和马克斯·韦伯（Max Weber）的社会学中都占有核心地位，就像在莫斯（Mauss）和杜蒙（Dumont）的人类学中一样，这些伟大学者中没有一人曾经忽略过凝聚人类社会的那些信仰。但是当今，教义的观念则被视为理性的对立面，如同一件应当好好洗刷的不洁物一般。

既然**法**作为教义还在明显发挥作用的最后一个领域，人们　22就千方百计地要把它瓦解在科学规律之中：昔日是历史规律或种族规律，今日则是经济学规律或基因规律。**法**的理论研究者也响应了这种做法，他们只看到了**法**是政治或经济力量作用的结果。例如，唯物主义的批评即属于此类，对于他们而言，**法**

---

〔1〕　Cf. *Considérations sur le pouvoir spiritual*〔1826〕, in *Appendice général du système de politique positive*, Thunot, 1854, p. 204.

只是权力服务于强者的一种技术，只有科学所揭示的各种规律才是强加适用于全人类的。鲍桑尼亚（E. B. Pasukanis）在俄国革命时曾经对此观点做过精辟阐述[1]。这种观点在那些否认正义思想在**法**"科学"分析中具有恰当性的人们那里，又找到了新的表现形式，尽管他们也常常敏感于实证法律制度的不公正[2]。但是，把**法**缩减为纯粹服务于权力的工具，也曾是所有专制主义的突出标志，虽然专制主义没有简单、彻底地取消法律形式，但是，它已经让法律失去了对掌权者的所有限制作用。实际上，这些做法和尝试最终总是失败的事实表明了，当今那些认为可以不需要正义观去解释**法**的理论是何等的虚伪。这些理论只不过是一些保持神志清醒的人的简单脑力反应而已[3]（他们甚至忘了，他们得以传授知识所持有的舒适的大学教职也

---

〔1〕 E. B. Pasukanis, *La Théorie générale du droit et le marxisme* ［1924］, trad. fr. , EDI, 1970.

〔2〕 邓肯·肯尼迪（Duncan Kennedy）（批判法学派的杰出代表）如此描述其法律学习的开始状况："1967 年我上法学院，带着一种感受，即'制度'有很多不公正，就是说财富、收入和权力的分配、以及获得知识的途径也好像不公正地与阶层和种族相联系"（《The Stakes of Law, or Hale and Foucault!》, *Legal Studies Forum*, 1991, vol. 15, p. 327）。

〔3〕 在法国，"法律批判"运动，公开地属于马克思主义运动（cf. M. Bourjol, Ph. Dujardin, J. -J. Gleizal, A. Jeammaud, M. Jeantin, M. Miaille, J. Michel, *Pour une critique du droit. Du juridique au politique*, Paris, Grenoble, Maspero et PU de Grenoble, 1978）。这也许解释了当今的"批判实证主义者"从不和它扯上关系的原因。他们更愿意宣称"法律学习批判"（Critical legal studies, 简称 Crits）的美国运动（R. M. Unger, The Critical legal studies Movement, Cambridge, Mass, Harvard University Press, 1986; A. C. Hutchinson, P. J. Monahan, 《Law, politics, and the Critical Legal scholars: the unfolding drama of American legal thought》, *Stanford Law Review*, vol. 36, 1984, p. 199; et, 法语写作的相关解释，参见 P. Gabel, 《 "Critical legal studies" et la pratique juridique》, *Droit et Société*, 36/37, 1997, 379; M. Fabre-Magnan, Les Obligations, PUF, 《Themis》, 2004, n°43）。美国的这一"法律学习批判"运动也参照福柯和德希达的研究成果，它实际上是给古老的法"衰亡"论（又被命名为"解构主义"论）新的一击。

是要得益于法律制度所确立的）。然而，那些处于专制大熔炉中心之处的、觉得有必要思考这些问题的人们则是经历了另一种的神志清醒："如果强权是绝对至高的——西蒙娜·薇依（Simone Weil）1943 年写道，那么，正义就是绝对不现实的。但是，正义并非是不现实的，我们通过体验就能知道这一点。正义在人的心里是现实存在的。人心的构造，就是宇宙中众多现实之一，就像天体的运行轨迹一样；人类无法在所要采取行动的目标上，绝对地排除任何正义因素的考量。人类没有这样的能力。纳粹们没能做到，但如果人类能够这样做，纳粹无疑是最能做到的……如果正义在人的心里是不可磨灭的，那么它就是这个世界上的一个现实，因而，错了的是科学[1]。"

一些法律人陷入一个深刻的谬误和不现实的思想之中，他 24 们认为把正义从**法**的分析中排除出去就是现实的了，实际上，这一深刻谬误就在于忘记了人是一种双层维度的存在：其社会生活同时在实然和应然两个维度展开。**法**既不是由上帝揭示的，也不是由科学发现的，而是完全属于人类自己的作品。那些以研究**法**为职业的人参与了该作品的创作，这些人在解释**法**的时候不能不考虑它所承载的价值。法律层面的作为，是要回应一个社会对一种共同的应然存在（devoir-être）的需求，这种需求对于任何社会而言都是十分重要的，而这种应然存在可以使一个社会预防内战。正义观显然因时代的不同而不同，因国家的不同而不同。但是，在特定的时代和国家里，正义需要一种共同的表象，这一点是不变的。**法**正是这种表象所在，虽然可能

---

[1] S. Weil, *L'Enracinement. Prélude à une déclaration des devoirs envers l'être humain* [1943], in Oeuvres, Gallimard,《Quarto》, 1999, p. 1179~1180.

会发生**法**因为事实而被否认的情况，但是，**法**仍然诠释着人类行为的共同含义。第二次世界大战的恐怖经历重新放入人类记忆中的正是这些简单的真理，而这也正是当今一些法律人所忘却的，他们重拾战前的实证主义理想[1]，并以科学的名义[2]主张任何"价值选择"都属于个人道德范畴，因而应当置于法律范畴之外。我们认为，**法**的研究需要有能力理解和赋予法律技术以含义的有识之士，而不是那些渴望"真正科学家"身份的迪亚法留斯（Diafoirus）医生[3]的竞争对手。

26　　　另有一些法律人并不否认**法**与正义有联系，但他们的目的

---

〔1〕 参见 H. Dupeyroux 在 1938 年就提出的尖刻批评："法律实证主义者尽管想要禁止正义这个烦人的概念——想要消灭它、禁闭它（我不知道可以禁闭在何处）、堵塞所有的出处——但是，法律的目的论必须重新将它安置在它的位置上；它渗入到每一个规则之中；它出现在履行或执行之中或者在拒绝履行之中；任何堵塞它的尝试都会提前被证明是失败的；我敢说，它渗透在所有的方方面面"（《Les grands problèmes du Droit》, *Archives de philosophie du droit*, 1938, vol. 1-2, p. 20~21）。

〔2〕 某些法律人所持的具有科学人地位的这一主张，如果不联想到 Georges Ripert 在一本关于纳粹法律的合著书前言中所写的这些——"科学人有权对其研究的实用结果不感兴趣"（in *Etudes de droit allemande*, LGDJ, 1943, p. Ⅵ-Ⅶ, 转引自 C. Singer, *Vichy, l'Université et les juifs*, Les Belles-Lettres, 1992, p. 179），那么只是滑稽可笑的。巴黎大学法学院院长 Georges Ripert，成为维希政府的公共教育国务秘书，主持了教师系统的第一次种族和政治清洗；他私下说过，他是作为"技术人员"实施的第一批排犹太人法律，他认为这些法律是"粗暴的和不公正的"（C. Singer, *Vichy, l'Université…*, op. cit., p. 95；关于这一点，还可参见 D. Lochak 的勇敢分析：《La doctrine sous Vichy ou les mésaventures du positivisme》, in D. Lochak et al.（dir.）, Les Usages sociaux du droit, PUF, 1989, p. 252 sq.）。

〔3〕 迪亚法留斯医生是莫里哀喜剧《无病呻吟》中的人物（译者加注）。

18

则是把正义界定为个人用途的最大化[1]。这就是"法与经济学"学说所指的含义。该学说把任何规则都与一个效用的计算联系起来，这种效用的计算可能既是该规则合法性的来源、也是其衡量标准[2]。这一学说在法国大学里掀起了一股潮流，又得到了热忱宣传它的法国最高法院的强化[3]。法律人就是这样被效用计算的狂热所影响着，并在法律领域内寻求把人类社会缩减为一种个人效用的总和[4]。在此视角下，只剩下个人法了，所有规则都缩减为主观权利：安全的权利、信息权、私生活受尊重权、尊严权、拥有孩子的权利、公平受审权、了解自己社会出身的权利等。人们分配权利如同分发武器，最后就是

---

〔1〕　这一点符合主流经济主义的观点。罗尔斯的著名论著《正义论》的成功，很大程度上要归功于他为效用计算的普遍性提供了合同基础的假设。关于这种思考社会的方式，更粗暴也更清晰的介绍，参见 G. S. Becker, *The Economic Approach to Human Behavior*, Chicago, University of Chicago Press, 1976.

〔2〕　R. A. Posner, *Economic Analysis of Law*, 1re éd. 1972, 5e éd., New York, Aspen Law&Business, 1998；R. Cooter, Th. Ulen, *Law and Economics*, Glenview – Illinois, Scott, Foresman & Cie, 1988, 2e éd. 1996；E. Mackaay, 《La règle juridique observée par le prisme de l'économiste, une histoire stylisée du movement de l'analyse économique du droit》, *Revue international de droit économique*, 1986, t. 1, p. 43, et id., *L'Analyse economique du droit*, vol. 1: Fondements, Montréal et Bruxelles, Thémis et Bruylant, 2000.

〔3〕　作为法国最高法院，人们以前只知道它的职能是审判，而不是支持和传播学术，然而，它却在2004年举办了一系列标题再清晰不过的研讨会："经济分析之于法律、经济和司法的恰当性与利益相关性"。院长对媒体解释道："最高法院的法官应该能够把经济分析融入法律说理之中"（G. Canivet,《La Cour de cassation doit parvenir à une analyse économique "pertinente"》, *Les échos*, 1er mars 2004）。经济分析，通过被用来融入法官的法律说理之中，如此看到了自己具有的规范层面，可见，法国最高法院对此做了贡献。

〔4〕　在这个斜坡上，人们被引导去把**法**克减为合同中的利益计算。然而，这样做，就等于把合同的思想给破坏了，就像现代合同理论合同的有效率违反所展示的那样，因为根据这个理论，在信守合同约定与违反合同承担后果之间是没有区别的。参见本书第3章。

最强的人取胜。**法**，被如此分解成了个人性的权利，如同公共的善一样，消失了。要知道，权利如同一块金属，具有主观和客观两面。而为了使每个人能够享有权利，必须使这些主观权利（droit）融入到客观的**法**（Droit）之中，即融入一个人人可认可的共同框架之内。个人权利来自规范性设计，而**法**则来自国家，即来自一个民族或君王的立法主权。当今，正是这一客观**法**的观念在变得模糊，就像人们已经忘了曾经使客观**法**（Droit）区别于主观权利（droit）而使用过的大写 D 的 Droit[1]。为了成为主观权利的主体，个人恐怕不需要客观**法**（Droit），而恰恰相反地，正是个人权利的重叠交错和冲突撞击，才会加加减减地达成客观**法**（Droit）的完整性。

27　　当今，主导法律文化的普通法，和来源于此的法经济学分析，会更容易在这个斜坡上继续滑行，因为，普通法里没有表达客观**法**（Droit）的对应词汇。人们把客观**法** Droit 翻译为 law，一方面，丢掉了来自拉丁语 Directum 的——在客观法中含有关于方向、共同含义的意思[2]，另一方面，也失去了法律（loi）（legge，Gesetz，ley，etc）与**法**（Droit）（Diritto，Recht，Derecho）的区别，而这一区别是欧洲大陆国家所共有的。这一区别起源于罗马法[3]：罗马法上的 lex（法）是指法律制度的根基

---

〔1〕　Cf. J. Carbonnier, Flexible droit. *Pour une sociologie du droit sans rigueur*, LGDJ, 6ᵉ éd. , p. 85.

〔2〕　由 dirigo 派生而来：是踏过道路、引导的意思（cf. A. Ernout, A. Meillet, *Dictionnaire étymo* [*ogique de la langue latine*, *s. v. rego*）。

〔3〕　例如，盖尤斯的《法学阶梯》：Les Institutes de Gaius, 1-3。关于 ius（法）概念的起源，参见 A. Magdelain,《Le Ius archaïque》[1986]，再版于 in *Ius imperium auctoritas. études de droit romain*, Rome, Ecole française de Rome, 1990, p. 3~93.

所在——对应德语上的 Gesetz，更准确的翻译为"被建立的东西"，而 ius（法）是指法律制度运行的规则。在罗马教会法的传统中，这二者的区分取得了现代含义，根据这一传统，国家是根据教皇权力的形象而设计的，即立法者国家，同时作为**法**（例如规则体系）和权利（例如保障赋予个人的特权）的源泉。对于罗马法上的 ius，英语只保留了法官和正义的内涵，即认可个人权利（rights）争讼的内涵；在普通法文化中，是法官而不是王冠（国家）代表着合法性的终极源泉，由此，法官也成为法律（law）的图腾标志；英语中没有词语表达个人权利得以从中汲取含义和意义的规范性根基的概念[1]。当然，我们也不能机械地夸大这种词意上的差别，因为，这种规范性根基的思想在普通法里也有，只是其表现是微乎其微的，因为客观法或规范性根基来个人权利，而不是相反。例如，关于世界化的法律管控话题，对于大陆法系法律人而言，首先会提出关于有能力提出共同规则的国际机构的创设问题，而对于普通法学者而言，则会提出承认全球的所有居民都具有相同的个人权利问题。普通法在一些基督教新教的国家里得到了繁荣发展，这些国家把虔诚信徒与圣经之间的个人直接联系的观念发展到了极致。我们在此无需理清法律文化与宗教文化的相互影响，但是，我们应当阻止那种倾向于认为在规则（Loi）与个人之间什么都不存在的观点的影响。这种观点对于当今社会的影响在于，它让人们可以去构想规则（Loi）而无需国家的存在。在经济学分析看

---

〔1〕 黑格尔的著作标题 *Grundlinien der Philosophie des Rechts*（法哲学基础）的英文翻译就证明了这一困难，因为英文标题为 *Philosophy of Right*（权利的哲学）（参见 T. M. Knox 的翻译，Oxford，Oxford University Press，1965，ou de S. W. Dyde，New York，Prometheus Books，1996），这样翻译的书名，对于说英语的人而言，是难以理解的。

来，整个人类可以被视为"装备"了相同权利（选举权、财产权、人权等）的个人的集合，人人参与到以互斗互竞为唯一市场规则的竞争之中。如此看待事物的视角就避开了国家和**法**；作为地方主权体现的国家和**法**，在如此一个以"世界化"面目回归的霸权模式之下，就再也没有位置了。

29　　　但是，如果这样使个人成为法律思想的全部所在，人们就是在忘记研究**法**可以带来的唯一确定性：没有限制就没有身份的确定，那些在自身找不到限制的，必定在其自身之外找到。把欧洲化或世界化构想为一个消除差异和统一信仰的过程，就等于在为垂死的明天做准备。把自己的思想范畴视为普世的、并主张将它们强加给世界，就是走向灾难的不二之路。古老的欧洲太了解这些了，它经历了太多这样的灾难。特别是法国，从滑铁卢到奠边府〔1〕，都是以发现其自我主张的普世性局限为结局。一个在市场与人权价值体系中用并不正宗的英语进行交流的全球化世界的乌托邦，也是同样令人深切沮丧的。俘虏了法律思想的极端个人主义，把**法**曾经建立其上的那些信仰引导、输送到一个不可更改的规则之中，并使这个规则来主宰世界。于是，人们陷入一种西方式的原教旨主义之中，这种原教旨主义只能再返回头去滋养来自其他信仰的原教旨主义。通过主张使世界成为一样的，人们正毁掉使之联合的机会。把客观**法**瓦解于一个由所谓普世规则保障的个人权利的集合中，就使我们不可避免卷入到"文明的冲突"之中，武器在手，信仰互斗。

30　　　最好是再回到曾经使**法**具有其最大独特性的那些元素那里：

─────────────

〔1〕　越南的一个城市（译者加注）。

不是西方繁荣建立其上的那些信仰，而是西方所具有的那些诠释资源。**法**，如同其他任何规范制度一样，具有禁止的功能：它是一种强制适用于每个人、并且介于每个人和他关于世界表象之间的**话语**（Parole）。在任何其他地方，这种人类学功能都曾经是宗教的一部分，这些宗教都通过赋予人的生命以共同含义的方式，避免了那种使每个人沉沦于个人狂热中的风险——掌握话语使人们暴露在这种风险之下。**法**，自古希腊—罗马时代以来，其独特性就在于逐渐脱离了这一宗教起源，并且实现了路易·热尔内（Louis Gernet）所称的一种"话语的世俗化"[1]。如此一来，**法**就成为一种禁止（Interdit）的技术。**法**是一种技术，因为，其含义并非限定在永恒不变的圣书的字里行间，而是如同其他任何技术物体一样，来自人从外部赋予它的目的，当然是人的目的而非神的目的。然而，**法**是一种禁止的技术，在每个人与他人和与世界的关系中，它植入一种共同的含义——这种含义超越了个人，个人同时还得遵守它，并且，它由此使每个人成为人类链条上的一环。因而，不论在政治制度史上还是在科技史上，**法**能够服务于多种多样的变化的目的，但是，它是通过使权力和技术服从于人的理性的方式来提供这些服务的。由此可知，像人们当今倾向做的那样，把**法**克减为一种没有内涵的"纯粹技术"的做法是错误的，同时，像人们过去所做的那样，只把**法**和所谓自然法的、永恒不变的公认规则相联系的做法，也是错误的。因为，在这两种的任何一种做法之下，都缺少了最根本的东西——**法**所具有的那种使各种各

---

〔1〕　Cf. L. Gernet,《Droit et prédroit en Grèce ancienne》, *L'Année sociologique*, 1951, p. 21 sq., 再刊于 *Droit et institutions en Grèce antique*, Flammarion, 1982, cité p. 110.

样政治权力或技术权威的行使都服从于理性的能力。

31　　这种能力正是当今需要重新唤醒和捍卫的。把**法**变成我们信仰的宣传工具的想法恐怕是难以实现的，但是，抱有如下的期望则是合理的：法律技术所特有的诠释资源，以迫使我们用他人的眼光看待正义的方式，让我们免除以自我为中心的痛苦。**法**的教义性资源，如果不建立在一个信条之上——这一信条绝不会局限于圣书文字或一种图腾崇拜的科学确信——所建立的只能是脆弱的平衡，会时刻受到原教旨主义诱惑的威胁。法律虚无主义和宗教狂热主义只是这种威胁的两个侧面，并且，它们在当今相互支持，一方面使得下一代人对上一代人所享有的生命含义的债权得不到偿还，另一方面又打开了暴力闸门。**法**，不是上帝揭示的或科学发现的关于真理的表达，它更不是一种衡量效率的简单工具。如同阿尔布雷希特·丢勒（Albrecht Dürer）的木刻画"忧伤"（*Le Melencholia I*）中的那些测量工具一样，**法**，用来趋近永远不能实现的、关于世界的一种正确表象（représentation juste du monde）。

上卷
法律教义：我们的根基性信仰

第一章

人的含义：*上帝的形象*（*IMAGO DEI*）

觉醒中的人类精神的特点就在于，每个现象都具有一种含义。

——路德维希·维特根斯坦（Ludwig Wittgenstein）[1]

让我们认识自身的局限吧：我们确是某物，但不是全部；我们存在的天性阻碍了我们对出自无有的最初起源的认识，我们存在的渺小遮挡了我们投向无限的视野。

——布莱兹·帕斯卡尔（Blaise Pascal）[2]

　　我们所了解的最古老的文字记录是吉尔伽美什（Gilgamesh）　35
时代的[3]。它记录了一个半人半神的年轻国王，在失去了按其形象塑造的伴侣恩帝营（Endiku）之后的生存斗争史[4]，他踏

---

　　[1]　"*Das ist eben das Charakteristische am erwachenden Geist des Menschen*, *dap ihm eine Erscheinung bedeutend wird*"，"Remarques sur Le Rameau d'or"，trad. fr. J. -P. Cometti et E. Rigal, in L. Wittgenstein, Philosophica III, Mauvezin, TER, 2001, p. 32.

　　[2]　Pensées, in Oeuvres complètes, Gallimard, "Bibliothèque de la Pléiadeé"，1962, p. 1108.

　　[3]　*L'Epopée de Gilgames. Le grand homme qui ne voulait pas mourir*，trad. fr. J. Bottéro, Gallimard, 1992.

　　[4]　*L'épopée de Gilgames*，op. cit.，p. 69.

遍宇宙找寻"为什么有死亡，怎样才不会死？"这个问题的答案。这样的质问一直伴随着人类，目前仍在困扰着我们。当今，基因和生物技术能够动员起如此众多的资源，并且如此激发人们热忱的原因，正是它们可以使我们在未来的某一天回答这些问题。揭示人的构成的秘密、拥有完美的子女、了解和控制疾病与衰老的最终原因，透过第二个自己来生存——这么多古老的梦想，当今，都一股脑地向生物学提出来了。科学和技术激发出希望与恐惧的混合，而几个世纪前主导大教堂建立之时的情感也正是这种混合。任何大城市在引进重大科学装置时，都想拥有科技园或回旋加速器，并且慷慨大方地进行竞争。人们会质疑，原子同步加速器或基因工程基地能否给后代留下像哥特式艺术一样令人折服的遗产，然而，人们不会吃惊于，不论当今还是过去，在涉及发现或揭示宇宙神秘方面的不计其数的花费。宗教，把对人类现存状态的超越寄托于冥世，而科技，则让我们在现世对这一超越隐约可见。现代人，尽管为"不死"这一隐藏的盼望躁动着，仍然不能摆脱那种属于任何一个人本质的规范性构造。然而，对科学进步既相信又惧怕的事实，恰好揭示出这种规范性构造在西方有其独特性，即：在西方，人是按照上帝的形象所设计构造的。切断了这一宗教根源，即参照上帝形象受造这一身份认同，就把西方人带到了想要超越任何限制的地步。然而，毫无限制的梦想同时也意味着解体，因为，只有当人类解体之时，其局限才会消失。

人的规范性构建

37　　没有什么比触及我们人类得以构建之根基这一话题更令人不适的了。我们都相信《世界人权宣言》第 1 条所规定的：人人生而自由且赋有理性。但是，我们很难承认，自由与理性都是在制度之上的脆弱构建。回归自我，回归到我们理性自身的脆弱性上，可以让我们隐约看到精神世界的主权对于其自身而言的局限所在。假设一个相信认知确定性的人，把自己的精神世界构想成一台人脑的、能够处理成千上万信息的计算机，如果他自问他所知道的，可能会被引导以至于自言自语，如圣·奥古斯丁（Saint Auguste）所言的："我的上帝呀，灵魂记忆的能量真是巨大呀，超大！多么广袤无穷无尽的神圣之地呀！谁能触及到其深处呢？这只是我的精神层面上的属于我的本体的一种力量，然而，我却不能抓住全部属于我所有的。因而，精神世界是不是太狭窄了以至于它不能拥有它自己呢？但是，属于它的、存在的、它却又不能抓住的那些东西在哪里呢？在它以外还是就在它本身呢？但是，它怎么会又不能抓住它呢？这些对我而言真是意想不到的，我完全惊愕了[1]。"

如果我们都被这种惊愕震住了，是因为我们的精神世界，如同奥古斯丁的精神世界一样，太狭窄了以至于不能完全拥有其自身，而造成这种状况的理由则应在我们自身之外去寻找。如同任何一种活着的动物，人首先是通过身体来感知世界，但是，与其他动物不同，人通过语言进入到超越了此时此地感性经验的一个宇宙之中，在其由机体和肺腑组成的生命的确定限度之上，存在着一个没有界限的精神表象世界。例如，一个孩子在沙滩上堆沙丘，他实际上是在建造防御堡垒，他统治着这个堡垒，堡垒中居住着他的创造之物。这个堡垒建造在沙滩上，但是，透过他讲述着的历史，它可能处于遥远的骑士时代，位

---

〔1〕　Saint Augustin, *Les Confessions*, livre X, Ⅷ, 15, Gauimard, "Bibliothèque de la Pléiade", 1998, p. 991.

于纵深森林之处，或者由火箭运送到另一个星球上。透过其自言自语或他与小伙伴们的对话，这个孩子体会着其他任何动物都不能了解的一种自由自在：按照其个人意愿建造一个可能的世界，在其中他可以飞翔、分身、隐身、扮演妖魔鬼怪或巨人的一个世界，在那里他赋予他创造的物体或他绘画的图画以一定的含义，这些物体或图画就成为他的精神的感官可视的标记。

38　　一旦我们进入到这样象征性的世界里，只有脑死亡才能让我们再从中出去。于是，我们的存在同时在两个层面展开：一方面，在我们生物性存在的物理和其自然环境的世界里；另一方面，在人的理性赋予了含义的物体和词语的象征性世界里。一块制作精细的木头，作为木质的，它属于环绕我们的大自然，但是对于一个可能反驳的人而言，它也是一根棍子，一个带有特定含义的专门物体[1]。"non"（不）是一个鼻音，从语音学上是可以分析的，它也可以是写在纸上的一个字符，即一个有形的物体，但是不同于一种喊叫声，它也是一个有其自身含义的词语，其含义来自在构成法语音符的整体构造中的位置[2]。通过制作物体的动作和指定这些物体含义的话语，人类享有这种令人眩晕的自由：根据其形象建造世界的自由，通过赋予物体以含义来消除物体笨重呆板的自由。

39　　但是，进到含义空间（l'univers du sens）并不像进磨坊一样。要进到含义的空间，必须放弃仅按照自己的形象塑造世界的想法。为了在这样的空间中拥有自己的一席之地，我们每个人都应该学习为其主观确立界限：作为形而上学的动物，人类

　　　　　　　　　　　　　　　　　　　　　　

　　〔1〕　Cf. A. -G. Haudricourt, *La Technologie, science humaine. Recherches d'histoire et d'ethnologie des techniques*, MSH, 1987, p. 37.

　　〔2〕　关于人类语言的特性，参见 T. Deacon, *The Symbolic Species. The Co-evolution of Language and the Human Brain*, Londres, Penguin, 1997.

总会面临沉醉在其想象的眩晕中无法自拔的风险。因而，人应当学习，在使用智力禀赋中，把握各类东西的位置，也即，要学习在与有形世界相连却又分离的象征性世界里，区分哪些是属于想象的，哪些是属于现实的。人类只能在有形物体上烙刻其精神的标识。把自己封闭在自己关于世界的看法里的人，是纯粹意义上的精神错乱，其他人赋予世界的含义，对他而言完全是不相干的，因而，他就不能与其他人交流他对世界的看法。为了进到含义的空间，任何人都必须放弃由自己来赋予这一空间以含义的主张，并且承认这一含义是超出其个人的理解范畴的。

现代科学就是放弃这种主张的一种极端方式，因为，其目标是探究关于众多含义所组成的宇宙，而不是只涉及一种含义的领域。科学的真正作为是，搁置为何会有某些事物的问题，而努力探求它们是如何出现的。这种作为，绝不允许根据假定的目的论、根据一种可能事先存在的"意图"去解释所研究的事物，而是要达到仅仅根据主导该领域的规则就能解释事物的目的。我们对事物的终极起源发表见解时，也应持有这种立场。宇宙大爆炸的假说在于解释宇宙是如何瞬间形成的，而不是为什么会有宇宙，由此，它完全区别于那些在宗教里赋予人类生存以含义的关于宇宙起源的故事。一旦科学家主张以科学之名解释人的生命的含义，那么他就与科学活动相悖，并由此陷入唯科学主义中。应当警惕唯科学主义的科学与真正的科学之间的混淆。在面对客体时，那种力求抹掉主体的方式无法解释是什么构建了主体[1]。真正的科学所应持有的立场是：人类有能力就世界的表象——能兼容各种含义存在的世界表象，达成一

---

〔1〕　Cf. E. Husserl, *La Crise des sciences européennes et la phénoménologie transcendanta* 〔1936〕, trad. fr. Gallimard, 1976.

致的看法。这种能力就是人的理性，它不是科学活动的一种结果，而是科学活动的一个条件。

40　　人的理性终归是一种征服，一种关于共同含义上的脆弱征服，在这样一种共同含义中，每个人结合他可感知的经历，能去相信和辨识世界。这样的征服，建立在一些不可论证的确信之上，建立在作为架设于一种含义的宇宙和众多含义的宇宙之间的众多桥梁的教义性资源之上。这些确信可能因社会、时代的不同而不同，但是，对这些确信的需求则是不变的[1]。在自然界里不存在人们能去发现的客观含义，含义都是要人们去赋予的。为了成为富有理性的主体，人类应当进到一个象征性的宇宙中，在其中，人类自身和围绕人类的物体都获得了含义。在人被判定为他所受之生命的债务人之前，他一出生就成为这一生命含义上的权利人。教儿童说话就是尊重这一权利的一种方式。但是，这种学习要求儿童遵守语言规则，并且只有服从这个条件，他才能自由地表达想法。索绪尔（Saussure）指出，"当一个哲学家或一个心理学家，在思考之后，摒弃了此前所有观念，带着全新的思想体系登场，然而，不论这些观点多么新颖独特，它们依旧可以归入常用的语言词汇的范畴，无论如何，没有一个新观点可以和已有词汇毫无关联……而且已经有一个词**提前**契合了新的观点"。[2] 语言的他律就是这样强加给所有人，它是讨论的一个条件，它自身是不能被讨论的。一个人人

----

〔1〕　关于人智力的教义根基，参见 A. Comte, *Considérations sur le pouvoir spirituel*, op. cit., p. 204；A. de Tocqueville, *De la démocratie...*, II, I, chap. II, in Oeuvres, op. cit., p. 518 sq.

〔2〕　F. de Saussure, *écrits de linguistique générale*, Gallimard, 2002, p. 79（souligné par lui）.

都应当或能主张对语言进行重新创造的世界，将会是一个精神错乱的世界。共同含义意味着把猫叫作猫，而无须问为什么叫作猫。同理，司机在右边驾驶并不比在左边驾驶更有道理，但是，如果司机在任何时刻都能自己决定行驶方向的话，那么路上死亡的人数将数以百万计了。语言、风俗、宗教、法律、礼仪都是人类基础性的规范，这些规范保障着一种现存秩序，人类在其中行动着，即便是采取抗议性的行动。

　　建立理性，就是使任何一个人可以把客观世界的有限与精 41 神世界的无限相协调。每个人都应当学习把限制其生物性生存的下列三种局限铭刻在生命含义中：即出生、性别和死亡。学习把握这些局限，也就是学习成为有理性的人。赋予我们和我们孩子的出生以一种含义，就是认识到我们都属于一个代际链条，我们对生命而言都是负债的[1]，并由此可以理解因果规律的观念。承认我们都有性别这一自然属性，就是认识到我们每个人都只是代表了人类的一半，我们都需要另一半，由此，可以理解差异的概念，并学习把部分与整体联系起来。学习了解死亡，就是承认世界在我们身后继续存在，并且，承认我们的生命是服从于一种超出我们把握范畴的限制，由此，可以理解规范的概念[2]。在任何社会，使这些类猿人赋有人道的过程，就意味着对这三种限制赋予一定的含义和形式，并使每个社会

---

〔1〕　关于人人背负的、仅来自出生这一事实的生命之债，参见 Ch. Malamoud, La Dette, EHESS, 1980, et id. , *Liens de vie, nœuds Mortels. Les représentations de la dette en chine, au Japon et dans le monde indien*, EHESS, 1988; add. sa contribution in M. Aglietta, A. Orléan (dir.), *La Monnaie souveraMe*, O. Jacob, 1998, p. 65 sq.

〔2〕　死亡是一种原型式的限制，它确立规则体系；掌管死亡的神明，称为阎摩（Yama），同时也是掌管规则的神明，如（印度哲学中的）法（Dhrma）（cf. Ch. Malamoud, *Le Jumeau solaire*, Seuil, 2002, p. 8 sq. ）。

成员成为理性的动物。这也就是人们可以称为的广义上宗教情感的对象，它是人道的一个区别性标识，其目标在于把每个人的生命都纳入超出个人把握范畴的一种含义之中[1]。当代西方仍然遵守这样的规则，虽然在西方出现了"除魅"现象，但还不至于走到放弃葬礼仪式、把尸体当作垃圾对待的地步[2]。或者更确切地说，当西方坠入唯科学主义的狂妄之渊并把人贬低为物的时候——这正是纳粹集中营的做法——就会把尸体当作垃圾对待。因而，集体性的无理性与对人的存在含义的否定并行不悖。

42　　赋予不同的性别、出生和死亡以含义，显然并不意味着人类不能想象一个世界——一个这些局限都消失了的世界。对于吠陀梵文世界里的众神而言，亲子关系的观念是双向的、可转化的，父亲们是他们儿子的儿子，或是他们自己的儿子[3]。在有经书的宗教中，天使是一种既无性别、也无死亡的存在，关于男人怀孕的话题（来自夏娃出生的故事，夏娃出自亚当的肋骨[4]）在圣经中可以找到，就如同在希腊神话里狄俄尼索斯（Dionysos）酒神，生自罗马神话中的朱庇特（Jupiter）的一条大腿[5]，还有单性繁殖的可能也只是众多生物学最新发展史内

----

〔1〕 Cf. Vercors, *Les Animaaux dénaturés*, Albin Michel, 1952, rééd. Le Livre de poche.

〔2〕 关于尸体法律地位的当代演变，参见 J. -R. Binet, *Droit et progrès scientifique. Science du droit*, *valeurs et biomédecine*, PUF, 2002, p. 299.

〔3〕 Cf. Ch. Malamoud, *Le Jumeau solaire*, op. cit. , p. 36.

〔4〕 R. Zapperi, *L'uomo incinto. La donna*, *l'uomo e il potere*, trad. fr. L'Homme enceint, PUF, 1983.

〔5〕 Cf. C. Isler Kerényi, *Dionysos nella Grecia arcaica. Il contributo delle immagini*, Pisa-Roma, Istituti editoriali e poligrafici internazionali, 2001.

容中的一页[1]。如果关于克隆人的假设成为当今人们充满热情辩论的话题，正是因为这一假设超出了常人的想象范畴。一人能够分身为二人的想象前景，就是一种把这三种作为人的局限一下子全都打破的承诺，承诺的实现，意味着把我们从代际链条中释放出来、把我们从依赖于一种性别的境地中解放出来、并使得我们最终得以完全靠着我们自己活着。梦想自己分身为二并不是什么新鲜事儿，常见于各种文明的传奇故事中，人的复制往往伴随着遇见和自己长得一模一样的人，并经历各种奇特险境[2]。关于人类复制的话题曾经给很多科幻故事提供了灵感，这些故事的共同点就是，要么那个被复制的一方的结局总是很惨（例如，电影《一模一样的复制》[3]和《国王与鸟》[4]），要么是原型一方结局很惨（例如《Mortimer 教授的最后探险》[5]）。这些关于人的复制的故事，其结局的悲惨，是因为复制对于想象力而言，构成一种如此强大的动力；复制同时又把（生命）绝对的无意义体现了出来，以至于故事只能以复制的人或原型的死亡来结束。然而，人类也经常梦想能如天使一般在空中翱翔。伊卡洛斯（Icare，希腊神话中人物）的梦想最终也不过是一个悲剧，直到航空技术的出现使人类空中飞翔的梦想得以实现。为何对于克隆而言不能如此呢？难道不正是人

---

〔1〕　Cf. A. Pichot，"Clonage：Frankenstein ou Pieds–Nickelés?"，*Le Monde*，30 novembre 2001，et id.，"Qui se souvient de M. J. ?"，*Le Monde*，27 décembre 2002.

〔2〕　有关古希腊的，参见 C. Isler Kerényi，*Dionysos nella Grecia arcaica*，*op. cit.*，p. 120 sq. ；有关印度的，参见 Ch. Malamoud，*Le Jumeau sotaire*，op. cit.

〔3〕　J. Dréville 的电影，Paris，1947.

〔4〕　P. Grimault 的电影，Paris，1979.

〔5〕　E. P. Jacobs，*Les 3 formules du prof. Sato*，Ire partie：*Mortimer à Tokyo*，Bruxelles éd. du Lombard，1977.

类自身使其想象力成为改变世界的动力，这样不就可以最大程度地远离人生命的局限吗？科学让我们能隐约看见使人分身为二的技术上的可能性时，我们为什么要去禁止呢？所有可能的和可设想的难道不应该成为能够实现的吗[1]？

44   然而，克隆人并不是像其他技术一样的一个技术项目，其目标不在于消除人类对于自然有所作为上的局限，而是完全消除人的构建上的各种局限。如果硬要找一个先例，那就是优生学而不是航空。因为航空，如同第一块被打磨的石头，是把人类的愿望镌刻在人之外的一个物体上；而优生学或克隆人，试图把一些人的愿望融入另一些人的构建之中，并由此在"科学规律"的帮助下，把人类区别为自然生育的人与被生产出来的人[2]。根据自己的形象来生产人，人类恐怕最终会实现其最疯狂的梦想：占据上帝天父——不是人的子嗣的绝对的天父角色，并且，如此地脱离人之为人的所有局限。人类为了自己的目的，通过再上演一次创世纪的方式来成为自身的创造者——作为人类自己所程序化了的存在的终极起源，人类就可能不再是自然生育者，即代际链条上的一个链扣了，而殊不知人类代际链条的含义是超越人类自身范畴的。复制性的克隆人项目，把人同时作为全能的创造者和纯粹技术性的物体，是在走向西方关于人的观念的边界。实际上，这一项目，只能产生于人是按照上帝形象所造的西方人类学的背景之下，而且，它目前仍处在摇摆于唯科学主义狂妄中的科学合理性的一种古老而深刻的嬗变

---

[1] 法兰西学院人类学教授 Françoise Héritier 赞同同性父母立法的理由："当事情是可能的并且人们开始思考它们的时候，早晚有一天是会实现的。", *Le Monde*, 3 mai 2001, p. 10.

[2] J. - L. Baudouin, C. Labrusse - Riou, *Produire l'homme: de quel droit? étude éthique et juridique des procréations artificielles*, PUF, 1987.

之中。为了理解这一点，应当回到关于人的纯粹西方的观念，因为正是在这一点上使得西方观念区别于其他地方的观念。

人的法律根基

如同其他社会一样，我们西方社会也是建立在一个关于人 45 的确定观念之上的，这些观念赋予人的生命以含义。就法律角度而言，我们把人视为主体，富有理性并且是神圣的、不可克减的权利的持有者。但是，从科学角度看，我们又把人视为知识的客体，生物学、经济学、社会科学的客体，可以去发现、去解释其行为的规则。人的这两个侧面，主体方面与客体方面，正如一枚硬币的两面一样。因为要把身体视为物体，就得先有精神的存在[1]。主体的与客体的、人的与物的、精神上的与物质上的等概念，都是对应着而定义的，没有一方的存在，另一方也是不可构想的，并且没有这些对应概念，实证科学也绝不可能出现。实际上，为了科学是可能的，应当认知到，人是有理性能力的主体。如此对人的界定不是来自科学论证，而是来自教义性的确认。这一界定是**法**的历史产物，而不是科学的历史产物。在一个忽视这些二分法的思想体系中，例如当今那种把"唯物主义"神经科医生和"唯心主义"哲学家对立起来的经院哲学式的争吵[2]，恐怕都是毫无意义的。类似中国古代帝

---

〔1〕 Cf. G. Bataille, *Thêorie de la religion*［*1948*］, Gallimard, 1973, p. 50 sq.

〔2〕 Cf. J. -P. Changeux, P. Ricaur, *Ce qui nous fait penser. La Nature et la Règle*, O. Jacob, 1998.

王时期那样的文化体系，忽视主体观念[1]——显然区别于古罗马时代的——也因此不会把一些人视为客体，因而也就不会产生字面意义上的奴隶制。恐怕必须先要把人想象为一种物质上的客体，才会把医疗构想为一种科学、把劳动设计为一种可以讨价还价的物。没有这种西方特有的、关于人的法律构建，科学与现代经济就不会产生。

46   从罗马法到现代的人权宣言，西方关于人的观念作为一种普世概括——人人生而自由、富有理性、人人平等[2]得以确认下来，这期间应是经历了漫长的历史路径。只是在现代，主体与客体的关系、精神与物质的关系，才成为一个明白易懂的并流行于世界的一般原则[3]。这种新的理解世界的方式，出自对经院哲学和注释学派的人文主义性质的批判，在公元 16 世纪到 17 世纪得以确认下来，伴随而来的是建立在笛卡尔（Rene Decartes）式的"我思故我在"之上的一种科学观念，以及建立在基于理性而非基于帝国（《non ratione imperii, sed imperio rationis》）[4]之上的罗马*共同法*（ius commune）。伴随着随后的启蒙

---

[1] Cf. J. Escarra, *Le Droit chinois. Conception et èvolution*, Sirey, 1936; L. Vandermeersch, *La Formation du légisme. Recherche sur la constitution d'une philosophie politique caractéristique de la Chine ancienne*, école française d'Extrême-Orient, vol. LVI, 1965, réimp. 1987, p. 192 sq.

[2] 《世界人权宣言》第 1 条。

[3] Cf. E. Cassirer, *Individu et cosmos dans la philosophie de la Renaissance* [1927], trad. Fr., Minuit, 1983.

[4] Cf. A. Wijffels, "European private law: a new soft-package for an outdated operating system?", in M. van Hoecke, F. Ost, *The Harmonisation of European Private Law*, Oxford, Hart Publishing, 2000, pp. 103~116; et id., "Qu'est-ce que le ius commune?", in A. Supiot (dir.), *Tisser le lien social*, op. cit., p. 131 sq.

运动，人类社会进入当代时期的一个标记就是上帝从建制的舞台上消失了，因为这一原因，当代又被诠释为"宗教让位"与"除魅"[1]的时代。然而，人们似乎又在其中看到了三种魔力：科学（代替宗教或公共信仰作为普世真理的裁判机构）、国家（作为全能的主体、各类和最高法律的来源）和人：成为自身目的、独立于任何神圣的参照标准［从霍布斯（Hobbes）、卢梭（Rousseau）到罗尔斯（Rauls），改写人类的起源故事，建立与科学实证主义[2]相联系的、以《世界人权宣言》为自己十诫的人道教］。

当前关于生物伦理的辩论，常常令我们回想起西方关于人 47 的观念的这段历史，这段历史也是西方基督教的一部分。这种关于人的观念，就是一种上帝形象的观念，即人是按照上帝的形象受造的、并被称作人、作为大自然的主人。我们都是这种观念的继承者。如同上帝一样，人是一个不可分的存在，是一个有自己主权和具有话语权力的主体，是一个精神内化了的人。虽然按照上帝的形象受造，但人不是上帝。人特有的尊严不是来自他自身，而是来自他的创造者，所有的人都享有这种尊严。人的三种特质——个体性、主体性和人格——其各自所具有的双重性即来源于此。作为个体，每个人都是独一无二的，但又

〔1〕 Cf. M. Gauchet, *Le Désenchantement du monde. Une histoire politique de la religion*, Gallimard, 1985. Enlzauberung 这个概念来自马克斯·韦伯（*L'éthique protestante et l'esprit du capitalisme*, trad. fr. J. -P. Grossein, Gallimard, 2003, spéc. p. 106~107；voir aussi id. , Sociologie des religions 见 J. -P. Grossein, Gallimard, 1996, p. 380. 马克斯·韦伯从另一个明显不同的含义上使用这个概念（摒弃寻找救赎的神秘途径），并且结合希腊科学思想，将这一概念所指定位在古犹太教预言的早期（ J. -P. Grossein dans la présentation de sa traduction de la *Sociologie des religions*, op. cit. , p. 108 sq. ）。

〔2〕 Cf. A. Comte, *Catéchisme positiviste ou Sommaire exposition de la religion universelle* ［1852］, Gamier-Flammarion, 1966.

是与其他人相类似的；作为主体，他是主权者，但是也要服从于共同的规则（Loi）；作为人，他是精神的，但是他又是物质的。这种人类学意义上的人的构建，在西方制度世俗化之后仍然存在，并且，人的这三种特质及其双重性，在《权利宣言》所指的人那里也都找得到。虽然使人人都服从上帝、以上帝为唯一参照来确认自己身份的逻辑必要性，已经从民事身份的法律中消失了，但是使所有人都接受和服从于一个保障人身份的机构的这种逻辑必要性却并没有消失，这个机构也担当着禁止把人作为物对待的责任。

个人，独一无二、又与他人相似

对于把握西方个人主义的独特之处，没有比来自西方之外的观察更好的了。例如，没有比非洲圣人阿玛度（Amadou Hampâté Ba）的观察更清楚的了。当被问及他眼中的人的身份的含义时，他用下列的趣闻作答："我母亲想和我说话时，会先把我妻子或我妹妹叫去，并对她们说：'我想要和我儿子阿玛度说话，但是，我想要先知道，这会儿是哪一个阿玛度在他里面。'"[1] 这个回答让我们直观地感到蕴含深刻哲理，然而，我们却无言以对，因为，它不了解西方观念中人的身份标记的不可分性。而根据我们的法律文化，一个人从出生到死亡是独一的、不可分的，是一个不可分割的整体，不是多个人物共居其中的一个居所。当我们了解到美拉尼西亚人关于人的定义时，

---

〔1〕 Cf. A. Hampâté Bâ, "La notion de personne en Afrique noire", in *La Notion de personne en Afrique noire*, ouvrage coll., préface de M. Cartry, CNRS, reprint L'Harmattan, 1993, p. 182.

我们也会同样的不习惯：对于美拉尼西亚人，人可以被定义为一个空空的场所，被与其他人（父亲、叔叔、配偶、团体等）的联系所包围[1]。相反地，对于西方人而言，人被定义为是一个完整的自我，他自由自主地去建立社会关系，而不是被其社会关系所界定。在大多数其他的文明中，人以为自己是一切（Tout）的一部分，被一切所包围、所超越，一切早于人存在、并且在人消失后继续存在[2]。相反地，西方法律文化把人看作是人类社会的基本粒子、看作是具有定性与定量的两个层面含义上的个体。从定性方面看，按照上帝形象受造的个人是独一无二的、与任何其他人是不可比较的、有其自身的定位；从定量方面看，人是不可分割的稳定的存在，是一种完美的统一。如此构想中的"人"，必须是平等的：每个人都是按照上帝的形象受造，无论这个人是女人、奴隶或异端分子，他都是独一无二的，并且，又与其他人相类似。在最现代和最世俗的表达方式中，平等原则，是经历过个体性所包含的这种双重性的张力的：我们都是相像的；我们又是不同的，因为我们都是独一无二的。

　　我们每个人都是相像的，所有的人都是那个神圣形象的、同样多数量的、等距离的镜子，或者，用法国宪法序言"世俗的"用语表达，每个人都平等地、是"神圣不可剥夺权利"的 50

---

　　[1]　Cf. M. Leenhardt, *Do kano. La personne et le mythe dans le monde mélanésien*, Gallimard, 1947, rééd. 《Tel》, 1985, p. 248 sq.

　　[2]　Cf. par ex. L. Dumont, "Absence de l'individu dans les institutions de l'Inde", in I. Meyerson (dir.), *Problemes de la personne*, Pari, La Haye, Mouton, 1973, p. 99 sq. ; O. Nishitani, "La formation du sujet au Japon", *Intersignes*, 8/9, 1994, p. 65 ~ 77, spéc. p. 70; M. Chebel, *Le Sujet en islam*, Seuil, 2002.

持有者。我们的身份与任何其他人的身份在根本上是相同的，任何建立在性别、宗族、种族、国籍、年龄等之上的差别，都视为是应被禁止的歧视。圣保罗（Saint Paul）的深刻箴言说道："没有犹太人，也没有希腊人；没有奴隶，也没有自由人；没有男人，也没有女人。[1]"平等原则，在西方政治法律文化中所起到的动力作用，即来源于此[2]。由于每个人都有相同权利和义务，我们大家都是一样平等的人，因而，这就意味着一个人总是能被另一个人代替，任何一个人都有担当社会中任何一个位置的使命，并且绝对不能把其中的任何位置看成是属于自己的[3]。与此相反地，例如，离我们较远的印度种姓等级制度，则为每个人在现世都确定了一个职责，尽管社会流动在转世轮回中也起着一定的作用[4]。人是如此可被替代的，人也是可被计量的，每个人都可作为计量单位而被看待。这种对人的计量，是西方政治制度的一个历史产物，那时的数量规则压倒了任何关于质方面的考量而取得了优势，并且实现了关于多数原则的

---

〔1〕 Épître aux Galates, 3, 28.

〔2〕 此处当然要参考托克维尔（Tocqueville, *De la démocratie en Amérique*, Ⅱ, Ⅱ, chap. I, in *Oeuvres*, op. cit., p.607 sq.）以及杜蒙。杜蒙是西方进行人类学叩问的第一人（Louis Dumont, *Homo oequalis*, Gallimard, t.Ⅰ, 1977, t.Ⅱ, 1991; *Essais sur l'individualisme. Une perspective anthropologique sur l'idéo-logie moderne*, Seuil, 1983）。

〔3〕 法国 1789 年 8 月 26 日《人权与公民权利宣言》第 6 条："……所有公民都是平等的……在享有尊严、公共就业岗位上都是平等的，只根据他们的能力、品行和才干，不得依据任何其他因素"。

〔4〕 Cf. L. Dumont, *Homo hierarchicus. Le système des castes et ses implications*, Gallimard, 1966, rééd.《Tel》, 1979.

纯粹算数上的观念[1]。这种对人的计量也是社会经济统计迅猛发展的产物，并由此出现了一种新形式的规范：人们倾向于用建立在数量之上的技术规范的假设确定性，去反对建立在人与物的质的评估之上的法律规范的假设滥用情形[2]。作为计量单位，个人也是一个稳定的实体，其存在从出生到死亡都是不变的。奥里乌（Hauriou）认为："对于我们而言，一个人的法律人格是连贯的并和其本人是一体的；它随着个人出生而产生，是最先构建的，并且在其一生一直保持着不变；它毫不减弱地维持着各种持久不变的法律情形；它在人沉睡时警醒，它在人失去理智时仍然保持着清醒"[3]。所有的经济理论正是建立在这一拟制之上，这也是其他的著名文化所没有的。例如，佛教文化恰恰相反，其将重点放在人的身体与心理状态的无常和可变上[4]。最后，由于我们每个人都是按照天父上帝的形象所造，

---

[1] 关于这个观念的中世纪起源，参见 L. Moulin,《Les origines religieuses des techniques électorales et délibératives modernes》, *Revue internationale d'histoire politique et constitutionnelle*, avril-juin 1953, p. 143~148; et id. ,《Sanior et maior pars. étude sur l'évolution des techniques électorales et délibératives dans les ordres religieux du VIe au VIIIe siècle》, *Revue historique de droit Français et étranger*, 3 et 4, 1958, p. 368~397 et p. 491~529. 关于多数原则在法国大革命后的确认，参见 P. Rosanvallon, *Le Sacre du citoyen. Histoire du suffrage universel en France*, Gallimard, 1992.

[2] Cf. G. Canguilhem, *Le Normal et le Pathologique*, PUF, 3e éd. 1975. 正是对建立在如此"客观"规范之上的秩序的探究，启发了与统治和调整模式相对立的新型治理和调节模式的产生。(cf. A. Supiot,《Un faux dilemme: la loi ou le contrat?》, *Droit social*, 2003, p. 59 sq.)。

[3] M. Hauriou, *Leçons sur le mouvement social*, Libr. de la soc. du recueil général des lois et arrêts, 1899, p. 148~149, 转引自 A. David, *Structure de la personne humaine*, PUF, 1955, p. 1.

[4] Cf. R. de Berval (dir.), *Présence du bouddhisme*, Gallimard, 1987, p. 113 sq. ; A. Bareau,《La notion de personne dans le bouddhisme indien》, in I. Meyerson (dir.), *Problèmes de la personne*, op. cit. , p. 83 sq.

所以，我们都是第二代旁系亲属，即都是兄弟姐妹，负有救助和互助的义务。这一普世的博爱精神已被确认在《世界人权宣言》第 1 条中，启示福利国家构建的互助原则正是来自天父上帝。

52

然而，按照唯一的上帝形象受造的我们每个人，又都是独一无二的存在，有别于其他人。这种个人的根本独特性，虽不是来自从其出生起就必须接受的各种客观因素；然而，它却是通过行使自由得以表现出来的。生而自由，并与他人平等；每个人正是在与他人的竞争或比赛中，才得以自我展现和向他人展现。作为市场经济的基本动力，挑选的概念伴随着新教主义而得以实施[1]：我们的劳动不会给我们提供任何进入"世界彼岸"的特别通道，但是它反映出我们在现实世界是什么，因为物质成功是得救的一个外部符号[2]。路易·杜蒙（Louis Dumont）把这一特征特别表述为，在新教徒世界里，每个人里面都有一个修道士[3]。我们还可以补充说这是一个作战的修道士，因为维持公正秩序的唯一途径是形式上平等的人与人之间的竞争，竞争被确立为组织人们的私生活（婚姻自由和风俗自由）、政治生活（领导人的自由选举）、行政生活（公职考核、自由候选人）、经济生活（自由竞争）的原则，成为社会形态生活的推动力，而不是作为致死的危险的东西被限定在其边界

---

〔1〕 Cf M. Weber, *L'Éthique protestante...*, op. cit. ; E. Troeltsch, *protestantisme et modernité*, Gallimard, 1991.

〔2〕 Cf F. G. Dreyfus 《Les piétismes protestants et leur influence sur la notion de personne aux XVIII et XIXe siècles》, in I. Meyerson（dir.）, *Problèmes de la personne*, *op. cit.*, p. 171 sq.

〔3〕 L. Dumont, intervention reproduite in I. Meyerson（dir.）, *problèmes de la personne*, *op. cit.*, p. 185.

之内[1]。

法人的发明，使得这个个人主义色彩的概念把人类社会或 53
共同体的所有形式都消融于其中。通过法人这一形式，任何形
式的个人之间的结合，不论是建立在对物的分享上，还是建立
在思想的交流上，都可以作为单独个体被创立[2]。法律人（ho-
mo juridicus）由此可以把多数人视为一个个体看待，"我们"如
同一个"我"一样，有可能在与其他任何个人在平等的基础上
进行工作。这个只由众多个人组成的人的序列的至高关键所在，
也是一个最高形式意义上的个人，仍然具有上帝的形象，具有
统一性和不可分割性。法兰西共和国，是统一的、不可分割的，
曾经是最早一批与任何宗教参照标准割裂联系的国家之一，它
不同于公司，不是服务其成员的工具，而是一个超越了个人利
益的不朽的存在。

主体，有所服从的主权者

主体，就是说话的人，是"交谈、说话"（causer）这个动
词的两个含义上所指的：一是他与他人说话；二是他的话语被
视为如同法律。根据基督教教规，通过话语命令世界的权力是

---

[1]　Rapp. Ph. Thureau-Dangin, *La Concurrence et la Mort*, Syros, 1995.

[2]　O. von Gierke, *Das deutsche Genossenschaftsrecht*, Berlin, 1969~1913, 4 vol.;
R. Saleilles, *De la personnalité juridique. Histoire et théories*, Rousseau, 1910; L. Michoud,
La Théorie de la personnalité morale. Son application en droit français, LGDJ, 1924
[réed. 1998], 2 t.; 关于法人概念的教会法起源，参见 P. Gillet, *La Personnalité ju-
ridique en droit canon*, *spécialement chez les décrétistes et les décrétalistes et dans le Code de
droit canonique*, *thèse*, Université catholique de Louvain, Malines, W. Godenne, 1927.

第一种神圣的职权："太初有**话语（道）**（Parole），**话语（道）**与上帝同在，**话语（道）**就是上帝。一切都由上帝所造，没有上帝就没有一切。"[1] 著名的约翰福音如此开头，把形而上学等同于这样的话语，并使这样的话语成为宇宙含义的终极源泉，这非常精辟，它传递出一种存在于各种文明中但以不同形式表现出来的认知。非洲智者欧戈泰摩里（Ogotemmeli）说过，"裸着，就是一种没有**话语**的存在"，**话语**是水神给世界的第一件衣服，目的是使世界有秩序[2]。根据儒家的传统，良好的秩序完全依赖于语言措词的端正，因为确定事物就是赋予其个性，该个性使事物成为该事物[3]。柏拉图（Platon）在"克拉底鲁"（Cratyle）提到语言**制定者**这个角色，即"人类社会中难以发现的那位"，并把它比作一个能干的织布工，能根据每种情况调出特有的样式[4]。在《古兰经》看来，上帝把覆盖着所有事物的"命名的面纱"（voil du nom）交给了亚当，由此上帝将人变为哈里发（khalifa），即祂在人间的代理人[5]。此外，我们还知道"规则"（regula）这个词在罗马法中是作为"定义"（definitio）的同义词出现的[6]。在这些表现人类学知识的例子中，

---

〔1〕《圣经》约翰福音第一章第1~3节。

〔2〕Cf. M. Griaule, *Dieu d'eau. Entretiens avec Ogotemmêli*, Fayard, 1966, cité. p. 86.

〔3〕Cf. M. Granet, *La Pensée chinoise* [1934], Albin Michel, 1988, p. 363 sq.

〔4〕Cf. Platon, *Cratyle*, *op cit.* (cf. *supra*, Prologue). 这里的织布工形象，在柏拉图谈论政治艺术时，在《政治学》中有专门描述（in *Oeuvres complètes*, *op. cit.*, t. II, p. 375 sq.) Cf. A. Laks, 《Pour une archéologie du lien social》, in A. Supiot (dir.), *Tisser le lien social*, *op*, *cit.*, p. 61~72.

〔5〕Cf. L. Gardet, *La Cité musulmane. Vie sociale et politique*, Vrin, 4e éd. 1981, p. 80 sq.

〔6〕Cf. G. Alpa, I *principi generali*, in G. Iudica, P. Zatti (*a cura di*), *Trattato di diritto privato*, Milan, Giuffrè, 1993, p. 58.

《圣经》新约不是最早的，也不是唯一的。这些人类学认知的例子都说明：最极致的规范性权威，乃是命名的权威和创建思想范畴的权威；并且，这种语言的他律乃是人类生活的一个前提条件。

然而，认为上帝把祂的律（法则）放置于大自然之中的想法，却是专属于西方基督教的。上帝的**话语（道）**（Parole）不仅体现在一本圣书之中，即上帝揭示的律法之中，而且，也体现在上帝记录在"自然巨著"中的那些规律（特别是在当前科学家称作基因的组巨著中）。因而，在基督教文化中，存在一种至高之律（Loi），有两本圣书：一个是记录上帝揭示律法的神圣之书[1]，另一个是科学发现之书[2]。我们都是这两本书卷的继承者，而伊斯兰教是不了解这些的。对伊斯兰教而言，上帝不过是自然秩序中各种习俗的起源，同时，上帝的全能使得祂也可以全部颠覆这些习俗[3]。然而，基督教中的上帝则是将自己的手束缚起来，并且必须遵守祂自己所定下的律（法则）：其话语是如此的全能，以至于祂自己也被其约束。这样的观念也同样存在于人类社会，尤其体现在作为最高立法者这一神圣形象的后嗣——法治国家上：法治国家也要受到自己制定的法律的约束。因为，在基督教世界，至少西方基督教，具有另一个特征，即认识到人可能会为了自身利益而破坏"话语"所具有的制定规则的权力，并且由此成为完全意义上的主体，即作为"因"而非"果"的地位。

55

---

〔1〕 即《圣经》（译者加注）。

〔2〕 参见本书第二章。

〔3〕 Cf. L. Gardet, *La Cité musulmane*, *op. cit.*, p. 117.

话语规范性效力的主体，把**话语**据为己有这一现象，在有基督教根基的文明中是不存在的。在孕育民法思想最早的文明之一古希腊[1]，禁止这种据为己有是作为民主的一个条件而出现的。古希腊曾经有一个决定即来源于此：在建立民主和书面记载雅典法律之时（公元前403年），古希腊决定把虚音的h——象征关键性呼吸、神圣呼吸的"气"，以及人与城邦相连的精神，从字母表中删除了：对于民主的制定者而言，把神圣呼吸和城邦精神以字母符号形式使用，即一种私人占有的方式使用，是与法律的他律相悖的[2]。同样地，没有元音字母的希伯来字母表，也使得摩西律法对于那些不属于摩西家族的人而言，是不可读的；这些字母表，就算恢复了代表关键呼吸的"气"的字母，也不能使该律法文本表现应有的含义[3]。伊斯兰教的教导中也非常强调，个人不可能自封为规则的制定者这一主体；根据这一教导，面对神圣的全能者，人什么也不算；即使当他认为他在颁布某规则时，他也只是那些他难以识透的天旨的工具[4]。在有圣书的三大宗教中，西方的基督教，是完全赋予个人以主体地位的唯一的宗教，而在伊斯兰教中，这一主体地位只属于上帝，在犹太教中，只属于以色列民——唯一

---

〔1〕 Cf. J. de Romilly, *La Loi dans la pensée grecque*, Les Belles – Lettres, 1971, rééd. 2001.

〔2〕 Cf. C Herrenschmidt, 《L'écriture entre mondes visible et invisible en Iran, en Israël et en Grèce》, in J. Bottéro, C. Herrenschmidt, J. – P Vernant, *L'Orient ancien et nous*, Albin Michel, 1996, p. 173 sq. 关于 *nomos* 的词源学含义（*nemô*，分享、赞同）（J. de Romilly, *La Loi dans la pensée grecque*, *op. cit.*, p. 14）是：法律，作为人与人之间共同认同的定理，不能成为他们中任何人的一种东西。

〔3〕 Cf. C. Herrenschmidt, 《L'écriture...》, *op. cit.*, p. 162 sq.

〔4〕 Cf. L. Gardet, *La Cité musulmane*, *op. cit.*, p. 36 sq.; add. M. Chebel, Le Sujet en islam, op. cit.

被作为"赋予普世意义的圣民"[1]。

西方对律或法则的掌握，也体现在人与人关系、人与物关
系的构想方式上。人与人之间的关系要服从于至高之律（Loi）
的人类版本——**法**，由此，人类成为自身法律的创造者：不论
是民主体制中建立在人民主权之上的一般法，还是自由制度下
建立在个人意愿之上的合同法。作为独立自主的主体，西方法
律文化中的人，有能力接受他应当回应的话语的约束。因此，
其责任一般源自其自由意志，且在其行为之前，而不是在其行
为之后或在其后果中，如日本文化中的那样[2]。人与物的关系
是一种通过技术来对大自然进行"查验"（arraisonnement）的关
系[3]，不再是如其他文化中的进行有效的修修补补的关系[4]，
而是一种把人类从宇宙规律中获得的科学知识应用在大自然中
的一种关系。这种赋予人类成为宇宙主人的神圣使命，已经走
到了其逻辑的终点：在一个人类统治的、并且充满了按人的形
象创造的物体的世界中，人类已经把上帝打发走了，并且独占

---

[1] Cf. K. Löwith, *Histoire et Salut*, *op*, *cit*, , p. 242. 此处涉及《圣经》里面的
合同，称为 la *berith*，是在上帝和以色列民之间的真正双务合同（cf. F. Ost, *Du Sinaï
au Champ-de-Mars. L'autre et le même au fondement du droit*, Bruxelles Lessius 1999）。在
穆斯林中，对应的是 le *mithaq*，是上帝对所有人的无偿承诺，是单务合同，使得人可
以从含义的奴役状态中走出来，成为权利和义务的持有者（voir L. Gardet, *La Cité
musulmane*, op. cit. , p. 53 sq. ）。

[2] Cf. M. Pinguet, *La Mort volontaire au Japon*, Gallimard, 1984, P. 59. sq.

[3] Cf. M. Heidegger, 《La question de la technique》, in *Essais et conférences*, Galli-
mard, 1958, p. 26.

[4] 在古希腊，技术从没有超越"传统秘诀和实用技巧制度"阶段（J. -
P. Vernant, 《Remarques sur les formes et les limites de la pensée technique chez les
Grecs》, *Revue d'histoire des sciences*, 1957, p. 205～225, repris in *Mythe et pensée chez les
Grecs*, Maspero, 1971, t. II. p. 44 sq. ）。

了主体的身份。

58   然而，主体的这种完全世俗化，并没有使其丧失其特有的
深刻的双重性。作为法律的主体，他是一个独立自主的主体，
即一个"生而自由、富有理性"的存在，因而，能够自我管理
并治理物质世界。他是那个他应做回应的"因"，而不是一种处
于他之外的那个"果"。但是，他获得这种自由是有条件的，即
只能在他作为语义学上的和第一含义上的主体时——即服从和
尊重至高之律（Loi）的主体：不论是民主社会的法律还是科学
之律。西方育人或立人的方式，就在于促进这一带有双重属性
的主体的发展，使人成为能在法律的他律中汲取自主手段的法
律主体[1]。在西方，如同在其他地方一样，如果没有一个对
"我"的保障机构，或用法律词汇表达就是，如果没有一个对人
的身份保障的机构，就不会有一个可能的"我"；没有一个人可
以自主决定其亲子关系、性别和年龄。这一机构曾经在很长时
间内，至今也仍然在很多国家中，是宗教性质的[2]。国家是当
今西方社会中人的身份的终极守护者，因为，人的身份是必不
可少的，它不属于个人的自主权范畴。虽然，民事登记规则和
关于试管婴儿人格的教义性争论，已经代替了对洗礼圣事管理

---

　　〔1〕　Cf. P. legendre, *Les Enfants du texte. étude sur la fonction parentale des états*, Fa-
yard, 1992（voir spéc. p. 87 sq., sur le *vitam instituere* dans la tradition juridique occiden-
tale; et id., *Sur la question dogmatique en Occident*, *op. cit.*, p. 106 sq.）.
　　〔2〕　例如，在以色列，关于人的地位的制度很强势，拉比法庭在家庭非财产
性权利方面，独享审判职权（Cf. C. Klein, *Le Caractère juif de l'état d'Israël*, Cujas,
1976, et id., *Le Droit israélien*, PUF, 1990, p. 69 sq.）. 类似的规则在一些伊斯兰国家
中也存在。

上的宗教争论[1]，但是，对人的身份的认定仍然是在国家这一不灭的超人主体的庇护之下进行的。人类在通过语言他律拥有话语自律之前，是先要通过法律的他律来获得法律主体资格的。

人，精神的体现

西方看世界的视角，是把世界整理为有区别的两类：一类 59 是物，另一类是人。这种简单的区分很古老，并且深深烙印在我们的法律文化中。最初是在查士丁尼法典中系统化了的，后来在法国民法典中也有这种区分。然而，虽然在罗马法中，人与物的区分曾经不那么明确，但是，这一区分此后却取得了一种规范性的价值：把人看成物就是亵渎圣物，把物看作人就是非理性的。这一区分也由此取得了一种教义价值，即具有一种阐明整体世界观的显而易见的效力。科学活动长期使用的一些反义词组，也具有这种教义的力量：文化的/自然的、精神的/物质的、心理的/身体的、人文科学/自然科学。

在西方，人格思想的起源，和祖先丧葬时的脸部印模（personne）[2] 有关。在古罗马，家父（pater familias）[3] 受托管理

---

[1]　C. Labrusse-Riou, F. Bellivier,《Les droits de l'embryon et du fœtus en droit privé》, *Revue internationale de droit comparé*, 2, 2002, p. 579 sq.

[2]　祖先丧葬时使用的形象——其脸部印模，成为其印章，其中具有转喻而不是隐喻的意义。这些脸部印模平时是关在一个橱柜中，只有当举行另一个晚辈丧葬礼仪时才拿出来，而且，它们都登记在一个固定在橱柜里的告示板上，同时在告示板上画出家谱图，在家谱上登记逝者的名字和职位。名字和脸部印模都是连在一起的，只有脸部印模存在这个橱柜里，才会在告示板上登记其名字。

[3]　Cf. M. Mauss《Une catégorie de l'esprit humain: la notion de personne, celle de "moi"》? [1938], repris in *Sociologie et anthropologie*, PUF, 8ᵉ éd. 1983, p. 333 sq.

祖先脸部印模和姓氏，是具有人格的人。罗马法中，并非所有的人都拥有完全的人格：某些人在法律上可能被认为如同物一般[1]，而某些人被认为是分享家父的人格。不存在统称概念的"人"，从奴隶到家父，存在不同层级的人，这中间有：被释放的人、儿子、作为自由民的女人、游牧的人等[2]。正是通过基督教，人格才成为赋予全人类的一个属性。在另外两个有圣书的宗教中，上帝是一个不可能限定的存在，因而也是不可能体现的；既然是不可限定的，其神性也就不可能封闭在定义人的这些方面：一个姓氏、一个面庞，都意味着一种限定、一个形式和一些限制。相反地，基督教的上帝通过圣子的降世为人，为其赋予一个面庞，由此也为其赋予了人格[3]。世纪初年，教会的大部分神学争论都转向围绕着基督的双重性这一问题，即神性与人性；实际上在三位一体的教义之外，我们也找不到别的答案。这些讨论孕育了基督教关于人的观念——按照上帝形象受造、具有精神的（灵魂的）与物质的双重属性。人的必死的身体成为不朽的生命之殿。中世纪的法学家曾经系统阐述过这些概念。任何人，毫无例外，都是肉体（物质）与灵魂（精神）的组合，一个自然的人（homo naturalis），通过洗礼而被召唤成为一个教会中的人[4]。教会被认为是基督神秘的身体，不

---

〔1〕 参见盖尤斯著名的《法学阶梯》（人、物、诉），把奴隶放入人的分类中，但是作为物来对待（Gaius, Institutes, éd. bilingue par J. Reinach, Les Belles-Lettres, 1991）。

〔2〕 Cf. P. F. Girard, Manuel élémentaire de droit romain, Rousseau, 5ᵉ éd. 1911, p. 91 sq.

〔3〕 Cf J. Daniélou, 《La notion de personne chez les pères grecs》, in I. Meyerson (dir.), *Problèmes de la personne*, op. cit., p. 114 sq.

〔4〕 Cf. G. Le Bras, 《La personne dans le droit classique de l'église》, in I. Meyerson (dir.), *Problèmes de la personne*, op. cil., p. 189 sq.

同于组成教会的信徒。这一时期的人们正是根据教会的模式，才构想了在当代政治经济生活中处于核心地位的一个形象：法人，即通过超越人的必死命运的方式而把人类连接在一起的法律存在[1]。

正如马塞尔·莫斯（Marcel Mauss）所写，"我们特有的关 61 于人的观念，在根本上仍然是一个基督教的观念[2]。"这一观念也是"尊严"这一原则的起源，例如，《人权宣言》第1条或生物伦理法（《民法典》第16条）所宣称的"尊严"。在中世纪的词汇中，尊严，是指通过继任而形成的一个行会一样的群体，这里的继任不是发生在空间层面，而是时间层面上的。尊严，实现着前任与潜在后任的虚拟的统一联合——不论是前任还是潜在的后任在正式任职之时都是在场的，因而，从定义而言，尊严，是从不会消亡的[3]。这一概念首先是用于皇室的，后来在文艺复兴早期人道主义者那里开始"民主"化了，最早这样做的是但丁（Dante）。对于但丁而言，任何一个人，虽然作为一个必死的存在，但都体现出人的不朽尊严[4]。人格，从词源角度看，就是一个面具，但是，正是这个面具，使每个人得以完全享有人的尊严，并使每个人通过智力能力获得关于大自然

[1] O. von Gierke, *Das deumche Genossenschaftsrecht*, *op. cit.*; P. Gillet, *La personnalité juridique en droit canon*, *op. cit.*; E. Kantorowicz, *Les Deux Corps du roi*, *op. cit.*

[2] M. Mauss, 《Une catégorie de l'esprit humain...》, *op. cit.*, p. 357.

[3] Cf. E. Kantorowcz, *Les Deux Corps du roi*, *op. cit.*, p. 278 sq.

[4] 但丁思想的传承者对这一主题作了进一步阐述，尤其是 Pic de la Mirandole 在其 *Qratio de hominis diggnitate* 中，他写道："尊严属于我们，因为我们天生具备的条件使得我们可以成为我们想要成为的，并且可以借着尊严来警惕所有那些诋毁人的名誉的事情的发生——为了成为没有理性的动物或畜生的同类而轻视了人的伟大责任"（*De la dignité de l'Homme*, *éd.* bilingue par Y. Hersant, Combas, éd. de l'éclat, 1993, p. 13）。

的科学知识。笛卡尔在其著名的《沉思录》序言中如此写道，"从登上世界舞台至今，我只不过是个观众而已，戴着面具前行"[1]。

因此，人格，是一个把人的身体与精神整合为一的总称。人格超越每个人的必死命运，从而使每个人都能共享人的灵魂或精神不灭的属性。在其他文明中，在绝对的精神面前，这种共享则意味着人格的逐渐消除；然而，对于西方人而言，它则是通过精神内化于肉身的方式展现出来。《世界人权宣言》第6条确认的任何人在任何地方都有权被承认的人格，如同一张白纸，由每个人自己在其上安放其灵魂的面具。该宣言中的人的境界是"自由全面地发展其人格"，这证明了为何要赋予每个人以权利，没有这些权利（《人权宣言》第22条等），其人格发展将会受阻。法律人格只是法律为了保障人人都能实现其自身的人格而提供的一种手段，对其同代人和后代而言，这一人格就是其本人。海因里希·齐默（Heinrich Zimmer）回忆说，在希腊，"人格"的词源学含义，首先是指演员的面具，他认为，"西方关于人格的观念，产生于希腊，继而在基督教哲学中得到了发展。这一观念消除了面具与使用面具的表演者在用语上的差别，他们——面具与表演者合二为一了。当游戏结束时，那个'面具'（即人格）也扔不掉了，它粘连在人的皮肤上，穿过死亡并一直存到死亡之后。一个西方表演者，当他处在世界舞台上时，是与其表现的人格完全一体，他无法在离开世界时将其脱去，而是永久带着它，甚至到永生，即表演结束以后[2]。"

---

〔1〕《Sic ego, hoc mundi theatrum conscensurus, in quo hactenus spectator existi, larvatus prodeo》（Descartes, *Cogitationes privata* ［1619］, in（Euvres, Vrin, t. X, 1986, p. 213）.

〔2〕 Cf. H. Zimmer, *Les Philosophies de l'Inde* ［1943］, trad. fr. M. -S. Renou, Payot, 1953, p. 188 sq.

相反地，历代印度思想的主导努力方向之一，曾是在表演者与角色之间画出清晰的界限："持续不懈的内倾良知，通过跨越、分解掉人格的层层叠嶂，刺破了面具；良知把这个面具扔到了最底层里，最终到达了现实生活中的一个表演者那里，一个匿名的表演者，一个无关紧要的表演者。[1]"这种态度来自转世轮回的宿命，来自渴望生存的人在面对"生前身后无休止重复轮回背景下所感受的、也像对自己的表演突然泄气的演员一样所感受的[2]"一种伤感疲惫。灵魂在世界上处于一种盲目致命力量的陷阱之中，这种力量把创造物都带入一个轮回的无底漩涡之中。这就是为何印度文明中那种弃绝苦行僧生活的人物一直都拥有威望，这种人物如同一个背叛的表演者，因为疲于在这种没完没了的生活剧团中表演一个又一个的角色，决定退出剧本的演出。对于有人问："那个在舞台上表演粗俗玩笑的疯子是谁？"印度的智者回答说，是个人，他的头脑、舌头和身体器官都被一种"要做点什么"的需求所控制着，就是这样的人[3]！印度文明中，人格被理解为是一个要被扔掉的面具，而在西方则是一个要制作的面具。这一区别也表现在丧葬礼仪上：印度人不保留死者身体的任何留存物来回忆死者[4]或使死者人格得以流芳百世，而是尽力使其消失[5]。

---

〔1〕　H. Zmmuer, *Les Philosophies de l'Inde*, *loc. cit*.

〔2〕　*Ibid*, loc. cit.

〔3〕　Cf. H. Zimincr, *Les Philosophies de l'Inde*, *op. cit*, P. 191.

〔4〕　Cf. Ph. Aris, *L'Homme devant la mort*, Seuil, 1977, et l'iconographie commentée dans *Images de l'Homme devant la mort*, Seuil, 1983.

〔5〕　Cf. Ch. MalamouLd, *Le Jumeau solaire*, *op. cit.*, p. 67 sq.

64   我们由此可以理解，为何丰富的印度文明，对人类历史好像是冷漠的，对其而言，人类历史只是无休止的、令人厌烦的重复过程，相反地，西方则使人类历史成为理解人类自身的动力。如同一个人的个性状况显示在他个人历史中一样，对于西方人而言，人类历史总是具有一种含义，不论是走向救赎，还是人类灵魂的自我揭示，或是科技的进步。对于西方人而言，历史具有一种预言性的维度，我们认为可以从中吸取教训。关于进步的意识形态，就是如此建立在这些通过基督教关于人的观念而传给我们的神学前提之上的[1]。这就是为何早期的人类学家遭遇了困难——很难不把所研究的社会归入史前史一类之中，因为，他们根本不能把握史前史的深刻含义。因此，维特根斯坦（L. Wittgenstein）指出："弗雷泽（Frazer）比大部分原始人还要原始；因为，与20世纪的英国人相比，对于精神事物的理解，他们也并非更加差得远。弗雷泽对原始习俗的解释比这些习俗本身还要粗鄙。历史解释，作为演进假设的解释，不过是一种汇集资料，提供一个概要的方式。况且，也完全可以在相互关系中观察到相关的信息，并将这些信息重新放到一个总体图像中，而无需以时间进程中演进假设的形式加以呈现[2]。"

---

[1] Cf. E. 《L'édification de l'histoire de la culture européenne》, in *Religion et histoire*, Genève, Labor et Fides, 1990, p. 141 sq. ; K. Löwith, *Histoire et Salut*, *loc. cit.* 这个思想在 Simone Weil 的著作中也有论述，是以批判的模式展开的："基督教把进步这个概念带进世界，之前是没有的；作为现代世界的毒药，这个概念使世界去基督教化了。应当摒弃这个概念"（"Lettre à un religieux" [1942], in *Oeuvres*, *op. cit.*, p. 1001）。

[2] L. Wittgenstein, 《Remarques sur *Le Rameau d'or*》, *op. cit.*, p. 33.

西方关于人的观念——即内化于身体的一种精神存在，在西方法律上也具有一种信念的地位。这种信念既反映在关于身体的法律地位上，也反映在带有精神烙印的物的法律地位上。教会把人的身体视为不朽的灵魂之殿，我们继续把人体看作人格的载体，在人出生或死亡后，人体被视为"神圣的物"。法律也保护人的精神成果，即那些带有作者人格烙印的作品；作者的精神权利是一直伴随着该物的，即使在其权利转让之后，即使在这个被授予了"作品之父"资格的作者死后[1]。那些最能体现人的精神所具有的尊严的作品或物品，都被全部或部分地排除在贸易之外，而进入法国法称为文化遗产[2]的范畴。这些作品或物品由此具有公共物的性质，并且，在法律上也是如此确认的，它们被用来说明"成圣"（consecratio）这个词的最初含义：从世俗领域向神圣领域的过渡。最后，人的劳动，作为精神与物质的结合点，有其特别的规定，这些特别规定使人的劳动得以具有一种可交换的价值，但是，同时禁止把劳动者的身体视为贸易中的物[3]。由此可知，人的概念，让我们把精神与物质看为是一体的，而不是截然分开的两个领域。精神与物质的如此统一要求我们承认，在人与物的分界之处，存在着一些神圣的物（人体、精神作品）。这些神圣的物，不能像为人所用纯粹物体那样被看待。这些神圣的物，有其自身特有的含义，不应该被人类强加以相反的含义。禁止，自然会引发违反

〔1〕 Cf. B Edelman, *Le Sacre de l'auteur*, Seuil, 2004, et id, *La Propriété littéraire et artistique*, PUF, 3ᵉ éd. 1999.

〔2〕 关于文化遗产，参见 A. -H. Mesnard, *Droit et politique de la culture*, PUF, 1990, p. 419 sq. ; F. Choay, *L'Allégorie du patrimoine*, Seuil, 1992.

〔3〕 Cf. Alain Supiot, *Critique du droit du travail*, PUF, 《Quadrige》, 1994. 2ᵉ éd. 2002, p. 39 sq.

禁止的诱惑：那种只把人体看作服从于他人强大意志的一种物的暴虐式诱惑；那种把人体看作人类精神作品的技术性诱惑。人格，不是如同基因组或猕因子血型那样的生物学数据，而是一种教义性的构建，如果任由人们来支配，就可能会有坍塌的危险[1]。民事身份的不可处分原则就是这种禁止的一种表达，它同时要求一个保障人们身份的第三方机构的存在。

人身份的第三方保障者

67　　个人、主体和人格：是人的西方构建的三个支柱，它们都包含着深刻的双重性：个人是独一无二的，同时又是与他人相似的；主体既是自主的，又是服从的；人既有肉身（物质），也有精神（灵魂）。这里涉及这么多的概念范畴，可以帮助我们在其逻辑统一中，把握关于人的存在方面表面上矛盾的信息，也可以帮助我们在含义的空间与我们所要求的含义上进行协调。把人视为一个独一无二的、不可分割的个体，该个体与他人是平等的，又不可克减地有别于他人，这显然是一种不受制于任何实验科学的信仰行为。关于主体性（包括他律和自律）的概念和人格（包括身体与精神）的概念也是同理。这种人类学上的构建不能建立在科学之上，因为，当科学要求人是一个能够把自己作为认知客体来自我观察的认知主体时，科学本身就是来自这种构建。我们关于人的观念的这种信仰，不是像当今宗教信仰那样只是私人的事情，而是关乎一种人人都认可的信仰。

---

　　〔1〕　人类被剥夺了人的身份而沦为被围捕的牲畜状态这一主题，总是文学创作的强大动力，从古老的神话到好莱坞电影，都可看到这一主题，不论是驴皮（Peau d'Âne）（世系混乱的牺牲品）还是王子变成格里姆故事中的小熊。

这种信仰，意味着存在一个终极性的**参照**（Référence ultime），它标志和保障着那些美国独立宣言称为"不言而喻的真理"的事物，并且，赋予这些真理以教义的价值。

在一个完全世俗化的法律秩序下，是国家占据着这个终极性**参照**的位置[1]，例如法国。国家接替了教会，但是，它是一个"改变了形态的教会"，只建立在众多个人的表象之上[2]。作为制度大厦穹顶的关键部分，国家，是人属性的一种不朽表象，并且是去除了上述论及的人属性中三对双重性中的否定性方面：国家是独一无二的，但是与人不是平等的；国家有主权，但是它不服从于任何人，只服从于它自己；国家具有公共精神的属性，它不会死亡，因为其物理上的身体是人民，而人民则是代代不息的。国家作为超验性的人、共同法上超级特权的持有者，是那些从其获得身份认定的所有客观存在的和拟制存在的主体的法律人格的终极保障者。没有这个穹顶的关键部分，我们关于人类学的构建体系就会坍塌。这种唯独从国家那里获得身份认定的做法，不是一种普遍规则，而是一种例外：在很多国家，包括在一些西方国家，民事身份登记问题仍然全部或部分地属于宗教的范畴。在英国，要结婚的夫妇可以选择官方的结婚方式或是宗教的结婚方式。同样地，在很多欧洲国家[3]，国家在人的身份的最终保障上只是起到一种辅助的作用。因为人的身份问题，归根结底，是一种信仰（foi）的事情——从"信仰"而言的两个含义——相信与信仰。因而，公民身份问题上的任何远离共和政体或其价值，都会激起以社群

---

[1]　Cf. P. Legendre, *Les Enfants du texte*, op. cit.

[2]　Cf. L. Dumont, *Essais sur l'individualisrne*, op. cit., p. 69~70.

[3]　关于这方面现实情况的概貌，参见 J. Pousson-Petit (dir.), *L'Identité de la personne humaine. étude de droit français et de droit comparé*, Bruxelle Bruylant, 2002.

主义为表现形式的底层宗教性组织的再生，包括在法国这样表面上很世俗的国家中，也是如此。

迈向全面解放：解体的人

68　　科学技术是专属于西方的人类学构建的一个直接结果，同时也构成了对世界其他地区的支配力。但是，科学活动的进行，却主张忘却使科学活动成为可能的那些信仰，以及忘却科学活动自身发展的历史。被束缚在物的范畴内并被全能的"我思"鼓舞着的科学活动，完全地把人视为一个客体。这是确确实实的，曾经盼着被视为科学的社会学就是如此，它主张对个人的观察，如同观察"在磁场里，在吸引力与排斥力控制下的颗粒一样"[1]。再如，现代生物学更是如此，建立在把生命克减为纯粹物理化学上的存在，拒绝任何形式的"生命机理（vitalisme)[2]"。当今，很多杰出生物学家把目的论引入基因程序分析后，认为，"从科学对象上看，作为生命本意上的生命是不存在的，因为其机理归根结底都是一些化学上的相互作用"[3]。生命科学否定作为科学对象的生命的存在，这表明科学行为所要求的严苛程度……当然，从方法论角度看，我们可以理解，一个生物学家由此可能会认为，"作为生命本意上的生命是不存

〔1〕　P. Bourdieu, *Réponses*, Seuil, 1992, p. 82.

〔2〕　Cf. A. Pichot, *Histoire de la norton de vie*, Gallimard, 1993.

〔3〕　H. Atlan, *La Fin du《tout génétique》? Vers de nouveaux paradigmes en biologie*, INRA, 1999, p. 52.

在的[1]"，尽管这种论断让人对作为生命科学的生物学范式的严肃性产生怀疑。更不必说，如果这种想法可以让某些经济学人、社会学人或语言学家在其科学主张上能多一点谦逊[2]，那么人们可能会更加欣然地接受"从科学对象角度看，作为人本意上的人是不存在的"的说法。怀疑生命、人或宇宙的存在，只不过是自发地重新体验笛卡尔式虚空经历和"我思故我在"式的傲慢孤独。然而，如果没有作为生命本意上的生命或没有作为人之本意的人来作为科学的对象，就说明科学根本不能在赋予人生命含义的可能"目的"上提供一些定论[3]。只要是作为特殊活动的科学，一直在服从于这个赋予人类和社会以含义的人类学构建，这种不能就不会产生什么后果；但是，当人们主张使这些人类学构建服从科学，并在科学中探寻规律的终极根基时，这种不能就是极其有害的了[4]。科学的这种不能一旦超出正常的范畴，就会沦为唯科学主义。

如同一条涨水的江河，当科学超出其应有的"河床"时，唯科学主义就到来了。我们知道，在以质疑为特点的科学范畴 70

―――――――――――

〔1〕 根据 J. -J. Kupiec 和 P. Sonigo 的建议，没有上帝，没有基因（*Pour une autre théorie de l'hérédité*, Seuil, 2000）。这两位优秀的生物学者，自问"人存在吗？"，并自答："我们不得不平静地分析这个问题"（*op. cit.*, p. 32 sq.）。达尔文则没有如此谨慎，直接承认，只有基因是存在的（R. Dawkins, *Le Gène égoïste*, trad. fr., O. Jacob, 1996）。

〔2〕 *humilité*（谦逊谦虚）来自 *humare*（埋没隐藏），唯柯（Vico）认为 *humanitas*（人类）的词源也是来自于此, *La Science nouvelle, op. cit.*, p. 14.

〔3〕 根据生物学者以最清晰方式所承认的，伦理"应当确保生物数据的选择越来越独立"（P. Sonigo,《Une vague idée de l'individualité》, in M. Fabre - Magnan, Ph. Moullier, *La Génétique, science humaine*, Belin, 2004, p. 170）.

〔4〕 在观察他人和自我上的笛卡尔式的脱节变化，形成一种持续稳定的态度，并产生一种孤立于其他和独立于其他的存在视觉，Norbert Elias 对这种变化的方式做了详尽的观察（N. Elias, , *La Société des individus, op. cit.*, p. 152 sq.）.

内，对于永远无法掌握的真理，人们该持有的态度是，只能发现真理的暂时或近似的表象，而唯科学主义则离开应有的科学质疑的范畴，在关于人的生命的阐释问题上，传播一种偶象化的科学。如此的超越界限，不是自然科学的固有特性。当然在一些主张把人解释为物的著名生物学家那里很常见，其实，社会科学领域的众多研究人员也是如此，渴望融化在自然科学中，也努力把人只视为物。不论是自然科学还是社会科学，唯科学主义者可以通过其信仰显现出来，他们相信人是一种完全可以解释的客体，除了自然科学能向我们所揭示的以及它使我们能掌握的以外，人类对自身没有什么其他可认知的。其格言恐怕就是出现在《世界报》头版的大标题"无所披挂的赤裸裸的人[1]"。这种观点对人的了解，就如同色情对爱情的了解。一旦人们可以自由选择避免那些乏味的啰唆之词，人们就会试图表现出同样的宽容。总之，唯科学主义实际上是与西方现代人类学构建处于同一个发展方向上。西方现代人类学构建把人类视为具有两种属性的存在：属精神的——能够理解和掌握统治宇宙的全部规律，和属物质的——必须服从于这些规律。然而，西方在半途上，单单丢失了对人身份的第三方保障者的形象，即人类的制度维度。那么为何要担忧唯科学主义呢？

71 应该担忧唯科学主义，因为在此之上、在亲子关系领域已经发展出一种皮埃尔·勒让德（Pierre Lagendre）称作的"仅看生物学鉴定的、有利于母亲的亲子观[2]"。近年的历史发展揭

---

[1] *Le Monde*, 27 juin 2000.

[2] Cf. P. Legendre, "L'attaque nazie contre le principe de filiation", in *Filialion*, Fayard, 1990, p. 205 sq.

示出在哪些领域人被克减为生物学上的存在。唯科学主义的主要影响，是用一种偶像化的科学代替人类的所有根基性信仰[1]。当然，长期以来，西方把其他的信仰——印度的、非洲的、亚洲的、伊斯兰的等等，已经克减为只是一种人类学知识的对象，列入理性的史前史之中[2]。然而，我们自己的信仰，即来自上帝形象并由此建立关于人的西方观念的信仰，也遭到了同样的命运。在一个把科学当作终极参照标准的世界里，对人类尊严的信仰就被搁置在与宗教为伍的私人范畴内，以便在公共领域只给那种为生活而奋斗的"唯实论"（réalisme）留下空间。于是，我们就看到这种假定的实在论或唯实论，占据信仰位置的唯科学主义，以及人们努力在此之上去建立相应的经济和社会秩序的现象。

　　西方失去其特有的关于人的根基性信仰是 20 世纪的一个标志。这也是有理由的，因为，在第一次世界大战展示出致命的技术的无比威力之后，还怎么让人相信人道呢？这些自称为"炮弹身体"的一战士兵，比任何其他人都更能讲清楚：这场大屠杀的产业化经营的新颖之处，以及那种把人作为被宰杀的动物情形下的、把人克减对待的残酷性。希特勒曾总结道："人类的智慧及适应能力能保持高于其他动物，不是得益于人道原则，而只能是通过最残酷的斗争。[3]"由此，路易·杜蒙明确揭露出构成纳粹建立其上的唯一真正信仰的东西："人人相斗作为人类生活的最后真理，一部分人对另一部分人的主宰作为事物秩

72

---

〔1〕　Cf. J. -C. Guillebaud, *Le Principe d'Humanité*, Seuil, 2001.

〔2〕　Cf. O. Nishitani, "La formation du sujet au Japon", op. cit.

〔3〕　希特勒 1928 年 2 月 5 日讲话, 转引自 Louis Dumont in *Essais sur l'individualisme*, *op. cit.*, P. 178.

序的特征。[1]"纳粹，远不是什么社群主义价值（valeurs com-
munautaires）的病态回归，而是社会达尔文主义的一种极端版
本，它只承认一种人：生物上的、永远在战斗中搏击的个人。
用德国独裁者 Fuhrer（纳粹统治时期对希特勒的称呼）的话来
说，在战争中"最强悍的和最精明的战胜最弱的和最不精明
的"。既然人类的唯一真理是生物性的，那么用于建立一个社会
可设想的唯一剩下的东西，就是物理上的相似性、种族上的一
致性了。国家由此也只是用来维持和发展一个完美一致性的人
类社会的工具[2]。纳粹党认为："我们根据遗传学上的判断来
支撑人民的生活和我们的立法[3]"。这实际上表达了一种现在
早已成为陈词滥调的说法：对人的认知是科学的事情，而**法**，
应当服从于此。

73　　　尽管那个时候遭受纳粹的军事蹂躏，西方也还是构想了要
在战争结束之后，重新回归在普世价值基础之上的有序世界。
1948 年《世界人权宣言》的通过，是对由基督教承继来的，且
由启蒙运动哲学所过滤的这些价值的强化，也是想重建一种可
能联合地球上所有人的人道教。与此同时，建立在对国家主权
不可侵犯的确认之上的国际组织体系，一方面，在于保障所有
人远离惨遭杀害的新型战争的危险，另一方面，在于鼓励在最
贫穷的人口中，传播西方所理解的那种教育领域、文化、劳动

---

〔1〕 L. Dumont, *Essais sur l'individualisme*, *op. cit.*, p. 182.

〔2〕 L. Dumont, *Essais sur l'individualisme*, *op. cit.*, p. 185. Ernst Troeltsch 在 1911
年就指出，用进化论代替为生存而斗争，来作为历史的推动力，"其实不是别的，只
是那种相信世界意义的宗教信仰的一些微弱的最后残渣而已"（*Die Bedeutung des
Protestantismus fur die Entstehung der modernen Welt*〔1911〕，trad. fr. in *Protestantisme
modernité*, *op. cit.*, p. 116）。

〔3〕 希特勒的青年教科书，转引自 H. Arendt, *Le Système totalitaire*, *op. cit.*,
p. 76.

与健康领域的"社会进步"[1]。如此地，人们期待能避免现代形式野蛮的重蹈覆辙，这些现代形式，把人视为只服从于自然选择法则的生物学上的生物。但是，由于人们拒绝承认——纳粹主义不是从火星上掉下来的一个历史事件，而是走向西方关于人的观念的边界的一个过渡[2]，人们也就拒绝接受针对与专制主义具有相同特征的唯科学"现实主义"的批判。杜蒙观察到，"希特勒只是把我们这个时代的一些共同表象推到了极端：不论是粗俗无奈、陈词滥调的'人人相斗'，还是稍微讲究一点的表达，把政治克减为强权。然而，一旦这些前提被接受了，人们就看不到还有什么能阻止那个有手段的人，去杀戮和他是同类的人，而且，最终的恐怖结局正说明了这些前提的谬误。全世界对纳粹的严厉谴责表明了人类在一些价值上持有一致的看法，而且，政治权力必须从属于这些价值。人类生活的本质不是人人相斗，政治理论不能是一种权力的理论，而应是一种正当权威的理论"。[3]

当前我们生活在一个"后希特勒"时代[4]。对纳粹罪行的 74
记忆，以及更加碎片化的记忆，已经消散了那些可能迫使民主

---

〔1〕 参见本书第六章。

〔2〕 这里向"人的观念边界"的过渡，是指质上不同的东西的摇摆（R. Guénon, *Les principes du calcul infinitésimal*, Gallimard, 1946, p. 77 *sq*）。在20世纪初的时候，Ernst Troeltsch 就观察到资本主义历史上的这样一种摇摆："资本主义现在的发展……：数论的严格、非人道、食肉性、缺乏同情、追求利润之利润、残酷无情的竞争，为了获胜的那种进攻性需求和看到商业处处的那种胜利的喜悦，已经打断了与最初的伦理的联系，甚至已经成熟为一种直接反对达尔文主义和新教主义的权势"（*Protestantisme et modernité*, *op. cit.*, p. 94.）。

〔3〕 L. Dumont, *Essais sur l'individualisme*, *op. cit*, p. 186.

〔4〕 Cf. P. Legendre, 《L'attaque nazie...》, *loc, cit.*

政体自己进行良知检查的东西。那种极端的范式，不是纳粹所特有的，它冲跨了战前西方所有国家的人类学和生物学[1]理论。民主政治，因为拒绝看到在其自身已能构成极权制度萌芽的那些东西，仍然继续相信：经济关系最终决定着社会关系，生物学是了解人类的最终范畴。从此，科学占据了以前由教会占领的真理权威机构的结构性位置。近五十年来，人口遗传学已经让步给了生物分析遗传学[2]，在某些相关的报道或发言中，基于基因的解释代替了基于种族的解释[3]。如下的思想继续存在着：人人相斗是历史的动力，不再是采用阶级斗争或种族斗争的集体形式，而是采用个人竞争、在人类生活的各个方面（经济、性、宗教等）都普遍化了的竞争的这种民主方式。这种竞争导致的后果就是，在社会上能看到的不再是一个整体范畴上的人，而是一群一群的人并列着[4]——被追求各种利益所驱动的一些个人的集合。

76　　　　为了使若干的个人形成一个整体范畴上的人，这些人中的每个人都必须向同一个组织原则看齐，即服从一项超越他们任何人的共同规则。在按照神的形象受造的人类学构建中，每个人都是如此向一个至高者看齐，祂是其个人身份的保障者，每一个有确定性别的存在都属于同一类，即人类，包括两种性别，

---

〔1〕 参见 A. Pichot 的详细调查（*La Société pure*. De Darwin à Hitler, op. cit.）

〔2〕 Cf. A. Pichot, *Histoire de la notion de gène*, Flammarion, 1999.

〔3〕 根据一份负责任的报纸的头版报道，就解释角度而言，语言基因、同性基因、智力基因、进攻性基因等基因再次产生了联系，而这些基因本身又代替了颅相学上的颅骨隆起等其他隆起分析（*Le Monde*, 9 mai2003,《La mutation du gène FOXP2 pourrait avoir engendré la parole》)。

〔4〕 Cf. L. Dumont, *Essaais sur l'individualisme*, op. cit., p. 292.

并且在此基础上建立了关于性别的法律，适用于人类全体。同理，每个器官、每个细胞或每个基因，在生物上也都向一个超越这些以外的整体看齐：人体。如果我们抛开了这种看齐（即共同参照）的观念、等级的观念和共同规则的观念，如果我们拒绝承认，如冈圭朗所言的，"有一种形式对内容的主导、有一种整体对部分的指挥[1]"，整体就成为不可能设想的了。这就是当今生物学在定义活着的机体时碰到的困难。一旦生物学把一个鲜活机体克减为其组成的一部分，并且这些组成部分又作为物理化学的测定对象，那么，就没有任何东西可供观察到一个鲜活机体整体的存在了。这就是为何会有作为科学对象的鲜活机体是不存在的结论。个人的教义性特征由此被转移到了身体的组成部分——基因、细胞之上，被认为轮到它们按照人人相斗的规则行动起来了。我们关于人体的观念总是和关于社会组织体的观念同步演进的，同样地，我们看待社会如同一堆相互竞争中的个人。个人，作为按照上帝形象受造而装配的残留，被视为基本的粒子，被理解为一种自我参照的存在，不再需要为了拥有和守护理性而被建立。

育人或立人（instituer l'homme），从这个词的最初含义上看，是通过把他融入到一个将其与其同类联系在一起的含义共 ⁷⁷

〔1〕　G. Canguilhem, 《 Le problème des régulations dans l'organisme et dans la société》, *op. cit.*, cité p. 114. R. Sheldrake, *Une nouvelle science de la vie. L'hypothèse de la causalité formative*, Monaco, Ed. du Rocher, 1985.

同体（communauté de sens）的方式，使其站立着[1]；是使他得以在人类中有其自身的位置。这曾经是法国共和国制度下小学教师（instituteur）的任务：通过反复灌输共和国制度所要求的各种纪律，使孩子们能自己行动，并能自己学习。这里涉及的法语术语的改变非常能说明问题：小学教师（instituteur）为了融入到教师（professor）的行列中，主动要求不再使用已经变得不可理解的 instituteur（小学教师）这个术语，结果他们的要求得到了满足（professor 在词源上指：强调各自的科学）。至于表达人所用的概念 genre humain（"种类"），包括两种性别的、并且人人都应当作为参照标准看齐的人的概念，也已经消失了，而让位给"类别"（espèce 贬义的类别含义，把人贬低为动物）一词。人（homo），作为可理解的、超越性别差异的，并作为一个包括两性的整体范畴意义上的存在种类[2]，已经变得与当今的信条不兼容了，当今的信条把人的性别克减为纯粹生物学上的事物。由此可知，"genre"（种类）一词的含义为何发生了改变：在性别研究（gender studies）的理论中，它从此意味着，可以把一个男性或女性的性别，任意分配给那些能自由摆脱某种性别局限的个人。这里描述的境况就是这样一个世界：在其中，得益于生物学和外科技术的进步，每个人都将有权选择自己的

---

　　[1]　关于"育人或立人"（*vitam instituere*）的概念，参见 P. Legendre, *Les Enfants du texte*, *op. cit*, p. 87 sq. ; id. , *Sur la question dogmatique en Occident*, p. 106 sq.

　　[2]　关于罗马法上 genre（类别）与 espece（种类）的区别，参见 J. - H. Michel, *Les instruments de la technique juridique*, Cachier du Centre de recherches en histoire du droit et des institions, Bruxelles, Publication des facultés universitaires Saint- Louis, 2002, p. 3 sq. 根据西塞罗（Ciceron）的定义，类别（genre）是指某些因共同特征而相像的部分所组合起来的东西，而不同于种类（espece），是指两个以上的东西（De orator, 1, 42, 188）。

性别或改变自己的性别[1]。

在发展的进程中，平庸的唯科学主义与西方信仰的联合，就是如此地引导出了一种对人类生活方方面面都产生影响的无限制（non-limite）的意识形态。从技术层面看，这种意识形态表现为一种对未来科学发现的毫不动摇的相信，相信这些发现能够避免我们人类经济技术活动所积累的、关于地球生命力方面的灾祸[2]。从法律层面看，这种意识形态引导人们去看待法律不再是如同一种对人们身份的保障，而是作为一种应当从中解脱出来的束缚[3]。这种解脱，作为圣保罗（Saint Paulo）[4]所指的律法结束的世俗表达，是来自一种对能够自我建立的人类的信仰。我们可能处在一个通往光辉灿烂的未来之途上，在其中，每个人只会服从于他自己自由认可的一些限制。由此，任何来自外部强加的限制都会被抛弃。这种幻想的诱惑力明显存在于两个方面。一方面，在经济领域，实施去规制化的政策

---

〔1〕 这一权利被最高法院确认（Cass, Ass. plén., 11 déc. 1992, Bulletin civil, 1992, n°13, *Gazette du Palais*, 1993, 1, jur. 180, concl. Jéol），最高法院基于保护变性人的私生活，排除了民事身份不可利用原则，以至于违反了欧洲人权法院的要求（CEDH, 25 mars 1992, Botella c/France, *Recueil Dalloz* 1993, J, 101, note Marguénaud）。

〔2〕 Cf. J. -P. Dupuy, *Pour un catastrophisme éclairé. Quand l'impossible est certain*, Seuil, 2002.

〔3〕 在法国，法律人写文章总是分为有机的两个部分来写，这可以清楚地看出这种思维，就是他们把人的身份分为（通过法律）"外加的身份"和（通过个人）"选择的身份"这样两种的思维，参见 J. Pousson-Petit（dir.）, *L'Identite de la personne humaine, op. cit.* 保障人身份的法律就这样在法律人这里退位了，让位给个人对"身份情感"的追求（cf. D. Gutmann, *Le Sentiment d'identité. Etudes de droit des personnes et de la famille*, LGDJ, 1999）。

〔4〕 但这因信得救的理还未来以先，我们被看守在律法之下，直到那将来的真道显明出来。这样，律法是我们训蒙的师傅。但这因信得救的理既然来到，我们从此就不在师傅的手下了（和合本《圣经》加拉太书第三章第22~25节）。

（politique déréglementariste），恐怕最好就是把经济人（homo oe-cunomicus）从束缚他的法律中解脱出来，以便让他只服从于自由订立的合同。另一方面，虽然人们以正义的名义控诉这种放纵所带来的毁灭性后果，但是，却又在私生活领域信奉这种放纵的信条。任何限制人们相爱或不相爱的自由游戏法则的法律都被理解为是恶法，人们以抵抗"最后的禁忌"为名，积极推动对人的身份的去规制化政策。最终都是同样的效果：强者法则的回归，少数战胜方与众多失败方之间差距拉大。然而，不论是涉及私生活还是职业生活，问题不是在集体纪律与个人自由之间做选择，而是要重新定义这两者之间的必要联系。一个法律制度，只有当它能够为来到物质世界的每个人，提供以下两种保障时，才算完成其人类学功能：能为人的身份提供长久保障的现实世界的预先存在；给予每个人改造这个世界，并在其中留下自己烙印的可能性。一个人，只有当他服从于建立他的那个法则时，他才是自由的主体。

79　　　既然剥夺了对人的身份提供保障的这一第三方（Tiers ga-rant）的信仰，在我们看来，西方关于人的人类学构建就继续衰败着，并且在其余烬之上，一些狂妄的言词也猖獗起来。例如，平等原则和个人自由原则，因为缺少制度性根基，并且，没有根植于那个强加适用于每个人的、不依赖于个人喜好的一个共同规则，它们实际上可以用来证明取消任何差异和任何限制的合理性。其实这是一种疯狂的解释。在此方面，在西方国家所出现的人们越来越多的要求，就是众多例证，例如，取消性别差异〔1〕的要求、因为孩子被看作是"女性最大的敌人"〔2〕就有了对生育的"去制度化"的主张〔3〕、废除儿童的"特别地位"〔4〕（类似于被压迫的少数民族）、用合同代替亲子关系的主张〔5〕，甚至还有更为直白的、似乎更符合逻辑的主张："有权做疯子"〔6〕。在科学权威的支持下，一些很有学术价值的研讨会得以举办，研讨会建议把生育和亲子关系列入一个"标志着异

---

〔1〕 性别差异可能是一种"意识形态"，"与普世平等的观念不兼容"（Associatioin Mix-Cité Paris ［movement mixte pour l'égalité des sexes］，《Quels parents pour demain?》Le monde, 19 juin 2001, p. 15）。性别的法律区分是具有"超级模糊"特点的论点，现在被国家科研中心的法律学者所阐述并出现在媒体上（M. Iacub，《Filliation：le triomphe des mères》，Le monde des débats, mars 2000, p. 16~17）。根据师范法学的社会学者的观点，应当用个人自由选择性取向来代替把人类封闭在一个性别身份中（E. Fassin，《Les pacsés de l'an I》，Le monde, 14 oct. 2000, p. 20）。

〔2〕 "人们用和要求建立性别平等的方式相同的方式，主张消除妇女的生育问题，性别平等和父母平等要求取消妇女的生育、消除子女接受异性父母教育的做法"（《Quels parents pour demain?》，op. cit.）。我们看到，在此同样的含义上，有来自国家研究中心的法律学者对法国的批评，批评法国法的滞后："还没有把妇女从传统生育子女和教育子女的任务中解放出来"，"并将两个特别性别主体的观念仍扎根在古老的'人类的两个互补的一半'这一意识形态之上" （M. Iacub，《Filliation...》，op. cit. p. 17.）。

〔3〕 M. Iacub, Le Monde, 9-10 mars 2003.

〔4〕 "证明儿童孱弱和特殊地位的论据和剥夺妇女自主性所援引的'脆弱性别'论据是一致的"（《Quels parents pour demain?》，op. cit.）。不幸的是，联合国1989年《儿童权利国际公约》也属于这一认知方向的，该公约把儿童看成是小号的成年人，拥有所有权利（结社、良知、思想、宗教信仰、言论、和平集会等方面的自由），恰恰没有做儿童的权利……

〔5〕 Cf. F. de Singly，《Le contrat remplace la lignée》，Le Monde des Débats, mars 2000, p. 19. 人们甚至听到这位研究家庭的社会学者解释说，禁止乱伦是一个带有历史性的行为，现代人有可能有一天从中解放出来（《La suite dans les idées》，France Culture, 14 mars 2002）。

〔6〕 这一权利在法国由社会科学高等研究学校（EHESS）的一些法律学者所主张，他们把自由定义为"一种不可克减的疯狂权"（O. Cayla, Y. Thomas, Du droit de ne pas naître, Gallimard, 2002, p. 65 sq.）。

性夫妻垄断生育终结的框架下，目的是给围绕孩子建立的动态的人员机制腾出空间，在这种机制下，角色、性别和生物学意义上的、文化意义上的亲子关系都不再是固定的了，他们之间也不再是彼此联系在一起的了"[1]。我们知道，在这样的背景下，再生克隆应用于人类可能展现的能力，将会最终让人类一下子从性别差异、代际差异中解脱出来，并让人类能够建立一个"角色、性别、生物学意义和文化意义上的亲子关系都不再是固定的，他们相互之间也不再有联系的动态人员机制"，有点像天使的世界。除非就是像动物世界一样，因为那些不能在这样一个涂抹掉社会联系的市场上成为能把握自己命运的人，是他们自己不幸的唯一负责人，并且被归入不可能品尝无限自由甜头的低等人类[2]。一旦人类消灭了母子关系，恐怕将来应当、现在就已应当给后代盖更多监狱了，因为对于在自身找不到约束的人，必须在其身外限制他们。

81　　曾经作为 20 世纪极权制度标志的法律领域和科学领域的革命性颠覆，现在仍然存在。**法**和国家，恐怕只是属于一些随时可修改的契约一类的事情，只是属于一些含义空洞的简单工具一类的事情，服从于科学真理和不可抵抗的技术进步。这个工具不再服务于一个阶级对另一个阶级、一个种族对另一个种族的自然主宰，而是用于为了确立自我而与他人进行竞争的个人。这种新形态的唯科学主义，正如历史上发生过的那些事情一样，正被引向一个血淋淋的死胡同，因为，它不承认"禁止"在构建理性中的位置。

82　　冈圭朗观察到，生物组织体是一个例外的存在模式，在生物

---

〔1〕　参见由 V. Nahoum Grappe 和 P. Jouannet 主持召开的关于生育、性和亲属关系的研讨会，科学城，2003 年 1~3 月。

〔2〕　Cf. Ph. d'Iribarne, *Vous serez tous des maîtres. La grande illusion des temps modernes*, Seuil, 1996.

组织体内，生物体的存在和其规律之间没有差别。但是他指出，对于人类社会，则不是如此，即人类社会的规则不是来自其内在，而是必然来自社会躯体的外部[1]。这就说明了医学要解决的问题是有病而不是没病（健康）的原因；然而，对于社会而言，问题是正义的定义问题，而不是自然而然就有的"正义"。因为，社会的规则，不能在社会本身被发掘出来，它必定来自他处，它既脱离科学研究，又不属于个人的任性，尽管可能"乔装打扮"成"伦理"。这个规则，对于保护人类远离成为谋杀者和全能者的幻想来说是必须的，特别是当人们被新技术的益处所煽动的时候。在任何文明中，禁止的逻辑不是别的，而是在人类与其表象——不论是精神层面的（如言语）或物质方面的（如工具）之间，必须介入的作为第三方存在的这一定律。这种教义功能[2]——介入和禁止——赋予**法**在技术领域中一个特别的地位：使技术得以符合人道要求的一种技术的功能[3]。以科学的名义攻击**法**的教义——当今众多法律人都在这么做——就是打开通向危险倒退的通途，因为，正如诺贝尔·埃莉萨（Norbert Elisa）指出的，"照搬古典自然科学思想的那种草率，会强化人类躲到神秘魔法般的史前思想有利庇护中的趋势，这是很可能发生的[4]"。对一个"光辉灿烂未来"的信仰，在其中人们将超越所有其他的规则或律法，只服从偶像化的科学规律，这曾是两个世纪以来对人加以否定的发酵剂。当前，这种信仰，成为各种前所未有的极端残酷事件的肥沃腹地。

---

〔1〕 G. Canguilhem,《Le problème des régulations dans l'organisme et dans la société》, *op. cit.*, p. 106 sq.

〔2〕 关于这一概念，参见 P. Legendre, *L'Empire de la vérité*, *op. cit.*, p. 29 sq.

〔3〕 参见本书第四章。

〔4〕 N. Elias, *La Sociéié des individus*, *op. cit.*, p. 120.

恐怖不是重复的，而是不断更新的，以至于记忆中的马奇诺防线也不足以预防其卷土重来。因而，应当保持**法**之准绳的牢固，没有这些准绳，人类及其社会都无法矗立。

第二章

法律的帝国：法是严厉的，但这就是法 (*DURA LEX，SED LEX*)

在所有诫命中，找不到可以和研习律法的责任相比的其他诫命了；这一责任本身，从重要性上，就等同于所有其他的诫命。

——摩西·本·迈蒙（Moïse Maïmonide）
（《关于犹太律法典的认识》）

你们别被外表所蒙骗，在最深之处，一切都是规则在起作用。

——里尔克（Rainer Maria Rilke）
（《给青年诗人的信》）

loi（律或律法或法则或规律）的范畴比 Droit（**法**）的范畴要 85
宽广得多。**法**是西方整理适用于人们自身规则的一种方式。Droit
法，继承了罗马法上的 ius（法），ius 是指正义（justice）得以表
达的那种表达方式[1]，但是，它又是建立在方向（directum）的

---

〔1〕　ius（法）起源不明确的一个词，其最为一般的解释是，正义的表达方式，这引导了 E. Benveniste 去引申认为"不是**做**而是表达出来，才是'法'的真正构成"（*Vocabulaire des institutions indo - européennes*，Minuit，1969，t. II，p. 114）。对于 A. Magedelain 而言，"在古罗马，法具有最高统治权的权威"（*Ius imperium auctoritas*，*op. cit.* p. 33 *sq*）。

观念之上，在正义的含义之上又增加了行为界线的含义，而行为界线的含义已经包含在拉丁文的规则（regula）或规范（norma）之中。规则、规范、界线与直角：正义，通过**法**这一方式，就更是变成了一件几何学绘图一样的事情了，而不是宗教神学的事情：它更多地是来自测量，而不是裁判，尽管最终总是涉及如罗马法令汇编（Digeste）里的名言所指，把属于各人的分配给个人（suum cuique tribuere）。这就是为何作为规范体系这一客观含义上的Droit（**法**），在普通法系中找不到准确的替代语。人们把Droit（**法**）译为law（法律），但是，在英国或美国，法律的首要渊源是来自先前判例，而不是来自法典，是在法官所审判的案例中，而不是在国家所走过的历程中。特别指出的是，如同欧洲大陆的loi（律或法则或规律）（legge，ley，Gesetz）一样，law（法律）的概念里也包括律法或规律，而对此律法或规律，是不能有人的任何行动参与的，如摩西的律法、伊斯兰律法、开普勒或牛顿定律、热力学定律、万有引力定律。Lex（法），最初的含义是宗教的，总是表达一种强制适用、一种强加于人的权力。但是，它既可以被理解为物理的或超验的力量，也可以被理解为人的权力。Loi（律或法则或规律）的概念，既是宗教的也是科学的，它让西方人可以领会组成西方思想结构的规范性所具有的各种不同层面，而Droit（**法**）的概念，则是纯属法律构想的，它准许法律人封闭在其特有的规则系统之内。鉴于这种用法律术语来思考的方式并不是自然而然的，也不是普世性的，因而，理解这一点，也就为看待什么是人们称作的西方活力，提供了另外的视角[1]。

---

[1] Cf. N. Elias, *La Dynamique de l'Occident* [1969], trad. fr. Calmann-Lévy, 1975, p. 324.

思维方式的形态

马塞尔·格拉内（Marcel Granet）在关于中国古代思想的核 87
心著作即将完成之时，思忖过如何总结他所理解的中国思想的核
心，他作了如下回答："基于坚持这样的事实——中国人不愿意承
受任何的限制，即使只是教义性的限制[1]。"这样的表述方式，
用格拉内的话而言，是关于"定位最广袤和最持久的著名文
明[2]"，它何尝不是也让西方把自己的思维方式定位在这同样一
个进程呢。

这并不是说中国古代思想完全忽视法律观念，只是说明法律
观念在古代中国的地位从没有像在西方那样占据其文化的中心地
位。如果仅限于关于物方面的法律规范，古代中国已经有行政法
律[3]和刑事法律，但是，古代中国常常忽视民法，而在西方，民
法则确立了其文明理念。根据儒家传统，"有教养的人"不需要法
律，因为，所有的处世之道都已融入他本人里面了（"礼"）；法
律对于不能了解处世之道的人才是有用的，所以，法律就以最质

---

[1] M. Granet, *La Pensée chinoise*, op. cit., cité p. 475~476（斜体强调部分为原文所加）.

[2] M. Granet, *La Pensée chinoise*, loc. cût.

[3] E. Bazals, *La Bureaucratie céleste*, Gallimard, 1968, spéc. la première partie 《Société et bureaucratie》, p. 15 sq.

朴也是最粗暴的方式，即刑罚的方式表现出来[1]。在统一（秦朝）之前的战乱年代，古代中国也有一个思想流派，主张放弃这种"人治"的伪善（事实上是把地位卑微的人交由汉族专权治理），并主张"依法治理"。这就是我们通过莱昂·汪德迈（Leon Vandermeersch）著作[2]了解到的法家。然而，这些法家人士，借助他们当时已有的法律，竭力地把刑法推广到了社会生活的方方面面。法家，随着秦朝的建立而获得了政治上的胜利，而儒家则遭到秦朝的残酷压迫（公元前213年的焚书事件），但是，法家的得胜也只是暂时的：秦朝被推翻以后，法家观点就被统治者所抛弃，后来，给人们留下了记忆的，就是其残酷和极端过分的刑罚。

88　　　有记载，法家人士把法律文本刻在铁锅上，把放进铁锅里的犯人放到火上去煮。通过这种方法，确保法律得到公示，并让大家更快理解法律规定和违法所受的惩罚。卡夫卡（Kafka），在小说《在流放地》中想象的机器，则是建立在与此完全相反的原理之上：这种机器，把被违反的法律的晦涩内容刻在受刑人的肉体上，让受刑者通过这种方式在最后的咽气死亡时进入生命意义的

---

　　〔1〕　Cf. J. Escarra, *Le Droit chinois*, op. cit.; Xiaoping Li 的观点有细微差别，《L'esprit du droit chinois : perspectives comparatives》, *Rev. internat.* dr. comp. , 1-1997, p. 7 sq. , 关于法律术语的分析，参见 Tche-hao Tsien,《Le concept de "loi" en Chine》, *Archives de philosophie* du droit, t. 25, p. 231. 关于当代的发展，参见 voir X. -Y. Li-Kotovtchikhine (dir.), *Les Sources du droit et la réforme juridique en Chine*, Litec, 2003, bilingue fr. -angl.

　　〔2〕　L. Vandermeersch, *La Formation du légisme*, op. cit. ; et id,《An inquiry into the Chinese conception of the law》, in S. R. Schram (ed.), *The Scope of State Power in China*, London, European Science Foundation, St. Martin's Press, 1985, p. 3~26.

启示中[1]。卡夫卡笔下的法律文本，都是以文人学者所谈论的至高法则（Loi）为形象，并且，他们也都随时准备好进行没有尽头的注释工作。在此，我们仅仅总结以下三个方面的观察：①法律如迷的想法，恐怕是从没有撞击过古代中国法家人物灵魂的，它完全是西方的（因为法家经典《商君书》记载道："人民是容易被统治的，因为他们不过如畜类一般，法律可以用于统治。但愿法律是清晰的并且是容易被理解的，如此一来法律就必然起到应起的作用[2]"）。②人体是铭刻律法或法律的最佳场所，这是犹太教传统与基督教传统分歧之一（通过关于是否要强迫接受割礼的争论[3]反映出来）。③通过肉体酷刑来体现法律是领受至高启示的最佳之途，这一点从未停止激励西方人的精神世界，正如乔治·巴塔耶（Georges Bataille）[4]或米歇尔·福柯（Michel Foucault）[5]的作品所表现的那样。

　　总之，西方把法律作为个人权利保障者[6]这一观念，在古代 89

---

〔1〕 F. Kaata, *In der Strafkolonie*, in *Ein Landarzt und andere Erzahlungen*, Galhmard,《Folio bilingue》, 1996, p. 23 sq.

〔2〕 Cité par *L. Vandermeersch*, *La Formation du légisme*, op. cit. , p. 200.

〔3〕 参见《圣经》使徒行传第十五章 1~34 节和罗马书第二章 25~28 节："若你犯律法，你的割礼就算不得割礼……外面肉身的割礼也不是真割礼"。关于这一争论和意义，参见 J. Taubes, Die politische Theologie des Paulus［1993］, trad. fr. *La Théologie politique de Paul. Schmitt*, *Benjamin*, *Nietzsche et Freud*, Seuil, 1999；P. Legendre, *Les Enfants du texte*, op. cit. , spéc. p. 220 et 243.

〔4〕 对中国古代酷刑特别是凌迟和斩首的介绍：*Les Larmes d'éros*, J. -J. Pauvert, nouvelle éd. 1971, 1965, p. 92 sq. Gilles de Rais, J. -J. Pauvert, 1965, p. 92 sq.

〔5〕 *Surveiller et punir*, Gallimard, 1975, p. 9 sq.

〔6〕 主观法的缺乏必然引向一种关于责任的客观观念，而非主观观念（参见 J. Gernet, *L'Intelligence de la Chine. Le social et mental*, Gallimard, 1994, p. 70 sq. ；关于日本情况，参见 M. Pinguet, *La Mort volontaire au Japon*, op. cit. , spéc. p. 49 sq）。

中国思想史上，包括对于法家人物而言，是没有任何痕迹可寻的
（也不存在法律意义上的奴隶，当然这都是相关联的）。如何解释
东方思想与西方思想的这一根本区别呢？关于这一问题，应该去
阅读和思考奥德里库尔（Haudricourt）的研究，作为民族学家、
植物学家、法学家和研究东方的学者，他在著述中指出，"在解释
人类行为和人类表现出来的社会历史上，研究人类与自然的关系"
是何等至关重要，它比研究人的头盖骨形状、人的肤色重要得
多。[1]"在1962年发表的一篇文章中，他提出了这些关系的类型
化研究[2]。一边是一个园丁农夫，在圣经创世纪中表现为该隐的
形象，另一边是一个牧人，创世纪中表现为亚伯。一个社会可以
有这两种角色的人，通常也都包含这两种角色的人，但是，一个
社会的特点还在于，人类支配自然的关系模式。对于地中海沿岸
的社会而言，人对动物的驯养是主导性的（创世纪第四章第3~4
节，耶和华看中亚伯所献的供物，而看不中该隐的供物），而对于
亚洲的社会而言，人的生存是依赖大米和薯类的。种植，意味着
对植物只能采取一种间接和被动的行动：不能拔苗助长，而只能
为其提供必要的生长条件（光线、湿度、土壤成分等），也即人
们要顺应大自然而不是去限制它。与此相反，畜牧业则需要实施
限制行为：棍棒、隔离栏、绳子和狗。这种对自然的支配模式也
反映在各种文化的细枝末节上。因此，在西方，对大自然驯化的
思想也渗透到与植物的关系上（例如，法式花园，此外，还有更
令人担忧的，例如，国家农艺学研究所关于植物的规范化研究项
目）。在中国，追求与自然的和谐关系也浸透到人与动物的关系

---

〔1〕 A. -G. Haudricourt, *La Technologie, science humaine*, op. cit. , p. 285.

〔2〕 A. -G. Haudricourt, 《Domestication des animaux, culture des plantes et traite-
ment d'autrui》, L'Homme, 1962, p. 40 ~ 50; repris in *La Technologie, science humaine*,
op. cit. , p. 277 sq.

中，曾有记载，"牛与人有相同的血气，应该按照它们的性情来使用[1]"。而对于亚里士多德（Aristote）而言，"在人与牛之间，既没有可能的友情，也没有可能的正义，人与牛之间，就只是主人和奴隶的关系"。[2]

正如亚里士多德这句引言所提示的，在某一特定时期的社会中，人与自然的关系也反射在人们所形成的、关于施加于他们的权力的具体图像上。在过去，为了按照舵的形象来构建治理的观念，就需要有海员和渔民。大家都知道，在西方政治宗教的主题中，田园牧者的题材取得了成功（牧羊人的形象[3]、复活节、羔羊和虔诚信徒的形象、主教权杖和徽章），在这种情景和制度环境下，权力就等同于发号施令，人们崇拜决策者和领导者（至今也是如此）。而在儒家传统中，则相反：政治权力是和谐的卫士，它必须使每个人都能够发挥自己的天赋；其美德对他人有影响的人，才值得拥有政治权力。正如《论语·子路篇》所讲到的"其身正，不令而行；其身不正，虽令不从"。[4] 古代中国康熙皇帝曾经用下列清晰的语言表达出古代中国人对那些依法主张权利和打官司的人们的深深厌恶："如果人们不惧怕把纠纷提交给法官，并且对于通过打官司就能较容易地得到想要的公正有信心，那么，官司的数量就会惊人地多起来。因为，人在关于什么对自己是好的上面一旦跟着自己的错觉，争议就会没完没了，那么本帝国的

91

---

〔1〕　Traité d'agriculture, cité par A. -G. Haudricourt *La Technologie*, *science humaine*, *op. cit.*, p. 284.

〔2〕　Ethique à Nicomaque, Ⅷ, 2, cité par A. -G. Haudricourt La Technologie, science humaine, op. cit., p. 282.

〔3〕　例如，柏拉图为了思考政治艺术将神的牧者和人的牧者进行的对照（Le Politique, *op. cit.*, t, Ⅱ, p. 362 sq.）。

〔4〕　*Les Entretiens de Confucius*, XIII-6, trad. P. Ryckmans, Gallimard, 1987, p. 72.

一半臣民都不够用来解决另一半臣民的纠纷了。因此，我要那些打官司的人都被毫不留情地对待，以至于他们会对法律灰心，并且一想到要在法官大人面前出庭，就感到颤抖[1]。"而在西方，一个好牧人总是要他的羊遵循自己制定的法则。在基督教的欧洲，秩序的观念（天上、自然界的和社会的），过去一直都是很自然地与法则的观念（神圣的、科学的、人类的）的，因此，以前在欧洲，用法则的观念思考问题不是法律人的特权。

92　　为了更便于理解上述内容，我们还可以引用孟德斯鸠（Montesquieu）在《论法的精神》中明确提出的著名的法律的定义："法律/法则，从最广泛的意义上看，是来自事物属性的必要联系：在此意义上，所有的生物都有其法则[2]。"如此可知，上帝有其法则（律法），物质和动物世界有其自身法则（规律），人类也有人类自己的法则（法律）。这三种法则或律都有一个共同点，那就是"必要联系"的思想。换言之，法则（律）把因果关系的定律确定为一个普遍原则，在这个原则中，超验的（上帝）、内在的（物理和生物自然）和人相遇在一起。如此把法则作为因果关系来理解就可以得出和孟德斯鸠一样的结论："法律，在一般意义上就是人的理性，作为理性的法律，治理着地球上的所有人[3]。"

　　这种法则的观念（conception de la loi）确确实实是西方思想的特征，它一直发挥着重大影响，直到当今也是如此。因为，这一法则的观念，把**法**（Droit）的范畴（人类的法律）嵌入到由一个普遍的因果关系一起来的整体之中，在这个整体中，同时存

---

〔1〕　转引自 S. Van der Sprenkel, *Legal Insitutions Manchu China: A Sociological Analysis*, Londres, Athline, 1966, p. 77.

〔2〕　Montesquieu, *L'Esprit des lois*, I, 1, in（Oeuvres complètes, Gallimard,《Bibliotheque de la Pléiade》, t. II, 1951, p. 232.

〔3〕　Montesquieu, *L'Esprit des lois*, loc. cit.

在神圣的律法与科学的规律。在此需指出的是，当今的人们并不习惯通过这种方式来看待"科学与**法**"的关系[1]，而是从法律的或道德（伦理[2]）局限的角度去思考这个问题，这些角度有可能限制对某些科学发现的开发利用，特别是在生物学领域；人们由此会陷入一个两难境地："是否应当进行某方面的立法呢？"也即，关于制定法律、作为对缺乏理智的科学引起的不安进行回应的问题[3]。相反地，在法则中去发现一个对于**法**和科学都是共同的问题，这有可能让我们抓住它们与其宗教根源关系的问题[4]。

从这个角度谈论这一问题的一位科学史学家李约瑟（Joseph　94
Needham），把我们又带回到古代中国。李约瑟很疑惑，为什么 16
世纪时候的中国，各种知识和技术都已超过当时的欧洲，却没有

---

[1]　Chr. Atias, *Epistémologie juridique*, PUF, 1985, spec. p. 99 sq.

[2]　R. Draï, M. Harichaux（dir.）, *Bioéthique et droit*, PUF, 1988；G. Braibant（dir.）, *Sciences de la vie, De l'éthique au droit*, étude du Conseil d'Etat, La Documentation française, 1988; N. Lenoir, *Aux frontières de la vie: une éthique biomédicale à la française*, rapport au Premier minister, La Documentation française, 1991; Cl. Neirinck, *De la bioéthique au bio-droit*, LGDJ, 1994. 当今，人们都愿意谈论伦理，而不是道德。无疑伦理属于技术、数学、物理或生物等范畴，并把人们带入一个合乎逻辑的世界中；而道德，带有死亡和喘息的臭气，把人们带入到不可理喻的境地。这就是为何国家伦理委员会让人感到放心，而国家道德委员会则让人惊恐了。

[3]　J. -L. Baudouin et C. Labrusse-Riou, Produire l'homme: de quell droit?, PUF, 1987; B. Edelman, M. -A. Hermitte, C. Labrusse-Riou, M. Rémond-Gouilloud, *L'Homme, la nature et le droit*, C. Bourgois 1988; C. Labrusse-Riou（dir.）, Le Droit saisi par la biologie. Des juristes au laboratoire, LGDJ, 1996; B. Feuillet - Le Mintier, *Normativité et biomédecine*, Economica, 2003; add. les numéros spéciaux des revues《Biologie, personne et droit》, *Droits*, 13, PUF, 1991;《Droit et science》, *Archives de philosophie du droit*, tome 36, 1991.

[4]　M. Fabre-Magnan, Ph. Moullier（dir.）, *La Génétique, science humaine, op. cit.*

转向现代科学。他给出的主要解释之一就是，欧洲科学建立在一种法则（规律）的思想（idée de loi）之上，而这种思想则是古代中国所没有的[1]。与人的法则（法律）连接在一起的自然法则（规律）的思想，根源很古老。毫无疑问，它根源于古巴比伦，汉谟拉比法典时代（公元前 2000 年），古巴比伦人把太阳王马尔杜克（Marduk）想象成是所有星体运转的规则制定者，就是"给诸位星神发号施令，并确定他们各自界限的"，也是通过向星神们发出"命令"、为它们颁布"法令"以使它们保持运行在自己轨道上的那位王[2]。我们知道，希伯来的传统中也同样存在这类想象，神圣的规则制定者的观念深深地扎根于犹太教，并且，通过犹太教进入到基督教的思想中。"上帝向海发出命令，海水就不越过这个命令要求的界限"[3]。自然法则的观念是来自罗马法，罗马法的法学家们努力在万民法（ius gentium）的后面，寻找当时不同类型的人都认可的那些惯例的共同来源。但是，在斯多葛主义的影响下，这种"自然法则"观念最终也涵盖人类与大自然。由此，根据查士丁尼的法令汇编（Digeste）第一段（乌尔比安的表述），"自然法是指所有动物向大自然学习而来的东西；对于人类而言，也没有什么特别的自然法，自然法对于土地或海里出现的所有动物以及空中的飞鸟来说都是共同适用的。由此可知，有

---

[1] J. Needham,《La loi Humaine et les lois de Ia nature》（1re publication in *Journal of History of Ideas*, 1951, 12, 3, p. 194), trad. fr. In *La Science chinoise et l'Occident*, Seuil, 1973, p. 204 sq.

[2] Cf. J. Needham,《La loi humaine...》, *op. cit.*, p. 215. 这一表意和汉谟拉比法典的同时代性值得强调，该法典所具有的系统风格，实际上，已经可以被认为是科学思想产生的先锋了。参见 J. Bottéro, *Mésopotamie. L'écriture la raison et les dieux*, Gallimard, 1987, p. 191. sq.

[3] 关于美索不达米亚起源说和《圣经》创世纪之间的关系，参见 J. Bottéro, *La Naissance de Dieu. La Bible et l'historien*, Gallimard, nouvelle éd. 1992.

男人与女人的结合即我们称为婚姻的事，也由此引出生育和对孩子的教养问题；我们发现，事实上，所有的动物，即使是很野蛮的动物，也都了解这一法则[1]"。在欧洲中世纪，这种自然法则的观念，属于神圣规则的一部分，而一切都必须服从这一神圣法则。李约瑟记载过，1474 年在巴塞尔，一只公鸡被判立即烧死，因为它下了一个蛋而犯下了残酷的"反自然的犯罪"[2]。

如果放在当代，毫无疑问，这个公鸡就会落入生物学者们 95 之手，不是惩罚这种违反遗传规律的行为，而是要努力地去理解公鸡的行为。因为，当学者们已经不再是使自己成为神圣规则的守护人，而是努力去识破其不变性的时候，现代科学就已经发生了转折。事实上，"上帝在大自然中设定规律"（笛卡尔的表述[3]）的假设，使得探知这些规律、并用数学方式表达出来成为可实现的了。这就是说，上帝不再用拉丁文说话了，而是改用数字说话了。李约瑟写道："在欧洲，实证定律（loi positive）因其具体的表述而为自然科学的发展做出了贡献，它暗含着这样一种思想：地上的规则制定者对应着天上的规则制定者，天上的规则制定者的命令在任何有物质存在的地方都在起作用。为了相信大自然具有合理的可理解性，那时候的欧洲人应该是假设了（或是发现有了假设就方便了）存在一位至高者，这位至高者本身是理性的，并且已经把这种可理解性放置到大自然里面……然而，这些思想都是古代中国所不具有的。即使当今中国传统中的'自然规律'即'自然而然或自发产生的规律'

---

[1] Digeste, 1, 1, 1, 3.

[2] 关于中世纪对动物的审判实践，参见 M. Pastoureau, *Une historie symbolique du Moyen Age occidental*, Seuil, 2004.

[3] 笛卡尔《方法论》第五部分（1637）　（*Oeuvres et lettres*, Gallimard,《Bibliothèque de la Pléiade》, 1953, p. 153~154）。

的表述，仍然是在严守道家长期不承认存在个人上帝的观念，这种表述也近乎要引起用语上的矛盾。[1]"

96   人类法律（法则）与科学规律（法则）所共有的这种宗教根源，从历史视角看，比起从认识论角度看，显得更加清晰。自然规律的思想，是随着教会与国家的分离（和联系）的出现，即宗教权力与世俗权力区别的出现，才逐渐地具有了科学的价值。李约瑟认为，这二者的分离是发生在集权式皇权从政治上战胜了封建势力的时候。博丹（Bodin）提出主权理论之后的40年才有笛卡尔的著述[2]；恰在君主专制主义的鼎盛时期，这种自然规律思想在斯宾诺莎（Spinoza）、波以耳（Boyle）与牛顿（Newton）那里得到了充分的发展[3]。

然而，我们知道，君主政体本身要归功于11~12世纪的罗马教皇格里高利革命，这场革命，同时把宗教权力与世俗权力

---

〔1〕 J. Needham,《La loi humaine…》, *op. cit.*, p. 238~239.

〔2〕 这种联系或趋近是由笛卡尔自己建立的，他在给 Mersenne 神父的一封信中，谈论数学公理时写道，"是上帝确立了这些自然中存在的规律，国王在自己的王国建立自己的法律也是如此"（1630年4月15日的信件，见前引 Oeuvres et lettres, p. 933）关于笛卡尔自然规律的思想，蒂利耶（P. Thuillier）的详细观察，还可参见 La Grande Implosion, Fayard, 1995, p. 280。关于博丹的主权思想，参见本书第五章。

〔3〕 Cf J. Needham,《La loi humaine…》, *op. cit.*, p. 222~223. 此处也参考了 Edgar Zilsel 的作品（《The genesis of the concept of physical law》, The Philosophical Review, mai 1942.）。科学史和制度史的这种联系已不是什么新鲜事了；很早人们就已经注意到星系的发号施令者与汉谟拉比时代政治集中之间的关系；在离我们更近的时代，主张普遍规律的斯多葛学说（docrfine stoïcienne），也已经在亚力山大的伟大航行胜利后得到了发展。

分离开来，把教会作为中央集权国家的模式建立起来[1]。人们延续了因果论为特征的法律，是得益于"注释学派革命[2]"、格拉提安[3]和博洛尼亚（欧洲法学的发源地）法学院的法学家们，因为他们把因果论已经编入了法规大全中。我们也得益于阿伯拉尔（Abélard）的关于人的思想，他区分了自然的原因与神秘的原因，并确认了面对宗教权威时人所具有的理性的力量[4]。如此一来，西方思想开始远离对具体特别原因（*causa proxima*, *remota*, *efficiens* 等[5]）的探究，而进入到形式因果关系的探寻中，代数就是提供这种关系的最完美的范例。

另一方面，还需等到法国大革命和转向 19 世纪，国家与科学才完全从宗教的参照系中解放出来，也才开始出现格老秀斯（*Grotius*）时代表述为"无神假设"一类的著述，即由这位假定

97

---

　　[1]　Cf. E. Kantorowicz. *Les Deux Corps du roi*, *op. cit.*; P. Legendre, *La pénétration du droit romain dans le droit canonique classique*, Jouve, 1964, et id, *Les Enfants du texte*, *op. cit.*, spec. p. 237 sq.; H. J. Berman, *Law and Revolution. The Formation of the Western Legal Tradition*, Cambridge, Mass, Harvard University Press, 1983（trad. fr. R. Audouin, Droit et Révolution, Aix, Librairie de l'université d'Aix - en - Provence, preface de Chr. Atias, 2002）, spec. p. 85 sq. 伯尔曼（Berman）在对法律的研究中也看到了实证科学范本这一点，但是他指责齐约瑟（Needham）不承认格里高利革命在此方面的作用（op. cit., p. 151 sq., et note 78 p. 587）。

　　[2]　Pierre Legendre, *Les Enfants du texte*, *loc*, *cit*.

　　[3]　格拉提安（Gratien）早于孟德斯鸠已经把这三类"律"进行了等级区分：①神圣的律法（通过启示获得）；②自然规律（ius naturale），表达的是人的理性可以获知的神圣的意志；③人的法律（包括国王的和教会的法律），不得违背以上两种律法或规律（cf. H. J. Berman, Law and Revolution, op. cit. p. 145）。

　　[4]　关于阿伯拉尔（Abelard）的贡献，参见 J. Jolivet et P. Habias（dir.）, *Pierre Abélard à l'aube des universités*, Nantes, Presses de l'université de Nantes, 2001.

　　[5]　民法上原因论几乎不再占有什么地位了（J. Carbonnier, *Droit civil*, t. IV, *Les Obligations*, PUF, 20ᵉ éd., 1996, § 58 sq. et 213 sq., et la bibliographie citée）。

上帝不存在的法学家所写的著作[1]。对于科学而言,远离宗教的情形要更晚一点,是随着拉普拉斯所说的"我不需要上帝存在这个假设"而出现的。大自然的规律本身就足够了,我们不再需要神圣的规则制定者去为我们揭开未知的*面纱*了;科学发展可以完全替代神圣的启示。

98 　　由此可知,处于唯一律法(*Loi*)之下的宗教的、人类的与自然的这三个层面法则的混杂,从 12 世纪开始直到 19 世纪才得以分清;同样地,我们现在所称为的国家和科学的确立,也是走过了这七个世纪的时间。然而,我们可以自问,当今,这种混杂是否正在以新的形式再现呢?

人类对法则的掌握

　　为了研究当前的问题,我们应当理解上述世俗化的双重性,以及把上述三个层面法则进行拆解[2]的双重性,这三个层面的法则,如同文艺复兴时期的雕塑一样从教堂挪走,而占满了广场和公园。艺术史,恰好可以很清楚地说明这一点,因为艺术史和法史或科学史的轨迹是并行的。通过透视法而在油画中采用的空间数字化,甚至比自然科学领域通过开普勒定律而采用的空间数字化还要早。古代东方、古希腊、古罗马和中世纪多多少少都回避透视法,"因为它似乎在超主观的空间中引入了一

---

　　[1]　Cf. P. Legendre, *Le Désir politique de Dieu. Etude sur les montages de l'Etat et du Droit*, Fayard, 1988, p. 21.

　　[2]　对于"拆解"伯而曼(H. J. Berman)使用的是 disembeddedness,参见 *Law and Revolution*, *op. cit.*, p. 121.

个偶然的个人因素[1]"。尤其对于宗教艺术：冥世的形象是不能被个人视角所限定的，相反地，它是要超越个人视角的[2]。而根据透视的法则，图像是非常严格地围绕着唯一主体的视角而有序协调建立的。由此可知，为何透视法则的发明具有双重性，潘诺夫斯基（Panofsky）对此作了全面的分析："我们有理由将透视的历史视为由距离和客观性构成的真实意义上的胜利，如同那种载于人体并否定任何距离的权力渴望的胜利，同时既是外部世界的系统化和稳定化，又是自我范畴的拓展[3]。"

这里潘诺夫斯基针对透视法则发明所说的，也可以适用于 99 脱离于任何形而上学参照的人类法则（法律）和科学法则（规律）的发明。一方面，这些法则，具有"外部世界的系统性和稳定性"，服从于客观的人与人之间的关系和人与自然的关系。作为一般的抽象规则，人类法律强制适用于所有人，包括作为法律源泉的法治国家；而科学规律则使人类与世界的关系服从于因果律，并从中排除了奇迹或任何神性的干预[4]。这些法则的力量，因为人们把它们构想为相互连接的一个逻辑整体的组

---

　　〔1〕　E. Panofsky,《Die Perspektive als symbolische Form》, in *Vorträge der Bibliothek Warburg*, Leipzig, 1927, p. 258~330, trad. fr. *La Perspective comme forme symbolique*, Minuit, 1975, cité p. 180.

　　〔2〕　实际上，透视法是不太可能用于宗教艺术的，"在这样神奇的领域，艺术作品本身就是在完成着奇迹，在这样教义象征的领域，它本身就是在预言奇迹或见证着奇迹"（cf. E. Panofsky, *La Perspective. . . . op. cit.*, p. 181）。

　　〔3〕　*Ibid.*, p. 160.

　　〔4〕　好像在笛卡尔看来，比起国家要服从自己制定的法律更早，上帝就已经让自己服从于自己制定的律（*tu patere legem quam ipse fecisti*）："人们会对你说，如果是上帝创立了这些'严密'真理，他也可以改变它们，就像国王改变自己的法令一样；意愿是可以改变，回答就是，是的；但是，在我看来，这些真理都是永恒而不变的。上帝就是这样认为的"（lettre à Mersenne du 15 avaril 1630, *Oeuvres et lettres*, *op. cit.*, p. 934）。

成部分而显得更加强大。但是，另一方面，这些法则，又具有一种"主体'我'的范畴的扩张"，因为这一逻辑整体的中心是*理性*，即存在于人的大脑之中（从画家角度回应，科学理论中的笛卡尔式*"我思故我在"*和国家理论中立法者的主权意愿）。中世纪时的人类，是臣服于神圣至高权力的，而现代人类，则要把自己构想为世界的智力中心[1]。通过法律人政府[2]（*Etat juriste*），人类建立自己的社会秩序；通过发现科学规律，人类使大自然臣服于人类自己。在启蒙运动时代，这两个方面就已经非常密切地联系在一起，启蒙运动时代已经孕育了这样的构想：即通过运用数学和物理的科学方法，把**法**（*Droit*）建立在人的本性之上[3]。如果想要知道法则在当代思想中的位置，我们应当更加仔细检视其上述的两个方面都各自引向了何方。

100　　在法则屈服于客观现实的背景下，它已逐渐表现出无力把握人的理性，并且让位给作为其众多表现形态的其他概念（如范式、范例、理想模式、结构、市场、领域、制度、协约等）。还在 19 世纪的时候，在自然科学领域，学者们会聚集在国际性

---

〔1〕　参见从 Guillaume d'Ockham 的唯名论批判到笛卡尔的"我思故我在"的过程：H. Blumenberg, *La Légitimité des temps modernes*, trad. de la 2e éd. allemande [1988], Gallimard, 1999, 该作者指出："只是因为唯名论已经给对于人类而言是安全可靠的宇宙世界带来了极端破坏，机械论哲学才被用来作为一种自我证明的工具。"（p. 164）

〔2〕　P. Legendre, *Les Enfants du texte*, *op. cit.*, p. 254 sq.

〔3〕　例如，莱布尼茨（Leibniz）、格劳秀斯（Grotius）、霍布斯（Hobbes）和普芬道夫（Pufendorf）等人的想法。参见 A. Dufour,《La notion de loi dans l'école du Droit naturel moderne》, *Arch. de philo. du droit*, t. 25, p. 212 sq.

大会上讨论决定在有争议问题上的科学定律是什么的问题[1]。然而当今，定律（如牛顿定律）的观念只在很有限的效力层面被接受。根据海森堡（Heisenberg）的不确定性定律，物理学家们都已同意，在无穷小的这一侧规律方面，可能存在着某种不受因果律控制的定律，正如我们通过定律概念所理解的那样。在社会科学方面，弗洛伊德（Freud）发现的无意识，引导人们承认人类自身具有一个隐晦部分：像语言一样运作，但又不符合逻辑定性。在制度层面，法律人政府和法律都运行着并将继续运行，但是，我们不能说他们都运行得很好。国家，经受着新形式寡头垄断的煎熬，似乎已经放弃了通过一般稳定和抽象的法律去管理一个它无法把握其复杂性的世界：法律要么成为效力有限的规则，要么在市场和契约面前消失了[2]。

法则如此使人臣服于现实的运行规则，倒是信守了圣保罗或路得（Luther）所写的诺言：人们要胜过自己的软弱并要学习对自己有所失望[3]。如同卡夫卡讲述的比喻中，主人公一边数着在守门人胡须上蹦来蹦去的跳蚤，一边毫无意义地用他一生去等待**法**之门能在其面前打开。就算他能打开其中一道门，破解了一个法，他会发现后面还有更多的门在拦阻他，而且是更

101

---

〔1〕 笔者感谢 Jean Dhombres 提供的信息（来自 1995 年在南特 Guépin 人文科学之家召开的研讨会上的交流）。

〔2〕 参见本书第五章。

〔3〕 Cf. Luther, *Von der Freiheit eines Christenmenschen* [1520], éd. bilingue *De la liberté du chrétien*, Seuil, 1996, voir § 8 et 9, p. 34 sq. ; 圣保罗在《圣经》罗马书第四章 15 节写道："哪里没有律法，哪里就没有过犯"，第七章第 7 节："只是非因律法，我们就不知何为罪。事实上，如果律法没有说'不可起贪心'，我就不知何为贪心"。

加难以通过的[1]。阿尔布雷特·丢勒（Albrecht Dürer）的木版画"忧伤"（Le Melenchonia I），在人类刚刚步入现代社会之际，就表达了理性无力把握世界复杂性的情感，以及对那个可以把思想建立在神圣律法之上的逝去的时代的怀念之情[2]。

102　　　然而，被割断了宗教根源的法律，由此就释放出那种"载于人体并否认任何距离的权力渴望[3]"。既然神圣律法的位置空缺了，人类就一定会去探寻以填补这个空缺的位置、也一定会为自己找到一套基础理论来坚持。这套理论要想得到丰富发展，只能通过一种获得正当性的方式，一种与自然科学的正当性可相比的正当性才行，因而，人类需要把自然科学的方法运用到关于人类和社会的研究之中。把这一点说得最清楚的，莫过于奥古斯特·孔德（Auguste Comte）。根据他的论述，唯一能使法律避开成为人们研讨对象的超自然渊源的消失，只会给那些大自然研究所揭示的规律让位。[4]。由此可知，为什么会出

---

〔1〕　在卡夫卡小说《诉讼》中，这个故事是他在生前唯一出版的一个，在其身后编入其作品汇编的第九章（voir Kafka, *Oeuvres completes*, t. I, Gallimard,《Bibliothèque de la Pléiade》, p. 453~455）。

〔2〕　关于这一版画和它与 Saint Jérome 的联系，参见 E. Panofsky, La Vie et l'（*Oeuvres d'Albrecht Durer*, 1re éd, 1943, trad. fr. Hazan, 1987, p. 237~265）。

〔3〕　E. Panofsky, *La Perspective...*, loc. cit.

〔4〕　参见他的《实证哲学教程》中的观点（Cathéchisme positiviste, 1852, op. cit. notamment p. 238 sq.）。孔德关于三种形态的"律"（神学的、形而上学的、实证的）的思想，最早形成于 1822 年发表的 Plan des travaux scientifiques pour réorganiser la société（publié in Apprendice générale du système de politique positive, op. cit. p. 47 sq.）（关于社会重组的科学规划）中，后来在其实证哲学课程中做了集中阐述，参见 t. II, *Physique sociale*, J. - P. Enthoven, Hermann, 1975, spéc. La 51e leçon, p. 202 sq.

现称为"社会学"[1] 的新学科，以及这一学科对"三种状态的律（规则）"的发现，这一发现为人类社会的历史发展提供了钥匙，并使得预测一个没有**法**的社会的到来成为可能。奥古斯特·孔德就曾料想到，用圣西蒙（奥古斯特是圣西蒙的门徒）的话来说就是，用管理事物取代治理人民，将会是可能的了。用科学技术规范完全取代人的法律的观点，也可以在马克思主义对**法**的批判中找到[2]。面对他们所处时代的非正义，西蒙、孔德和马克思，都梦想着人类的一种解放，这种解放，在把神性打倒在地之后，可以在科学规律中找到摆脱国家权力的手段。

启蒙时代，用统一在*理性*旗帜之下的自然规律和人的法律这一二元性取代了律之三元性（神的、自然的和人的）。新兴的社会科学，则想通过对这一二元性的克减，建立起科学的最高规则制定者的权威，并剥夺神学（在大学里，这些新兴社会科学取代了神学的位置[3]）和**法**的应有地位。从科学角度来看，这一筹划被证明是失败的，因为，人类要使思想服从于对规律的探索，就不能不意识到智力的局限。随着社会科学日益积累前所未有的知识，它们所发现的事物复杂性已经表明，对这些最终决定人类命运的冷冰冰的规律（历史规律、经济规律、社会规律等）的宣称，不过是一种虚荣而已。 103

相反地，在意识形态和政治层面上，这一筹划却是取得了非凡的成功，因为它为"载于人体内的权力渴望"打开了无限 104

---

〔1〕 Cf. W. Lepenies, *Die drei Kulturen. Soziologie zwischen Literatur und Wissenschaft*, Munich, Hanser, 1985, trad. fr. *Les Trois Cultures*, MSH, 1990.

〔2〕 关于这方面最智慧和最系统的批评，参见 E. B. Pasukanis, *La théorie générale du droit et le marxisme*, *op. cit.*

〔3〕 P. Legendre, *La 901ᵉ Conclusion*, *Etude sur le théâtre de la Raison*, Fayard, 1998, p. 95.

的空间。换言之，它打开了疯狂之门。铭刻 20 世纪的专制制度，可以让我们准确地看到，对人类社会进行科学调整（régulation scientifique）这一思想的疯狂之所在。它并不存在于专制制度与宗教的众多相似之处上。诚然，那些自认为是实现神圣律法工具的人们，与那些自认为是实现历史规律（据此，最进化的阶级才能生存）或自然规律（据此适者生存）工具的人们，没有什么区别；但是，仅仅从律（法则）以这两种名义进行杀戮的数量上进行比较，是不能将两者进行区分的，因为真正的区别是在别处。神圣律法（在有圣书的各种宗教中）如同当今的共和国法律，是把人作为主体而适用于人的。它们在赋予人的身份的同时，也规定了人的权利与责任（包括违背神圣律法的自由与相应的惩罚）。然而，科学规律（法则）正好相反，它把人视为客体，并通过把人之为"人"的东西与人所做的东西、与客观测定联系起来解释人，而这些客观测定显然并不承担任何责任。科学规律，并不识别无罪或有罪，它只认可因果联系。正是在这个含义上，早在 16 世纪，西班牙的神学家苏亚雷斯（Suarez）就写道："涉及缺乏理性的事物[1]"，人们只能通过隐喻来谈论其规律。主张把治理社会的法律建立在科学之上，意味着不再把人视为主体、视为富有理性的存在，而是把人视为客体、视为磁场中的颗粒或视为牧场中的动物，如

---

[1] In *Tractatus de legibus* [1612], cité par J. Needham, 《La loi humaine …》, *op. cit.*, p. 221. Sur Suarez, voir aussi J. -L. Vullierme, 《La loi dans le droit, les sciences, la métaphysique》, 《La loi》, *Archives de philosophie du droit*, t. XXV, Sirey, 1980, p. 47 sq., p. 55, et M. Bastit, *Naissance de la loi modern. La pensée de la Loi de saint Thomas à Suarez*, PUF, 1990.

同"缺乏理性的事物"[1] 一样。希特勒就如此说过："我只不过是一块在德国民族中不断移动来吸引钢的磁铁[2]。"这种与物理规律的相似性，值得人们停下来思考：希特勒并没有主张以一种与他无关的法律的名义而行动，但是，他主张自己是这种法律的直接体现者，即积极的客体。他继续写道："在这个世界上，行星遵从环绕的轨迹而运行，月亮绕着行星运行，强者在处处统治着，并且，作为弱者的唯一主人，强者或使弱者乖乖地顺服自己，或消灭弱者：对于人类而言，也没有别的特殊规则可遵循[3]。"德国第三帝国的语言体系是不同观念的大熔炉，例如"人力装备"[4]（matériel humain）的观念，这些观念把人类世界贬低为物的世界。以科学之名、以法律主体的名义消灭一些人，恰恰正是其疯狂之处，也是专制思想所在之处[5]。

---

〔1〕 这样一种制度不再适用合法与非法、许可与禁止的分类，而是属于正常与病态的范畴；就像在苏联存在过的"白衬衫正义"（对于反对或抗议人士实施的精神病关押），就是理性颠倒的一个典型例证（Alain Supiot, Critique du droit du travail, op. cit. 3e Parite：Le légal et le normal, p. 187）。

〔2〕 转引自 H. Adrendt, Le Système totalitaire, op. cit.，note 52, p. 260.

〔3〕 来自 Simone Weil 引用希特勒写的 Mein Kampf。在 Simone Weil 看来，希特勒的这些文字表达出一个我们可以合理得出的一个结论，即从封闭在科学中的那种观念所得出的结论。希特勒的一生就是落实这一结论的一生（L'Enracinement, op. cit. p. 1177~1178）。

〔4〕 关于这个用语表达，参见 V. Klemperer, LTI. Notizbuch eines Philologen, Leipzigm Reclam Verlag, 1975, trad. fr. LTI, La langue du II^{le} Reich, Albin Michel, 1996, p. 197 sq. 这样的思想体系在二战后远没有消失，当今继续存在，不再用"人力装备"（matériel humain），而是用"人力资本"（capital humain），完全不知道这是在使用斯大林使用过的词语。

〔5〕 H. Arendt, Le Système totalitaire, op. cit.，p. 185.

106　　如果说对作为身份保障的法律的否定以及对人的否定是集权政体特有的标志，那是因为集权政体自称是另外一种更高级别规律的工具，即科学规律的工具，这种科学规律剥夺了国家和客观法应有的地位。纳粹把国家构想成一个简单的为政党服务的傀儡，表面上的政府掩盖着行使权力的真正所在。希特勒曾写道，"国家并不代表一种实体，只是一种形式[1]"。他们也掏空了实体法的实体内容，使其徒具虚名。"希特勒青年"的课本上写道，"我们根据遗传学的判断来支撑我们人民的生活和我们的立法[2]"。希特勒无数次重复道："不是国家指挥我们而是我们来指挥国家[3]"，"国家只是实现目标的一种手段，目标就是保留我们的种族[4]"。纳粹采取的灭绝政策并不仅仅在于以种族斗争的名义灭绝了成千上万的男人、女人和儿童，而是更在于他剥夺了这些人成为法律提供外在保护的法律主体资格，剥夺了其完全民事能力、撤销其职业资质（不仅剥夺了他们的职业）、侵吞他们的财产（不仅侵占了他们的财物）、剥夺了他们的姓名（把他们都编为数字），即在杀戮其生命之前，否定他们作为人的所有资格。刽子手们并不是以种族法律的名义进行杀戮，而是他们自己就是种族法律的化身，既然他们与此法之间存在的任何距离都被否认了；他们被召唤以至于自认为、自己就像是被上面的力量置于运转中的零部件一样，并且摆脱了

---

〔1〕　Hitler, *Mein Kampf*, trad. fr. Nouvelles éd, latines, 1982, p. 393.

〔2〕　转引自 H. Arendt, *Le Système totalitaire*, *op. cit.*, p. 7.

〔3〕　*Ibid.*, p. 286.

〔4〕　转引自 H. Arendt, *Le Système totalitaire*, *op. cit.*, p. 258.

任何责任感和负罪感[1]。

如此地，以所谓的科学规律（最为强势种族生存的"生物 107
学"规律[2]、"支配"阶级主导的"历史"规律）作为政治参
照，就是意味着实证法的人类学功能的解体。而实证法的作用
就在于，正如汉娜·阿伦特（Hannah Arendt）所写的，"建立一
些'隔离栏'并调整人与人之间沟通途径，因为人类共同体不
停地遭遇到新出生的后人的威胁。伴随着每一个新人的出生，
每次都是一个新的开始降临到世上，一个新的世界潜在地要来
到。法律以其稳定性回应永恒的变化，一切人类事物都处于变
化中，变化停下来的时间绝不会像从人出生到死亡那么长的时
间。法律伴随在每一个'隔离栏'新的开始之际，同时，保障
它拥有变化的自由，也保障它拥有突然出现全新事物的可能性。
如同记忆是作为人类历史的存在一样，实证法的'隔离栏'对
于人类而言，是作为一种政治存在：这些'隔离栏'保障着一
个共同世界的既存状态，一定连续性的现实，这种连续性又是
超越每一代人的每一个人的生命长度的，它吸收所有新生命带
来的新的开始，并以此滋养自己[3]"。探讨法律的人类学功能，
通过更加清楚地看到为每一代每个人"既存世界"，即阿伦特称
为"（超越每代人每个人生命长度的）一个既存的共同世界"

---

[1]　关于这一点，纳粹"死刑计划执行者"艾希曼（Eichmann）就是一个例
子，参见 H. Arendt, *Eichmann à Jérusalem*, 1er éd. 1963, trad. fr. Guallimard, 1966. 本书
作者回忆道，执行纳粹屠杀计划的这些人最大的问题是他们之间禁止谈论他们所做
的恐怖行为。纳粹党卫队队长希姆莱（Himmler）就曾经对他们说："从你们要的就
是超出常人的东西，你们应当超人般地超出常人"（op. cit. p. 175）。

[2]　来自生物学家的优生学的"科学"证明，曾经在二战前，特别在基督新
教国家广泛传播（cf. A. Pichot, *La Société pure*, *op. cit.*）。

[3]　H. Arendt, *Le Système totalitaire*, *op. cit.*, p. 211.

提供保障的必要性，从而，使得人们可以摆脱关于正义或合理的无休止争论。可以说，探讨法律的人类学功能这一需要，是专属于作为象征性动物的人类的：不同于其他动物，人类通过语言表达这一过滤器来构想和组织世界。这并不是说，法律或西方的法律建设是确保这种人类学功能的唯一手段，实际上，还有一些其他的方式：其中排在靠前的就有（古代）中国的方式，靠关系而非法律，靠礼而非规则。

108   以上引用汉娜·阿伦特的阐述是为了提醒：纳粹所犯下的屠杀犹太人的罪行曾是"我们这个时代的一种根本性伤痛"；正是基于这一根本性，人们应当尝试建立一种"关于人类的新认识"，并且，认识到这段历史不能作为"可能服务于任何政治目的的证据[1]"。事实上，这些教训看上去并没有被人类所吸取。一方面，实证法的人类学功能被否定，即使在法律人圈子里也是被否定的[2]；另一方面，人们不断地呼吁伦理（生物伦理、商业伦理等），并且不断地纠缠其中，完全无视希特勒在1933

---

〔1〕 H. Arendt, *The Image of Hell* 〔1946〕, trad. fr. In *Auschwitz et Jérusalem*, Deux-temps Tierce, 1991, cité p. 154~155. 关于纳粹种类灭绝记忆的使用和滥用，参见 T. Todorov, *Les Abus de la mémoire*, Arléa, 1995.

〔2〕 关于"中立而客观的"法律实证主义对法律人带来的灾难，参见 D. Lochak,《La doctrine sous Vichy ou les mésaventures du positivisme》, *op. cit.* ; Chr. Jamin,《L'oubli et la science》, *op. cit.* ; 对实证主义的批判，参见 L. Fuller, The Morality of law, New Haven, Yale University Press, 1964. 当代，很多法律人仍在努力重提关于法律技术中立这一永不枯竭的观点，而无视这样的事实：法律技术，如同任何其他的技术一样，只有联系上构思前已设立的目标时才具有意义（voir M. Troper,《La doctrine et le positivisme》〔à propos d'un article de Danièie Lochak〕, in D. Lochnk et al. (dir.), *Les Usages sociaux du droit*, PUF, 1989, p. 291; Y. Thomas.《Le sujet de droit, la personne et la nature》, *Le Débat*, 100, mai-aout 1998, p. 85 sq.）（参见本书第四章）。

年向德国法律人所发出的命令："极权国家应当忽视法律与伦理
之间的任何区别[1]"。一种"镜子效应"在流行着，在这种效
应之下，极权主义的检举揭发者如今却走向他们所揭发的那种
模式。因为，认为纳粹（或当代追随者）和我们是不一样的人，
就已经是在像他们那样思考了；想要焚烧支持酷刑人的书，实
际上就是在扩大他们的阵营；在刑法中增加一个官方认可的真
相，就是不相信历史真相的力量[2]。总之，"极权主义的遗产
从今以后充斥在我们的社会实践中[3]"。

由法则所解释的人类

　　法律的理念是否还继续浸透在西方的思维方式中，如果是，　109
当今它的表现方式是什么？首先的一个观察，就是法律的衰退。
这是法律人对实证法所持的一般性诊断：法律数量上的泛滥、
法律的变动性、法律对把握一个过于复杂世界的无力，所有这
些原因都使至高之律（Loi）失去权威和价值；而在法律市场里
的价值得到上升的，那就是合同了。就一般科学、特别是社会
科学而言，人们似乎也放弃了把事物的秩序归纳为如同上述三
个层面法则那样的根本性规则的做法了[4]。从这一角度看，律
法，正如圣保罗或路得所构想的，已经完成使命：让我们信服
它的不可触及性（这正是规则好的方面）。因此，我们得要躲避

---

〔1〕　转引自 H. Arendt, *Système totalitaire*, *op. cit.*, p. 124.

〔2〕　M. Rebérioux,《Le génocide, le juge et l'historien》, *L'Histoire*, 138, nov.
1990, p. 93; add. J. -P. Le Crom et J. -C. Martin (dir.), *Vérité historique, vérité judiciaire*,
in *Droit et Société*, 38, 1998.

〔3〕　P. Legendre, *La 901ʳᵉ Conclusion*, *op. cit.*, cité p. 139.

〔4〕　即作者前文提到的神圣律法、科学规律和人的法律（译者加注）。

那些以为发现了统治整个宇宙的规律并率领我们服从这一规律的疯狂科学家们。马布斯（Mabuse）医生[1]不再只是在电影中的实验室里摆弄他的设想方案；充斥于我们梦魇的，正是那种对于脱离人类控制的科学或技术的惧怕。由此，在不同规则的血腥冲突范畴里——神圣的律法与国家的法律相悖，或者神圣律法之间相互冲突，人们在我们的门前杀来杀去。这些事件会（应该）让我们感到惊魂不定，然而，我们却倾向认为，政教分离使天主教世界躲过了如此残酷的偏离。因此，在法律层面上，恐怕我们都变成了怀疑论者了。

110 　　如果我们坚持关于规则（loi）的一个粗略界定，即把规则理解为结果与原因的线性连贯，那么这种怀疑论的认定就是成立的了。然而，至少从**法**的历史来看，从 12 世纪开始，超越这一粗略界定的那种萌芽就已经出现了。注释学派的革命不仅在于把法律设想为因果论的，而且更要把全部法律都融入一个文本的系统性集合中。在查士丁尼的法典编纂中，并没有《法令汇编》，而是后来由中世纪人编进去的。那个时候就出现了如下理念：任何单个的法律自身都是不足的，只有与超越它的一个整体联系起来才有意义和价值。*法律相对性*的概念在那时就已经出现了，同样地也出现了作为法律逻辑动力的"*规则体系*"的概念。无疑，正是通过这种形式，法律继续在当今支配着西方的精神世界。我们已经放弃了通过因果论的线性关系来解释世界，而是构想能够把世界带入一个规则的体系之中。我们承认法律是相对的，但是，这也同样是指，首先，单个法律之间

---

　　〔1〕　诺伯特·雅克（Norbert Jacques）创造的小说人物，制造恐怖事件、摧毁社会（译者加注）。

都是相对的，其次，在此基础上，建立起一种将法律融入其中的秩序理论也是有可能的。同样地，在人类进入现代社会的时候，对规律的探索已经取代了对原因的探索，在当今，又过渡到了首要是对"秩序的秩序[1]"的探知，即特殊规则发挥作用的背后规则或规律。

穆齐尔（Musil）写道："现代科学的探究不仅仅是一种科学，也是一种魔法，是一种情感上、智力上最伟大的仪式，在这仪式的最前面，上帝一点一点地展露其外袍；也是一种宗教，其教义既被一种逻辑所充满着又被这种逻辑所支撑着，这种逻辑是持久的、有冲力的、流动的、冷静的、锐利如数学的刀刃一般的[2]。"这种探究令人想起苏菲派教师（伊斯兰教）的探寻，对于他们而言，任何事物可解释性的首要原理，是"隐藏的、超过至高之律并吸引人的、只向那些找寻它的人们显现[3]"。在科学研究史上，在人们对各种难解之谜有兴趣之前[4]，科学研究最强大的心理动力是很有神秘色彩的："超越推论、超越感知、超越极限、超越自我地，终于到达对至高真理的即刻认知[5]"。所有伟大的科学家在心底都暗暗地向往能到达一切都明了的境界。这也就是为何在西方科学研究仍然被认为是一种使命或天职的原因，也就是马克斯·韦伯（Max We-

〔1〕　C. Lévi-Strauss, *Anthropologie structurale*, Plon, 2e éd. 1974, p. 374.

〔2〕　R. Musil, *L'Homme sans qualités*, trad. fr. Ph. Jaccottet, Seuil, t. I, 1982, p. 45.

〔3〕　R. Pérez, présentation de l'ouvrage d'Ibn Khaldūn, *La Voie et la Loi*, ou le maître et le juriste, Sindbad, 1991, cité p. 58.

〔4〕　Cf. T. Kuhn, *The Structure of Scientific Revolutions*, Chicago, University of Chicago Press, 2ᵉ éd. 1970, trad. fr. *La Structure des revolutions scientifiques*, Flammarion, 1983.

〔5〕　R. Pérez, présentation d'Ibn Khaldūn, *La Voie et la Loi...*, *op. cit.*, p. 14.

ber）如下描述的作为一种信仰的职业性实践："研究大自然的科学［……］自然会假设，认识宇宙存在的终极规则是值得花费心血的，而且如此科学才能确定这些规则。不仅是因为这些知识使得我们能够实现某些技术成果，而更是因为这些知识作为实现天职的具体体现本身就是有价值的。没有人会反对这样的预先假设。人们还将更多地证明，这个世界是'有含义的'，生活在这个世界上不是荒谬的，而不需去证明，这些知识所描绘的世界是值得存在的[1]。"如同宗教使命的危机一样，当今人们感到悲伤的科学"使命危机"，是不能被那些看不到科学工作教义基础的人们所理解的。那些不满足于已经发现的规则，想要对这些规则来源的终极规则进行探索的人，就是负有使命的人；而那些不再相信自然科学能够使我们有一天认识宇宙存在终极规则的人，就是丧失了使命的人。

112　　自然科学的影响深深地烙印在对人类和对社会"终极规则"的探求中。有机体的隐喻，曾经启发了中世纪的人，也非常多地服务于思考社会科学上"秩序的秩序"（特别是对于社会学的创始人，例如他们提出的"有组织的连带/互助"等概念）。当今人们更加经常地谈到"功能""组织"或者"社会机体"的概念。然而，这一隐喻随着时间也在渐渐地消退，让位给其他的来自"硬"科学（物理学或遗传学）或是来自刚性最突出的"软"科学（经济学和语言学）的隐喻。在社会科学领域，因为在规则体系的指定上没有达成任何的协议，现实情况因此就更加复杂了，可以说，在社会科学领域，每个人都用自己的概

---

［1］　M. Weber, *Wissenschaft als Beruf*［1919］, trad. fr. *Le Savant et le Politique*, Plon, 1959, 10/18. p. 77.

念来阐述，并且用其作品的大部分笔墨去捍卫其使用的概念[1]，以此来掩盖自己的可怜无知。我们也可以重新捡起贡布罗维奇（Gombrowicz）在一篇名为《我是最早的结构主义者》的自我访谈中说过的："不，不，我知道。你们可以相信我，我多多少少读过一些格雷马斯（Greimas）、布尔迪厄（Bourdieu）、雅各布森（Jakobson）、马舍雷（Macherey）、赫尔曼（Hermann）、巴尔比（Barbut）、阿尔都塞（Arthusser）、博普（Bopp）、列维-斯特劳斯（Levi-Stauss）、圣希莱（Saint-Hilaire）、福柯（Foucault）、热奈特（Genette）、戈德利耶（Godelier）、布尔巴基（Bourbaki）、马克思（Marx）、杜布罗夫斯基（Doubrovsky）、舒克（Schucking）、拉康（Lacan）、普莱（Poulet），以及戈德曼（Goldmann）、斯塔罗宾斯基（Starobinski）、巴尔泰斯（Barthes）、莫龙（Maurron）、巴雷拉（Barrera）……要知道我也是读书的，尽管我不知道你说的内容在哪本书里，因为有太多的书了[2]。"尽管存在这些问题，对优秀作者的作品的阅读表明：法律观念，以带有普世使命的规则体系的形式（大陆法系法律人尤为熟知），继续浸润在西方思考人类与社会的方式之中。半个世纪以来，如下两种范式主宰了社会科学：结构与市场。在这两种范式的核心之处我们仍能发现这一法律观念。

---

〔1〕　不是仅仅政治家们把他们的名字与某个法律连在一起（法国共和国法律名称上的个人命名化非常严重：1 部用 Waldech-Rousseau 称谓的法，4 部 Auroux 法等）。在科学领域，虽然好像已经放弃了用个人名字命名规则（开普勒、牛顿一类的），但是，在一些有可能让作者流芳百世的概念或理论上，个人命名化现象仍然存在。开始于文艺复兴时期的作品个人主义，目前仍在继续。

〔2〕　In *Gombrowicz*, Cahier de l'Herne, s. d. , p. 228.

113   用来表明规则的解释体系的结构概念，是来自语言学分析。正如人们所知，它来自一般语言学［特别来自雅各布森（Jakobson）的著作］，而这种语言学分析又借鉴了物理学。雅各布森认为，"我们所发现的越来越多的法则中，建立全球语言音位体系的*普世规则*问题被置于首要地位，因为，有差别的组成元素的所谓多样性是虚幻的……不论是从静态来看，还是从动态来看，相同的牵连规则是*隐藏在所有语言之中的*[1]。"人类学借用了这个概念，以便在所观察的社会多样性之外，廓清潜藏其中的普世规则。列维-斯特劳斯解释说，语言模式的力量，在于展现出我们没有意识到的句法结构和形态方面的规则[2]。由此，就有了如下的假设，即在人类学上，从社会生活形态的多样性中，抽象出"每个人都投射出来的行为体系，在有意识和社会化思想层面，抽象出掌管智力无意识活动的*普世规则*[3]"是可能的。最后，结构分析的力量，可能就在于，"世界规律和思想规律所确认的*一致性*[4]"。显然，让人类学家感兴趣的规则是无意识规则，它们在人们不知道的情况下作用于人们。"的确，有意识的模式——我们共同称之为'规范'——从功能上看是最为贫瘠的，因为这些功能只是在传承信仰和习俗，而不是展示出它们的动力来源。"对于人种学家来说，为了揭开社会深层结构的面纱，除了"应建立一种其系统特点还没有在他所研究的社会中被发现的模式"以外，他还应该根据当时的信息情形，戳穿"像屏障一样覆盖着社会"的规范的有意识体系，

---

［1］　R. Jakobson, cité par C. Lévi-Strauss, *Anthropologie structurale*, *op. cit.*, p. 100（相关词的强调为作者所加）.

［2］　C. Lévi-Strauss, *Anthropologie structural*, *op. cit.*, p. 71.

［3］　*Ibid.*, p. 74（相关词的强调为作者所加）.

［4］　*Ibid.*, p. 107.

直至集体意识[1]。因而，结构分析对于人类学，如同对于语言学一样，在于揭示出以隐藏方式决定所研究事物的规则体系。

如此转换所具有的不可否认的启示价值，对于人类科学的 115 整体产生了非常大的影响[2]，并且对语言结构的参考也延伸于人类学以外的其他领域，例如拉康（Lacan）关于无意识的研究。此外，拉康的成功还引导列维-斯特劳斯筹划建立一种广泛的传播科学，它除了涉及语言学和人类学以外，还包括了经济学（甚至基因学）。他写道："在任何一个社会里，传播至少在三个层面展开：妇女的传播、财物和服务的传播和语言信息的传播……我们还可以说亲子关系和婚姻方面的规则定义了第四种传播：不同生物表型之间的遗传因子的传播。文化并不仅仅只包括传播的形式——如同语言一样，这些传播形式都是文化本身所固有的，而且，（或许尤其）也包括适用于各种'传播游戏'的规则，不论这些传播游戏在自然层面还是在文化层面进行[3]。"然而，我们看到，财物和服务的传播已经服从于另一种范式了，而这种范式的成功也从此几乎超过了结构主义，这种范式就是市场。

市场范式先是在经济学家那里得到了繁荣发展，但是，当今，它已经影响到了整个社会科学。市场"无形的手"已在向那些找寻主宰世界的隐藏规律的人们大大地张开着。事实上，在经济思想史上，正是这双"无形的手"，"表现出'大自然的

---

[1]　*ibid.*, p. 334~335.

[2]　甚至对法律人也产生了影响，参见 A. -J. Arnaud, *Essai d'analyse structurale du Code civil français. La régle du jeu dans la paix bourgeoise*, LGDJ, 1973, préface de M. Villey et postface de G. Mounin.

[3]　C. Lévi-Strauss, *Anthropologie structural*, *op. cit.*, p. 353.

智慧'，即规律的持久作用[1]"。如同语言一样，市场，实际上，是作为自发管理人们之间关系的那些无意识规则的体系而呈现出来的[2]。实际上，直到最近一个时期，政治经济学一直都是通过其目标（生产和物质资料的交换）来进行定义的。第一次将此定义扩大的尝试，是在其目标中增加涉及稀有资源分配的所有相关问题；然而，结果是几乎所有的问题都被纳入到其研究领域，经济学由此以一种作为"完全的科学"的姿态呈现出来，冒着失去可信度的风险。当某些经济学家主张以下观点时，意味着决定性的一步迈出了：他们的经济学科学并不是以目标来界定，而是以分析方法，这种方法可以正当地应用于人类生活的方方面面，并可以与其他社会科学的分析方法一争高低。加里·贝克尔（Gary Becker）[3] 曾系统地阐述过这样的观点，他的相关著述使他获得了 1992 年诺贝尔经济学奖。

116　　　加里·贝克尔认为，经济学分析建立在三个公理之上，可以从中推导出多个人类行为的定理或规则：效用最大化、市场的自我调节与人们偏好的稳定性[4]。如同结构分析一样，经济学分析并不假设人对于决定他们的东西是有意识的。亚当·斯

---

〔1〕 J. -C. Perrot, *Une histoire intellectuelle de l'économie politique*（*XVIIᵉ - XVIIIᵉ siècle*），EHESS, 1992, p. 335.

〔2〕 话语的交换和物的交换，作为人类具有的两种特定性，已经出现在亚当·斯密的著述中，他特别强调，洛克、休姆、杜尔哥和孔狄亚克的著述中就谈及过语言和货币之间古老的趋近关系，参见 J. -C. Perrot, *Une histoire intellectuelle...*, *op. cit.*, p. 333。

〔3〕 G. S. Becker, *The Economic Approach to Human Behavior*, Chicago, University of Chicago Press, 1976.

〔4〕 "行为效用最大化、平衡的市场和稳定的偏好组合起来，构成经济学方法的核心……，它们也是与此方法相关的众多定理形成的理由"（G. S. Becker, *The Economic Approach to Human Behavior*, *op. cit.*, p. 5）。

密（Adam Smith）曾经强调，人"被一只无形的手牵引着，去完成一个完全不是他意愿的目标；而这个不是他事先意图中的目标，对于社会而言，并不总是会更加不好[1]"。市场规则（公理和定理：供需规律、效用最大化等）在人的意识之外运行，与人类行为的合理性或不合理性完全无关[2]。因此，经济学分析是可能具有启发价值的，至少具有同等于对社会学分析有借鉴意义的结构主义分析的价值[3]。经济学分析，实际上能显露出在人类生存所有方面的人行为的深层动力，并期望最终找到那些觉察这些行为的规则体系。"人的任何行为，都可以被视为参与主体从一系列偏好稳定性出发、搜集最佳数量的信息和多元化市场上的各种投入信息而使效用最大化。如果这一想法是确实的，那么，经济学方法就为理解人类行为提供了一个统一框架，这是边沁（Bentham）、孔德（Comte）、马克思和其他人长期找寻而没有找到的[4]。"如此地贝克尔把人类生活的方方面面（政治、法律、婚姻、生育、儿童教育、与时间的关

---

〔1〕 A. Smith, *Recherches sur la nature et les causes de la richesse des nations* 〔1re éd. 1776〕, trad. fr., Gallimard, 1976, cité par J. - C. Perrot, *Une histoire intellectuelle...*, *op. cit.*, p. 335. 对于贝克尔来说，经济学方法并不意味着，决策者对于努力争取最大化行为效用必须是有意识的，也不意味着决策者能够用任何可供的信息模式来表述，或描述其行为服从于系统模式的原因（The Economic Approach to Human Behavior, op. cit., p. 7）。

〔2〕 G. S. Becker, *The Economic Approach to Human Behavior*, *op. cit.*, p. 153 sq.

〔3〕 价格和其他市场工具决定着社会上的稀有资源的分配，如此限制着人们的欲望，协调着人们的行为。在经济学方法中，市场工具的大部分，或者说全部，都在行使着社会学理论指定给"结构"的功能（*ibid.*, p. 5）。

〔4〕 "所有人类的行为可以被看成是参与主体从一系列稳定偏好出发、从市场上积累最佳数量信息和其他投入以最大化其效用。如果这是确实的，经济学方法就为理解人类行为提供了一个统一框架，这是边沁、孔德、马克思等人长期找寻而没有得到的"（ibid., p. 14）。

系等）都用市场来筛选。例如，关于婚姻，他假设存在一个婚姻市场，在这个市场上，想要结婚的人们（或他们的父母）都处于竞争之中；他用婚姻市场的规则来解释个人作出的选择[1]。对于贝克尔来说，重要的是，在他的理论中，人们观察到市场范式，作为一种规则体系的揭示方法纯粹而透明地运行着，而这种规则体系则被看作是控制所有人的行为的。这种范式的影响不仅曾经是、现在仍然是巨大的；这种巨大的影响，不仅存在于传播这一经济学信条的媒体领域，而且存在于竭力想赋予它以法律效力的欧盟机构或国际机构，也存在于所有的社会科学领域，甚至在法律人的圈子里[2]。

119　　　经济学之外的、当代众多前沿的阐释性学术研究也采纳了这一范式。法国社会学家皮埃尔·布尔迪厄（Pierre Bordieu）的研究就属于这种情况。他所提出的"场"（champs）的概念，也是作为人类行为的解释规则系统而呈现的。当然，"场"的想法更令人想起的是物理，皮埃尔·布尔迪厄并不掩饰地谈到，他把个人看作"如同在磁场里、处于吸引力和排斥力之下的'颗粒'[3]"。但是，他的思想从根本上说还是来自经济学

---

〔1〕　同样地，关于犯罪的分析，不论对于政府还是对于犯罪分子，就是成本/好处的分析，完全与社会-心理方面的考量无关（ibid. , p. 39）。政治领域的选举，可以理解为是政治家们相互竞争的市场（ibid. , p. 34）。人口学家们喜欢观察出生率的变化情况，一旦激励父母生育子女的效用功能被发现，也可以用经济分析去解释了（ibid. , p. 171）等等。

〔2〕　法语写作的批评分析，参见 Muriel Fabre-Magnan, *De l'obligation d'information dans les contrats. Essai d'une théorie*, LGDJ, 1992, n. 6 6, p. 57; *Les Obligations*, Colloque d'Aix-en-Provence et Corte, *L'Analyse économique du droit*, actes in Droit prospectif, Presse universitaire d'Aix-Marseille, 1987; E. Makaay, 《La règle juridique observée par le prisme de l'économiste》, op. cit.

〔3〕　P. Bourdieu, *Réponses*, *op. cit.* , p. 82.

（资本、价格、利益等概念反复出现在其著述中）。在一个"场"（champs）内[1]，"场"就是"这个唯一的和同一个事物决定着这个'场'是什么，边界在哪里，参与的能量类别有哪些和其作用的条件如何[2]。"在皮埃尔·布尔迪厄的研究中，市场的概念常常出现，有时很难将之与"场"区别开来。例如，他写道，"家庭和学校不可分离地运行着，如同一些由被认定对某一时刻必需的一些能力所组成的一些场所一样；也如同另一些场所，在其中，这些能力的价格如同市场一样得以形成[3]"。同样地，市场也有类别的不同：婚姻市场、有纪念意义的物品市场、文化产品市场、社交活动市场等等[4]。在这些市场或场内，个人使三种资本都参与其中：经济资本、文化资本和社会资本。至于国家的权力，则是"一种元资本，能对其他资本类别行使权力，特别是对这三种资本类别之间的转换的比率行使权力[5]"。

　　毫无疑问，人们可能在不对皮埃尔·布尔迪厄著作有明显 120
损害的情况下，用"市场"这个词——从贝克尔广义的使用上

---

　　[1]　"场"被定义为"一个网络或者各种位置或处境之间客观关系的相互反应引起变化的状态。这些位置或处境，在其存在和对其他参与体的关系中、被那些在不同种类的权力（或资本）——这些是'场'的关键——分配结构中的现实或潜在状态所决定，同时，也被他与其他位置（主导的、从属的和同质的）的客观关系所决定"（ibid., p. 73）。

　　[2]　*Ibid.*, p. 74.

　　[3]　P. Bourdieu, *La Distinction. Critique sociale du jugement*, Minuit, 1979, p. 93（强调部分为原文所加）.

　　[4]　关于这些概念，参见 *La Distinction*, op. cit.

　　[5]　*réponses*, *op. cit.*, p. 90.

而言，来代替"场"〔1〕。实际上，和贝克尔一样，皮埃尔·布尔迪厄赋予经济学分析使用的概念以一种普遍意义。对他而言，"作为行为实践的普遍意义上的经济科学……并不人为地局限于那些社会上认可为经济的行为实践"；它应当"尝试去抓住各种形态的资本这一'社会体能的源泉'，并发现调整它们从一种形态转换到另一种形态的规则"〔2〕。将这种方法延伸到整个社会实践，应当能够得出那些不为人们所知、但却推动着人们的普遍规则：即"存在着关于场的普遍规则：如此不同的这些场：政治场、哲学场、宗教场，都有一些不变的运行规则（正是这些使得普遍规则的设想才不是荒诞的）〔3〕"。如此以经济学为参照，是源于对结构主义分析的抛弃，社会学者指责结构主义忽视了权力关系，而权力关系也是语言实践中一个重要因素："语法只能部分地界定含义，确定一个发言的全部含义，还需要在与市场的关系中进行〔4〕。"这一批评引导皮埃尔·布尔迪厄得出，"一种语言的产出和流通的简单模式，就是语言形态与市场之间的关系，在这个市场上，语言形态提供它们的产品〔5〕"。

121   作为贝克尔的当代版本，皮埃尔·布尔迪厄并不是贝克尔的学生，他们的研究愿望也是不同的：皮埃尔·布尔迪厄的研

---

〔1〕 面对经济学毫无疑问的针对他的责难，布尔迪厄自卫道，他与经济学有一致看法的仅仅在于一件事情，"就是某些用语的使用"（*Ibid.*, p. 94.）。然而，这个防卫太没说服力了。人们还可以反对他关于语言的哲学用途的批评（P. Bourdieu, *Ce que parler veut dire, L'économie des échanges linguistiques*, Fayard, 1982, p. 188）。

〔2〕 *réponses*, *op. cit.*, p. 94（相关词的强调为作者所加）.

〔3〕 P. Bourdieu, *Questions de sociologie*, Minuit, 1979, p. 113（相关词的强调为原文所有）: ou l'on voit que la loi demeure garante du principe de raison……

〔4〕 P. Bourdieu, *Ce que parler veut dire*, *op. cit.*, p. 15（相关词的强调为译者加注）

〔5〕 *Ibid.*, p. 14（相关词的强调，为作者所加）.

究是为了毫无遮掩地揭示出处于支配地位的集体关系；而贝克尔则是关心个人行为如何被决定的问题。然而，他们如此不同的著述，却都是从市场范式特有的独创属性中汲取了部分的感悟；这种市场范式，排除了人类进行行动借以为名的所有其他规则，目的是为了抓住那唯一的、人们不愿承认的规则：追求他们所理解的（或没理解的）利益的规则[1]。

当代，语言结构和市场就是如此地作为两个参照而呈现着，社会科学围绕着它们，开展着对那些支配着人类事物的、隐藏规则的探寻。显然这二者都提供了一种规则体系的模式：①为了有效，不需要人人皆知；②能自我调整；③给人们主动性留下空间；④服从一位隐藏的立法者的不可取代的法令，或是柏拉图在克拉底鲁（cratyle）[2] 中提到的那位语言规则的制定者，或是亚当·斯密的"看不见的手"[3]。当今，社会科学领域出现的很多思想范畴，例如网络的概念[4]，就是作为市场与结构

122

---

〔1〕 追求个人利益这一普世性，在当年就已奠定了法家思想中的法律观念，它又作为十八世纪西方效用主义的悲观版本表现出来（cf. L. Vandermeersch, *La Formation du légisme*, *op. cit.*, p. 219 sq.）。

〔2〕 *op. cit.*

〔3〕 亚当·斯密的"无形的手"，具有隐藏的上帝的所有特征，参见 J. - C. Perrot, *Une histoire intellectuelle...*, *op cit*, p. 333 sq. 关于隐藏的上帝的思想，即至高的立法者、人类社会隐而未现规则的主宰，在很多智者的精神世界中，似乎已经代替了天上的至高者（cf. "La règle de droit comme modèle", Rec. Dalloz. 1990, chr. p. 199）。

〔4〕 M. Castells, *The Rise of the Network Society*, Oxford, Blackwell, 1996, trad. fr. *La Société en réseaux*, Fayard, 1998; G. Teubner, 《The many-headed hydra: networks as higher-order collective actors》, in J. McCahery, S. Picciotto, C. Scott, *Corporate Control and Accountability*, Oxford, Oxford University Press, 1993, p. 41 sq.; F. Ost, M. van de Kerchove, *De la pyramide au réseau? Pour une théorie dialectique du droit*, Bruxelles, Publications des facultés universitaires Saint-Louis, 2002.

111

的混合体而出现的。

那么，如何在这样的框架中定位实体法呢？在法律人的头脑中，如同在科学人员的头脑中一样，一个确定的法律或规则，只有当人们把它与所属的规则体系联系起来的时候，它才有意义。在社会科学中，围绕这个规则体系的本质和确定都有过一些深入的讨论[1]。作为合乎逻辑的规范体系，汉斯·凯尔森（Hans Kelsen）的法律思想取得了范式的价值，有很多精细分析[2]，特别是通过自生系统论，该理论通过将规则体系的再自我封闭，驱散了围绕在凯尔森规范金字塔顶端那些假定的根基性规则的迷雾[3]。关于**法**的工具观，正如当今在马克思主义批评系列中得到发展的那样，它也承认法是融入一个规范体系中的[4]。当程序规则（会导向个人主动性发挥或调整干预的可能

〔1〕 关于这方面整体情况较好的介绍，参见 S. Goyard-Fabre, *Les Fondements de l'ordre juridique*, PUF, 1992.

〔2〕 H. L. A. Hart, *The Concept of Law*, Oxford, Clarendon Press, 1961, trad. fr. *Le Concept de droit*, Bruxelles, Publications des facultés universitaires Saint-Louis, 1976.

〔3〕 自生系统论，受到生物学和控制论的启发，用于指一个封闭的系统，能自我产生其组成成分，并能自我维持，它是卢曼（Niklas Luhmann）社会学的核心概念（*Soziale System*, *Grundrip einer allgemeinen Theorie*, Francfort, Suhrkamp Verlag, 1984），托依布那（Gunther Teubner）对其在法律方面进行了拓展（cf. *Recht als auto-poietisches System*, Francfort, Suhrkamp Verlag, 1989, trad. fr. Le Droit, un système autopoiétique, PUF, 1993, et id., Droit et réflexivité. L'autoréférence en droit et dans l'organisation, LGDJ, 1994）。

〔4〕 在法国，让穆（Antoine Jeammaud）捍卫"法律规范的工具观"观点，认为，作为被社会化认作规范的整体的组成部分，法律是一种陈述，一种宣称，发挥着针对行为的评价模式和衡量工具的功能（《*La régle de droit comme modèle*》, Rec. Dalloz, 1990, chr. p. 199 *sq*）。

性）而不是实体规则被赋予优先地位时，不确定性就表现出来了[1]。根据这种程序主义化，法律只是描绘可能性了，而只有合同才是要付诸实施的。

但是，当今主张为了"**法律科学**"而奋斗的人们有一个共同点，那就是，把所有对那些支撑他们所研究的规范的价值考量排除在这一科学之外。西蒙娜·薇依写道："一个价值，就是人们无条件认可的东西。因为，事实上，我们生命的每一刻都是朝向某个价值体系的：在某一时刻为生命确定方向的一个价值体系，这个价值体系不是附条件地接受的，而只是简单地、单纯地接受的。由于认知是有条件的，所以，价值是有可能不被人们认识的。但是人们又不能拒绝承认这些价值，因为如果这样的话，就是拒绝承认对它们的相信，而这又是不可能的，因为人的生命不可能没有方向。如此以来，在人的生命中心，就存在着一个矛盾[2]。"这个矛盾就是法律思想的动力。一方面，**法**的教义性质是毋庸置疑的，但是，另一方面，**法**又是源于把科学知识置于其价值体系中心地位的文明。那些主张把**法**的研究置于科学的"真正之律"地域上的人们，拒绝承认这一矛盾。米歇尔·托贝（Michel Troper）写道："为了介绍现行法律，认知那些支撑这些规范的价值，完全是无关紧要的。如果允许的话，实证主义者完全满意如下的论断：'根据现行法律，犹太人是被排除在公职以外的'。然而，这样做既不能'解释'

───────────────

〔1〕 *Faktizität und Geltung. Beiträge zur Diskurstheorie des Rechts und des democratischen Rechtsstaats*，Francfort，Suhrkamp Verlag，1992，trad. fr. *Droit et démocratie*，Gallimard，1997；Rawls，*A theory of Justice*，Cambrige，Mass.，Harvard，1971，trad. fr. Théorie de la Justice，Seuil，1987.

〔2〕 S. Weil，《Quelques réflexions autour de la notion de valeur》［1941］，in *OEurvres*，*op. cit.*，p. 121.

法律，也不能在具体情形下决定应当如何解释和实施这一规范。但是，这些问题关系到法律实践，而不是**法**的科学……用一种粗鲁的方式说，就是法律的理由既不是法律，也不是法学，它甚至不属于法学，是在法学以外的[1]。"

124   由此看来，"**法律**科学"可能会承认这样的事情，即它禁止对**法**的理由（和无理由）进行质问。这里的论据和技术人员的论据具有同样的说服力，即技术人员声称，关于技术物体的科学也禁止自问这些物体的用途和它们生产出来是出于何种目的。在此，我们再次发现了，以一种被科学自负极端化了的形式出现的[2]，法律人旧有的姿态，即把法律理由的问题抛给其他人。中世纪重现罗马法的先驱阿库修斯（Accurse）就写道过："人们在法的集合体中能找到一切"，他用否定回答了以下问题："法律人应当接受神学教育吗[3]？"当然，当今，"**法科学**"不再是想把**法**的根基性问题转给神学了，而是转给其他科学，特别是生物学和社会科学。

125   实际上，从社会科学角度看，实证法是可以在科学研究所

---

〔1〕 M. Troper,《La doctrine et le positivisme》（à propos d'un article de Daniele Lochak），in D. Lochak et al., *Les Usages sociaux du droit*, PUF, 1989, p. 291.

〔2〕 法理教授 Michel Troper 在同一篇文章中认为，一旦法律人主张诠释法律文本、主张考量法律制定的理由，他就处于"与实证主义相对立"的位置上。因而，拒绝诠释可能是法律科学的区别性特征。我们认为，其前提是对的（从实证科学含义看，诠释本身不是科学），但是，所提炼出来的规范性结论却是错误的（有智慧的法律人应当不做法律诠释），因为，从这一前提所提炼出的唯一结论就是，作为诠释知识的组成部分的法律，不是，也不应当是一种实证科学。

〔3〕 125-2《Omnia in corpore iuris inveniuntur》, cité par P. Legendre, in *La* 901ᵉ *Conclusion*, *op. cit.*, p. 409. 当今，大部分法学教授回答"法律人应接受经济学、社会学、心理学或人类学的教育吗？"的问题时，采用和阿库修斯（Accurse）一样的方式，而且，从 19 世纪以来，法学院已经扫除了所有和这些知识有关的痕迹。

揭示出来的隐藏的规则体系中找到解释的。结构主义人类学将实证法视为一个反射信仰的屏幕，但是，这个屏幕掩饰了社会的深层结构；经济学家们则把实证法作为一种管理工具来分析，该工具的效率取决于它与市场规则的一致；主张范畴分析的社会学家们则在实证法中看到一种象征性支配的工具，值得在法律范畴的逻辑中加以分析[1]。如此可以看到，也正如皮埃尔·勒让德（Pierre Legendre）所观察的，科学证明的正当性占据了对教义**参照**的结构性地位[2]。然而，当人们如此把实证法溶解在揭示人类真正规律的一个科学之中的时候，多种困难就出现了。不仅是人类在半途中丢掉了法律主体的概念（缩减为经济学上的或语言上的"颗粒"），而且，人类也如此地破坏了正义的观念，而人类（虚假的）良知通常需要参照这一观念来核定其法律。换言之，人们走向一种没有良知的科学（就如同自弗朗索瓦兹·拉贝莱［François Rabelais］[3] 以来的，生命的毁灭……），专门用于为最为罪恶的活动提供论证。

当人们如此地溶解了**法**的观念的时候，那么正义和互助（或社会连带）（solidarité）的思想建立在什么之上呢？贝克尔，如同自己所承诺的那样，进行无情并毫不退让地推导论证，也并不掩饰所遇到的困难。在一个只是追求个人利益的社会中，如何证明利他主义呢？他在书的最后一章谈及这个问题，标题就是："利他主义、自私与基因天赋：经济学与社会生物

126

---

〔1〕　P. Bourdieu,《La force du droit. éléments pour une sociologie du champ juridique》, *Actes de la recherche en sciences sociales*, 64, 1986, p. 5 sq.

〔2〕　P. Legendre, *Sur la question dogmatique en Occident, op. cit.*, p. 246.

〔3〕　弗朗索瓦·拉伯雷（François Rabelais）（1493~1553）法国北方文艺复兴时代的伟大作家，人文主义代表人物之一（译者加注）。

学"[1]。在他看来，答案是需要在基因规律方面寻找：对于很多生物类别而言，对其同类的利他主义是一个生存条件，因而，是基因上已经选择了的；那么对于动物管用的对于人类应当也是管用的[2]。因而，贝克尔和他之后的众多当代经济学家，最终通过与列维-斯特劳斯（Lévi-Strauss）不同的途径，去从基因方面探寻人类行为的终极规则问题[3]。当今很多知识分子似乎都开始走上这条滑坡。某些生物学家现在又提出了人类学进化

---

〔1〕 作者感谢 Bob Hancké（WZB/Berlin）提醒本人对本章的特别关注。

〔2〕 支持这一论断的人类中心主义不合逻辑的推论如下：为了解释动物世界，人们从来自人类经验的思想形态的投射（利他主义）出发，推导出人类和动物遵守同样的行为规则。而专属于人类经验的语言媒介，则在这样的戏法花招中被变没了，这种戏法可能会让我的猫咪开心，如果它能说话！这种偏差恰恰证明了，人们对于人类与动物之间的一个根本区别的无知。在对象征性符号的处理上，人类与动物是完全不同的，而这种差别正是生物学家们自己揭示出来的（A. Leroi-Gourhan, Le Geste et la Parole Albin Michel, 1964, t. II. La Mémoire et les Rythems, p. 20 sp；et, plus récemment, de T. Deacon, The Symbolic Species, The Co-evolution of Language and the Human Brain, New York, W. W. Norton, 1997）。

〔3〕 社会生物学家的方法是经济学家们非常熟悉的，因为他们建立在竞争、有限资源——食物和能源的分配之上，建立在对环境的有效适应之上，建立在经济学家也使用的其他概念之上（G. S. Becker, The Economic Approch to Human Behavior, op. Cit. p. 283）。社会科学和生物学之间的联系已经被奥古斯特·孔德所确认，他认为，"对社会的系统性研究要求以生命一般规律的知识为前提"。然而，他又认为，生物学"只应在能为享有生命的所有存在提供一种共性观察的前提下研究生命……"（Cathéchisme positiviste, op. cit. p. 96）。因而，不要歪曲孔德，他并不否认社会和人类的教义基础，他的"人道教"思想，尤其是透过人权的教义，仍然是西方唯一抵制唯科学主义的思想（见本书第四章）。

主义，把适应性策略（不再是确定的行为）[1] 与全球基因数据联系起来（不再与一种"种族"相连）。与此同时，知识界形成一种思潮，想要雄心勃勃地在达尔文主义基础之上重建左派政治，因为关注到了这样的事实，即人类特性的一部分（例如等级观）是基因上就确定了的，因而不能通过文化的方式来改变[2]。有人试图用进步达尔文主义（达尔文主义左派）——即根据基因数据调整社会正义的主张，去反对当今用于证明强者规则的经济达尔文主义（市场选择是最适合的因而也是最佳的）。而不滑向这些想法的唯一出路，在于采取一项措施：确认人类法律的人类学功能，即承认**法**在构建人类个人的和集体的身份上的专属地位。

　　事实上，经济活动，一旦超越了国家的实证法律，并被相信是其体现了生物学上或市场的非人为的力量时，它就带有**法**的极权观念的所有缺点了。正如汉娜·阿伦特已经精辟论述了的，这一极权观念承认以下情况："虽然声称要追溯权力的起源，也就是实证法律获得最高正当性的所在，极权观念，实际

128

----

　　[1]　例如，参见道金斯（R. Dawkins）（*Le Gène égoïste*, *op. cit.*），对于道金斯而言，"我们都是一些要被跟进的机器——一些被盲目程序化了的机器人，而这种盲目程序化的目的，是为了保存自私的、从基因视角看都被认可的化学分子"（p. 7）；M. Ridley, *The Origin of Virtue*: *Human Instincts and the Evolution of Cooperation*, New York, Viking Press, 1997；J. Barkow, L. Cosmides, J. Tooby (eds.), *The Adapted Mind Evolutionary psychology and the Generation of Culture*, Oxford, Oxford University press, 1992；作者感谢特拉维夫大学（Tel-Aviv）生物学教授埃瓦·雅布隆卡（Eva Jablonka）女士，提供的关于此领域的一些见解。在法国，涉及人—机器这一主题，尚热（Jean-Pierre Changeux）（法国国家伦理委员会的前主任）关于人类神经元特征方面的研究非常有名。关于对这一机械论意识形态的批评，参见 P. Th uillier, La Grande Implosion, op. cit., passim et spéc. p. 447 sq.

　　[2]　P. Singer,《Evolutionary workers' party》, *The Times Higher*, 15 mai 1998, p. 15.

上想要摆脱平庸无用的合法性，并且随时准备好，为了实现适用于所有人的超凡法律，而去牺牲任何人性命攸关的利益[1]"。统治着当今的经济学"圣经"，就是这样引导着人们在人的身上看到，有一个应当降低的成本（坏的情形下），和应当管理的一个"人力资本"（好的情形下），即一种资源，其开发要遵守适用于所有人的普遍规则[2]。负责企业"减员"的经理们，就是这些规则的简单工具，人们评论他们有着一种能克服给别人带去痛苦与不安的恐怖能力[3]。而对于他们而言，职业主义就在于毫无不安地进行"人员裁剪"，这也是他们创造价值的方式。在全球化的经济中，这样一种职业主义，实际上在最早一批人力资源管理者那里就已经存在了，这就是贩运黑奴船上的官员们：他们能够用看待一船黑木料的态度对待一船的黑奴[4]。

---

〔1〕 Cf. H. Arendt, *Le Système totalitaire*, *op. cit.*, p. 205 sq.

〔2〕 来自世界银行和世界货币基金组织关于经济"圣经"的分析，参见 M. Michalet, *La Régulation sociale: le rôle des organisations européennes et internationales*, Institut d'études politiques de Paris, 23~24 mai 1997, actes publiés par la Fondation nationale des sciences politiques; J. Stiglitz, *Globalization and Its Discontents*, New York, W. W. Norton, 2002, trad. fr. sous le titre (inutilement racoleur) *La Grande Désillusion*, Fayard, 2002.

〔3〕 这就是为何会出现阿伦特（H. Arendt）得出的"平庸之恶"方面的新闻了（cf. C. Dejours, *Souffrance en France. La banalization de l'injustice sociale*, Seuil, 1998, p. 93 sq.）。这方面的主题 2003 年在法国被电影导演 J. -M. Moutout 拍成电影（*Violence des échanges en milieu tempéré*）。

〔4〕 参见 Robert Harms 对黑奴贩运船上最早的一个中尉 Robert Durand 航行日记研究后的观察："在阅读 Robert Durand 时让人感到后背发冷的是，他讲述所用的职业化和田园式的语气。他谈论这些黑奴的买卖，好像谈论一桶桶葡萄酒或一车又一车麦子的买卖一样。他对自己的任务没有流露出任何一丝的惭愧或者道德上的矛盾心情；否则的话，他不会把这一航程充满热情地归给'上帝和圣母玛丽的伟大荣耀'。Robert Durand 也不是残酷无情的黑奴贩子，他仅 26 岁，这是他第一次在非洲的旅行"（R. Harms, The Diligent, A Voyage Through the Worlds of the Slave Trade, New York, Basic Books, 2002, p. 5）。

想把**法**消融在科学规律之中，就是把那些打算揭露自己曾 130
经鼓吹的那些观点的灾难性后果的人们引向一个死胡同。皮埃
尔·布尔迪厄的社会学是相当出色的，但是，一旦涉及**法**的问
题，也会走向这样的死胡同。例如，我们不知如何协调他的如
下观点：① "国家就是一种形而上学意义上的民族，应当被打
个粉碎[1]" 和② "知识分子的斗争……应当以抵制国家的衰落
为优先[2]"。如果 "国家的概念除了指纳入到相对稳定网络中
（联盟网、客户网等）的各种权力位置间客观关系的一种*即刻
代指*（désignation sténographique）（这一点很危险）外没有别的
含义[3]"，那么人们如何能够 "与针对一个文明的破坏做斗争
呢？在这个文明里有公共服务、有共和意义上的权利平等，教
育权、健康权、文化权、从属研究权、艺术权，以及在这所有之
上的劳动权[4]"。为了避免这样的疑难，恐怕最好是重新回到
社会学上的传统佳品，回到像莫斯（Mauss）那样的一些作者那
里，这些佳品或作者没有只用几个决定性表述就把**法**的问题打
发了，而是相反地，他们知道把法律教义的人类学功能置于显
著地位[5]。当然，我们也应当同感皮埃尔·布尔迪厄的愤怒，
就是他针对整个社会大众当今以市场规律之名快速地把社会维
度消灭掉所表示的愤怒。但是，如果人们放弃按照该有的方式
去思考客观**法**，那么这种愤怒，就既不能引导人们的智力思考，
也不能被智力思考所引导。如果不能为福利国家制度层面的分

[1] P. Bourdieu, *Réponses*, *op. cit.*, p. 86.

[2] P. Bourdieu, *Contrefeux*, *op. cit.*, p. 46.

[3] P. Bourdieu, *Réponses*, *op. cit.*, p. 87（相关词的强调为原文所用）.

[4] P. Bourdieu, *Contrefeux*, *op. cit.*, p. 31（相关词的强调为原文所用）.

[5] M. Mauss,《Une catégorie de l'esprit humain…》*op. cit.*, p. 331 sq.

析提供工具，那么痛心福利国家的衰退就是徒然无益的。福利（welfare）不是一座要抵抗时间侵蚀的历史建筑；而是一架极其复杂并总是处于变迁中的法律机械，其能否幸存取决于人们对它的理解是否到位[1]。

131　　从更广泛的方面而言，法律分析或许能用来测试一种假设：即客观法和科学规律的概念遵循的是平行路径。科学规律观和国家-民族观是同时被确认的。当今，我们恐怕应当仔细研究支撑现代国家的那些支柱的瓦解方式，以及法律与合同之间的新的关系，尤其是在**法**的程序化运动的背景下，这种程序化实际上就是市场范式的一种形态。优秀的经济学家（例如，那些还在研究物质财富生产实践的），是最早作出如下观察的人。罗伯特·萨莱（Robert Salais）这样写道，"对程序和言辞表达的过分关注，就意味着由市场理论派生的观察模式的再次跌落。在一个如同广义市场一样的社会模式中，即全部由个体之间交易（或相关主体之间交易）构成的广义的市场中，事实上，唯一重要的是调整交易程序的优化程度。因为参与主体被假定是理性的、并进行着战略性交易，公共政策只能是被设计为一种目的在于预防投机行为的调控方式。交易的实际内容和作为交易结果的实物产品，对于公共权力机构而言都是不重要的，因为根据界定，它们都属于私人范畴和参与主体的责任范畴，对于市场观察而言，它们不再具有任何的恰当性[2]。"

132　　欧盟法是观察在一个建立于"单一市场"之上的法律制度

---

〔1〕　然而，我们知道，对社会保障研究缺乏兴趣，在法国尤其是法学院中盛行。

〔2〕　R. Salais,《La politique des indicateurs, Du taux de chômage au taux d'emploi dans la stratégie européenne pour l'emploi》, in B. Zimmermann, P. Wagner（dir.）, *Action publique et sciences sociales*, MSH, 2004.

中的法律的相对化进程最理想的场所，因为，对于那些受欧盟法管辖的人来说，一眼看上去，既看不到法律，也看不到国家。欧盟（或欧共体）法属于何种概念呢？欧盟理事会通过的以条例和指令形式出现的、非传统意义上的法律，应当归入何种类型呢？这样的法律事物，既不是属于一个国家的，也不是属于一个帝国的，只是一种文本体系[1]，但是，这个体系对于欧盟成员国而言就是最高的**法律**，并且它现在已有自己的货币。作为法律制度切入点的国家退去了，然而，在这一国家退去之处，法律则继续存在着；因而，国家的价值是相对的和地方性的。共同至高的法律的观念以欧盟条例和指令的方式继续存在着（成员国的立法融入作为所有成员国**法律**的欧盟文本体系中），欧盟文本体系（即欧盟法）也为成员国的多样性或地方、职业的多样性留下了空间（例如指令的方式）[2]。在此，我们禁不住对现代物理的变迁也作同样的观察：现代物理也放弃把因果关系作为唯一切入点来认定，也即因果关系的规律是相对的，只具有地方性的价值。如此一来，西方思想的统一性得到了验证，这种统一性来自规则／规律的观念，而这个观念在法的领域和在科学领域又是同步变迁的。同样地，孟德斯鸠所表述的客观法的相对理论也得到了验证："客观法应当是相对的，相对于国家的外在地理状况而言的，涉及气候严寒还是炎热或温和，疆域状况和辽阔程度，人们生活劳作的类型，是耕种的还是狩猎的或是放牧的；客观法还应当和宪法赋予的自由程度相协调，例如居民的宗教、爱好、财富状况、数量、商业、习俗和举止

---

〔1〕　Cf. P. Legendre, *De la Société comme Texte*, *op. cit.*

〔2〕　参见劳动法上那些不断增多的、在内容上作了变通的集体协议（J. Pélissier A. Supiot, A. Jeammaud, *Droit du travail*, Dalloz, 22ᵉ éd. 2004, n°847 sq.）。

礼仪。最后，客观法相互之间也存在联系；与其渊源相关，与
立法者的目标相关，与客观法得以建立其上的各种考量次序相
关。应当综合以上所有视角去看待客观法[1]。"由此可知，法
律人的任务该是何等的宽泛了。

---

[1] Montesquieu, *L'Espirit des lois*, I, 3, in *Oeuvres complètes*, *op. cit.*, p. 238（相关词的强调为原文所加）. 孟德斯鸠间接地回答了帕斯卡尔（Pascal），因为帕斯卡尔就像当今某些智者一样，把法律视为是一种绝对（《Plaisante loi》, etc.）。

第三章

话语的约束力：契约应被遵守
(*PACTA SUNT SERVANDA*)

牛被角所限，人被话语所束。

——洛瓦塞尔（Loysel）

（习俗法教程 Institutes coutumières）

"合同的约束力乃人民共同生活之根基；任何时代，人们都 135
认为尊重已说出的话语是源自自然法的、历经所有立法而沉淀
下来的基本定理之一[1]。"法国著名民法学家若斯朗（Josser-
and）的这一确定性表述，标记着一个悠久的传统。该传统赋予
"契约应被遵守"这一格言以一种教义的价值，而该教义应适用
于所有有秩序的社会中。这一教义并不仅仅属于欧洲大陆的传
统，在一些普通法作者的著述中也有论及，如阿狄森（Addi-
son）所述："可以合理地说，合同法是一种普世的法，适应于所
有时代、所有人民、所有地点和所有场合，因为它是建立在永
恒不变的、由自然理性引申出来的正义与非正义的那些重大原

---

〔1〕 L. Josserand,《Le contrat dirigé》, *Recueil hebdomadaire Dalloz* 1933, n° 32.

则之上的[1]。"

136　　然而，在 19 世纪的时候，一些特别关注**法**的应用情况的学者就已经看到，合同，远不是什么永恒不变的事物，而是属于人类文明历史进程中的事物。梅因（Maine）在其著作中甚至把西方法史诠释为，从身份到契约的历史，视契约为法律关系最恰当的形式[2]。同样地，莱昂·布儒瓦（Léon Bourgeois）认为现代性的特征就在于，合同已经成为"人类法律的决定性根基"这一事实。这些人，在合同中没有看到一种悬浮在柏拉图式思想天空的永恒的抽象，而只是看到了一种不可再逾越的历史进步，即合同使人类摆脱了对身份的屈从，从此得享自由。在他们看来，法史具有如下的含义：引导人们进入到一个被解放了的世界之中，人类在其中只受制于其个人为自己设定的那些锁链[3]。

合同的"文明使命"

137　　上述关于合同的认知，在启蒙时代的航迹中，是这样形成

---

　　〔1〕　Addison, *Traité des contrats*, 1847, cité par P. S. Atiyah, *Essays on contrat*, Oxford, Clarendon Press, 1986, p. 17. 同期大陆法学家们也都有此确信："由合同而生的义务是在民法出现前就存在的，在立法者发现前已经被创造出来了，立法者只是规范了其履行细节和诉讼模式而已"（L. Larombière, *Théorie et pratique des obligations*, 7 vol., 1er éd. A. Durand, 1857, vol. I. p. 379）。

　　〔2〕　H. Sumner Maine, *Ancient Law. Its Connection with the Early History of Society and Its Relation to Modern Idea*, 1861, trad. fr. de la 4e éd. par J.-G. Courcelle-Seneuil, *L'Ancien droit considéré dans ses rapports avec l'histoire de la société primitive et avec les idées modernes*, Durand et Pédone, 1874, spéc. chap. Ix, p. 288 sq.

　　〔3〕　L. Bourgeois, *Solidarité*, A. Colin, 1896, 36e éd. 1902, p. 132.

的：合同所带来的解放过程取得了一种普遍意义，并在某个时候延伸到了尚处于幼儿期的一些民族之中。这些民族在去殖民化之后，就立即被要求加入到能保证其跨越边界的签约自由的国际制度之中。于是，接受合同文化就成为一个民族实现现代性、进入世界民族之林的一个条件。过去是如此，例如，日本在明治时期为了逃避"不平等条约"的奴役，不得不制定了合同法，而这合同法的原理则完完全全是外国的。现在的情形也是如此：一些前共产党执政国家在市场经济方面遭受的挫折，在很大程度上，可以解释为，合同并未在其文化中扎根的事实。

相信合同的"文明使命"是当代法律的最强动力之一。但是，这种对合同"文明使命"的相信，严格地说，也是一种西方的风格，就像比较法所显示的那样。当然，我们不想把比较法仅仅缩减为对普通法[1]进行学习，在此，我们也想转向曾经总能让西方茫然迷失，并混淆其所获信息的东方世界[2]。日本就是一个典型的例子，合同被引入日本一个多世纪了，但同时并没有使不了解合同的新儒家文化消失。日本文化的中心不是个人，更不是个人的意愿，而是强调社会与宇宙的和谐。不论未来会发生什么情况，也不论履行合同会带来何种损害，合同当事人在某个特定时间签订的合同，能约束他们未来行为的这种观念，不仅是日本文化中所没有的，而且是它非常反感的。

---

〔1〕　D. Tallon, D. Harris（dir.），*Le Contrat aujourd'hui：comparaison franco-ang-laises*，LGDJ，1987；G. Alpa，《L'avenir du contrat：aperçu d'une recherche bib-liographique》，Rev. interna. dr. comp.，1～1985，p. 7～26；D. Tallon，《L'évolution des idées en matière de contrat：survol comparatif》，*Droits*，1990，p. 81～91.

〔2〕　这是一个非常古老的故事，参见 étiemble，*L'Europe chinoise*，Gallimard，vol. I，1988，vol. II，1989.

一般而言，这种对待合同态度上的差异，可以归因于话语地位
的差异，而话语的地位则是因文明而异。当然，并非仅仅是西
方给予话语以突出的地位，在非洲，也能发现话语所体现的能
指挥物质世界的认知[1]，中国文化也非常重视语言措辞，对每
个客观存在的恰当命名，被认为是良好秩序的首要条件[2]。只
有西方曾经构想到，有上帝形象的任何人，都可以拥有通过说
话来确立规则的能力，并把自己的未来通过合同方式限定在话
语中，因为西方认识到上帝就是通过其话语建立了宇宙的
规则。[3]。

138　　　语言的结构，进而言之，书面文字的结构，可以阐明上述
西方与东方之间的差异。在一种单音节的语言和表意文字中，
例如，中文，单词具有作为有声的和有形的标志的功能[4]。但
是，中文忽视词形变化，其词汇量之丰富如同其音素之匮乏一
样显然易见，因而，更擅于呈现人、物和情感的具象性和多样
性，而不擅于抽象表达，语言符号更多用于呈现事物，而较少
用于在一个形式结构中整理事物。相反地，在西方文明中，字
母书写和单词所具有的词形变化——词形变化又节省了语言符
号，提供了一种永无止境的更加抽象的表达可能。西方语言的
这种抽象能力已成为其文化的固有特性，各欧洲大国都主张自
己国家的语言在表达抽象上是最好的，大家也都一致地崇尚语

---

[1]　M. Griaule, *Dieu d'eau*, *op. cit.*

[2]　这就是为何有正名之说，是中国政治哲学的共同点，参见 M. Granet, *La Pensée chinoise*, *op. cit.*, p. 47 sq.; J. Escarra, Le Droit chinois, op. cit., p. 21 sq. X. Li, 《L'esprit du droit chinois: perspectives comparatives》, *op. cit.*, p. 7 sq., p. 33~35.

[3]　参见本书第一章。

[4]　M. Granet, *La Pensée chinoise*, *op. cit.*, p. 33 sq.

言的严密形式化和量化。中文则相反，单词或单词表达的语言符号，越贴近它们所指的行为或事物，就越带有力量。然而，人们都知道，中文的书面文字在东亚所有国家的文化中都留下了烙印。如果说日文至今仍然保留了来自中文的表意文字的用途，那正是因为，它具有具体呈现事物的能力和象征的价值。这些东方文化中，人们会本能地质疑那些主张把事物的多样性和易变性归入抽象类别中去的人们。

　　西方人完全相信一个明确动词所表达的含义，而日本人则只相信行为本身。日本文化最高水平的分析家莫里斯·潘盖（Maurice Pinguet）对这种针对话语承诺的极其不信任作了如下的解释："真理或事物的真相并非任由语言动词本身所掌握，而是与其所表达的相反，它不声不响地存在于这些词语之间和词语缝隙之间——日本人的一种暗含的处世方式，一种弗洛伊德式的直觉。没有任何一种文化像日本文化这样关注行为礼仪，以至于其影响力延伸到生活的方方面面——但是，也没有任何文化像日本文化这样繁琐，因为他们只把这些行为礼仪看作是人为的要求[1]"。在日本文化中，承诺不是通过语言表达出来的，而是通过行为。人与人之间联系的力量和持续时间，不依赖于他们之间相互交流的语言用词，而在于主导他们关系建立之时的那种和谐是否得到了维持。这种维持，既来自每个人保持与他人联系的能力，也来自每个人根据具体人和具体场合的变化而调整自我的态度。向他人提出可能对其有害的要求、或

────────

〔1〕　M. Pinguet, *La Mort volontaire au Japan*, *op. cit.*, p. 180; voir aussi Y. Node, 《La conception du contrat des Japonais》, in T. Awaji *et al.*, *études de droit japonais*, Société de la législation comparé, 1989, préface de J. Robert et X. Blanc-Jouvan, p. 391 sq.

者请求该人不打算做的事情，都与处世之道相悖，即有悖于 giri
（义理）[1]。giri（义理）的处世之道因年龄和社会阶层而有别。
giri（义理）可以理解为"义务、职责、道德债[2]"，它并不是
建立在一个普遍规则之上，或目标实现后即终止的一个合同之
上；而是取决于建立关系的具体人，它是"不可撤销的持久关
系的源泉，这种关系孕育了一种主体自我建立观，并相信他人
对其也抱有这种观念；而且主体对于这种关系要保持谨慎和敏
感。在人与人的关系上，应当对人施以善行，或表现出没有忘
记对方，而对方的回应或偿还，也可以是多种多样的形式，并
且这种回应并不意味着关系的结束，而是培育了关系[3]……"
giri（义理）就是这样编织着人与人之间强有力的、灵活的义务
链条，这些义务相互支撑并维系着一个共同体社会的和谐。

140 　　从明治时代以来，日本开始接受西方法律文化学说（开始
是法国的，然后是德国的，最后是美国的），现在已经具备符合
国际规范的合同法了[4]。假如合同如西方所认为的那样，即合
同是一种完美的、普遍的和不可逾越的法律联系的形式，那么，
人们就应该能够等到日本的 giri（义理）——人们交往的一种
"古老"形式，逐渐被这一现代性所取代的日子。然而，事实完

---

〔1〕 关于这一概念的清晰介绍，参见 R. Benediet, *The Chrysantemum and the Sword*, Boston, Houghton Mifflin, 1946, trad. fr. *Le Chrysanthème et le Sabre*, Arles, E-d. Ph. Picquier, 1995, p. 157 sq. ; add I. Kitamura 《Une esquisse psychanalytique de l'homme juridique au Japon》, *Rev. interna. dr. comp.* , 4～1987, repris in T. Awaji et al. , *études de droit japonais*, *op. cit.* , p. 25 sq.

〔2〕 R. Benedict 介绍日语词典中 giri 的定义是：为了不欠向他人该行的礼节而违背自己意愿做的某事（*Le Chrysanthème et le Sabre*, *op. cit*, p. 158）。

〔3〕 M. Pinguet, *La Mort volontaire au Japon*, *op. cit.* , p. 345.

〔4〕 E. Hoshino,《L'évolution du droit des contrats au Japon》, in T. Awaji et al. , *études de droit japonais*, *op. cit.* , p. 403 sq.

全不是这样。来自西方"蛮夷人"的合同文化帮助了日本人与这些西方"蛮夷人"做生意，但是，这种合同文化却未对日本社会的内部关系产生任何影响。有一个统计足以说明 giri（义理）的活力：美国，每三百个居民就有一名律师，而在日本，每一万人中才有一名律师[1]。日本经济的成功，很大程度上可以解释为两种文化融合而引起的神秘复杂的变化：一种是来自西方的法律合同的文化，另一种是从儒家文化继承的和谐与联系的文化。

显然，我们应警醒给合同这一具有文化相对性的事物赋予 141 它所不具有的一种确定性。我们可以看到，合同文化，最初是出于国际贸易的需要而被引进日本，通过转变为日本特有文化下合同的方式，合同文化才不断持续地占据了日本社会[2]。然而，这种社会文化的演变并非只是单方的，日本文化特有的价值也已经影响到参与国际贸易的西方人的思想。这种影响在管理领域是很明显的：日本式的协商方式对于西方企业管理而言，已经具有一种模式的价值。这一日本模式在法律领域也产生了影响，体现为合同的理性论（la théorie rationnelle des contrats），一度成为研究的热点，尤其是在具有长期合作关系的美国[3]。

〔1〕 R. Abel, Ph. S. C. Lewis.（eds），*Lawyers in Society*, Berkeley, University of California Press, 1988.

〔2〕 Cf. T. Awaji《Les Japonais et le droit》, *Rev. interna. dr. comp.*, 2-1976, repris in T. Awaji et al., *études de droit japonais, op. cit.*, p.9.

〔3〕 I. R. MacNeil, *The New Social Contract. An Inquiry into Modern Contractual Relations*, New Haven, Yale University Press, 1980. 日本"关系合同"（relational contract）概念引起了一些重要的学术讨论，特别参见 M. A. Eisenberg, 《Relational contracts》, in J. Beatson, D. Friedmann（eds）, *Good Faith and Fault in Contract Law*, Oxford, Oxford University Press, Clarendon Paperbacks, 1997, p.291~304; H. Muir-Watt, 《Du contrat "relationnel"》, in Association H. Capitant, *La Relativité du contrat*, LGDJ, 2000, p.169.

这种合同理论看到了贸易实务中通过框架协议来建立长期合作关系的重要性：在这种合作关系的内部，再订立一系列具体的贸易合同。这种理性合同建立的是灵活且持久的联系，使得互相提供服务的交易活动得以加强而不是解除。在这种西方法律文化的最新形态即东方式的协商方式中，难道人们看不到 giri（义理）文化的再现吗？

142　　　合同，曾经并不是一个普世的范畴，但是，可能正在成为普世的范畴，与此同时，它又证明着关于思考人类与社会的西方方式或许也负有推广到全世界的使命。至少，"世界化[1]"的信条就属于这种情况。"世界化"推崇自由贸易与合同的优点，合同具有灵活、平等、被解放的形象，与国家的迟钝、法律的种种缺陷恰好相反，法律是僵化的、单方的和奴役的形象。在此，正好需要谈谈作为一种意识形态的合同主义（contractualisme），不要将它与合同化（contractualisation）相混淆。合同主义是认为合同关系是社会关系的一种最终形式，应负有替代任何领域法律的、单方的、强制性的关系的使命。合同关系是经济学意识形态的一个组成部分，这种意识形态把社会看成是仅由利益计算而驱使的个人。而合同化，则是指对合同这种技术使用的客观扩展，它通过运作产生的不同效果，来展示合同主义的承诺。

---

〔1〕 德语和英语忽视"世界化"这个词（mondialisation）（这个词是典型的法语用语），而是使用"全球化"（*Globalisierung, globalization*）。一个例子可以看出法国人对"世界化"这个词的情有独钟：赖克（Robert Reich）的英文著作 *The Work of Nations*（New York，Alfred Knopf 1991），法国人翻译为 *L'Economie mondialisée*（世界化的经济）。

合同主义的影响力随着经济学意识形态的发展而得到扩展，143
合同主义属于经济学意识形态的一个侧面。梅因曾指出："政治
经济学领域大多数人的倾向都是，把这一学科所建立于其上的
一般真理视为应当成为普世性的真理；当他们谈论起实践应用
时，又都努力想提升合同范畴，而将法律范畴缩减为仅对于合
同履行有必要的那一部分[1]。"这一观察准确地反映出当前法
律与经济学分析的关系。"法与经济学"（Law and Economics）
运动的影响力，甚至已经使它在法国法学院中占据了些许领地，
它把人们可以称为合同法朴素人类学的东西，扩大适用到人的
任何行为上，即构建了一种知道自己想要什么和知道什么对自
己更好的人的形象[2]。这样的人类学建立在**法**的经济学分析基
础之上，我们可以呈现其如下表现："尝试对一个法律问题进行
完整经济学分析的所有步骤。第一步，在于假设作决定的每个
人或每个组织体最大化其已知和确定的经济目标，例如，企业
就是最大化其利润，消费者就是最大化其财富和娱乐。第二步，
在于指出所有恰当决策者的相互作用都稳定在一种经济学家所
称的平衡之中，即不会自发变化的一种状态。第三步，在于根
据经济效率来判断平衡[3]。"

　　就这一视角而言，合同法既不先于市场经济，也不是市场 144

---

〔1〕 H. Sumner Maine, *L'Ancien droit...*, *op. cit.*, p. 289.

〔2〕 R. A. Posner, *Economic Analysis of Law*, *op. cit.* R Cooter, Th. Ulen, *Law and Economics*, *op. cit.*; B. Coriat et O. Weinstein, *Les Nouvelles Théories de l'entreprise*, Le Livre de poche, 1995. 关于法经济分析潮流的全面阐述，参见 E. Mackaay *L'Analyse économique du droit*, vol. 1: *Fondements*, *op. cit.*; Th Kirat, *Economie du droit*, La Découverte, 《Repères》, 1999.

〔3〕 R. Cooter, Th. Ulen, *Law and Economics*, *op. cit.*, p. 7.

经济的条件，而只是它的工具（即马克思主义者称之为"上层建筑"），不是它的基础。法经济学分析的创立者们坚持认为：不是合同自由的法律原则创建了自由贸易，因为自由贸易是经济生活的一种已知条件，合同法只是起到了伴随和促进自由贸易的作用[1]。这里，我们又看到了19世纪的那些古老认知，所不同的就是，自然法把其作为合同基础的位置让位给了经济科学，效率替代了正义成了判断的标准。因而，*法与经济学*运动就在如下的一个思想上把法律人笼络去，一个甚至连卡尔·马克思也不知道如何去说服人们去相信的思想：将法律重置于其"真正的"基础即经济基础上的必要性。这一运动中也出现了越来越多的论著，这些论著的首要目标是，把合同法上的任何一个规范的存在都归为是由于经济学上的规则：例如，合同法上的无行为能力人的建立，是因为经济学上有理性行为人偏好稳定这一规则；合同法上有合意上的暴力瑕疵，是因为经济学上有理性行为人选择自由的规则；合同法上有关于错误的瑕疵和双方互负提供信息的义务，是因为经济学上有关于市场透明的规则[2]。这种方法让人强烈地想起马克思主义对**法**的批判，这一批判主张每一项法律规范都归因于决定其存在的经济基础[3]。二者的区别在于，马克思主义的分析是通过揭示法律形式依据经济学规则而调整，来批判"法律形式"本身；而这种调整则使现代法经济学家们坠入到一种毫无边界的自我感觉良好之中。其实，在此，两者都涉及一个共同问题：即，通过

[1] Cf. A. T. Kronman, R. A. Posner, *The Economics of Contract Law*, Boston-Toronto, Little, Brown& Cie, 1979, p. 2~3.

[2] R. Cooter, Th. Ulen, *Law and Economics*, *op. cit.*, p. 234 sq., et le tableau 6. 1, p. 241.

[3] M. Miaille, *Une introduction critique au droit*, Maspero, 1976.

把法律形式与解释它、并超越它的一种自然秩序联系起来，重塑法律形式的问题。当今，人们恰恰是在经济学规则之上确立了合同的约束力，并且赋予这些规则以普世的价值。时任世界银行首席经济学家的萨默（L. Summers）曾说道："我在世界银行工作期间学到的一件事就是，每当有人说'但在这里事情不是这样运作的'时候，实际上就是在大声地干一件蠢事[1]。"由此可知，合同主义不再建立在社会契约的政治理论之上，而是建立在一种科学保证的确信之上，即市场自身成为全球的规则。丢掉了自然法的旧袍子，换上了经济学分析的新衣，法律人就能继续站在如下观念之上：世界秩序超越国内立法，而国内立法则应成为维护世界秩序的工具。在"世界化"主题的交响乐中，经济学已经取得了建立全球秩序的话语权中心地位，而只给法律留下在人权方面的孱弱分量。

任何不是来自约定的规则都是令人质疑的，人们努力在与 146 义务方的协议上设定一切义务。相应地，该设定义务的协议也就成为某一义务存在的一个充分条件，同时，这也在同等程度上缩减了那些不可克减的权利的范围。由此而来的就是，关于合同方面的词汇普及起来了，并且深入到人类生活的所有方面，包括政治领域。为了更好地领会这一演变的含义，应当从源头开始考察：人类为什么、并从何时起能够通过话语来约束自己的呢？

---

〔1〕　M. Berthod-Wurmser, A. Gauron, Y. Moreau（dir.）, *La Régulation sociale: le rôle des organisations européennes et internationales*, IEP, 1997, p. 66.

合同的起源

"简约产生诉"（Pacta sunt servanda）：如果没有遵守已说出的话语这一原则，合同绝不会成为令现代法律人骄傲的一种普世性的抽象（概念）。如果没有这一高度他律的规则，人们意愿的自主性，从法律上看也就难以实现了。但是，这样一个规则来自哪里呢？为什么、从何时起我们受制于我们说出的话语？寻其根源，可以帮助我们理解当今国家在合同关系结构中所处的中心位置。

为了确定合意的交换足以形成合同，首先得先有"合同"这一概念的出现。然而，了解合同这一概念，前提是要把人的世界与物的世界截然分开，同时承认，未来有可能被话语所约束。在人类合同的史前史时期已经有了联盟与交换，但是这种联盟与交换还没有清晰地区分人与物，只是间接地用来确保对时间的把握。

147　　在联盟的关系中，物的获得只能通过人。事实上，联盟最初是作为亲属关系建立的特别方式而构想的，它或来自婚姻，或来自一种通过血的联合仪式即血盟建立的"人为亲属关系[1]"。

---

〔1〕 Cf. G. Davy, *La Foi jurée. Etude sociologique du problème du contrat. La formation du lien contractuel*, Alcan, 1922. 作者这里使用的人为亲属关系并没有引导他得出亲子关系的生物学定义，相反，他确认"亲属关系从原始意义上看并不是一个生理上的概念"（p. 53）。

人种学家[1]常常描述这种仪式，它在大多数古代社会中都存在过，并且都含有宗教的因素。这种仪式在宗教的圣书中有多处记载，并且延续至今，在有经典圣书的宗教中，使用血的象征符号来巩固基于上帝和与上帝的联合（例如基督教中的圣餐与割礼仪式）[2]。通过血的联合就如同婚姻关系建立一样，人们是借助改变自己身份的方式来把自己与他人联系在一种相互约束的关系之中。亲属关系作为一种间接方式，使得人们得以建立一种长期的义务关系[3]。只是这种义务关系的标的——物或物所载的服务，在联盟关系建立之时还必须是不确定的，因为义务的内容是取决于联盟各方生活中的偶然性活动和他们各自所需要的东西。这种从人为联姻关系中派生出的义务关系的连接做法，在法国现在的法律遗产中也存在。老板（Patronat）这个词，前不久刚被法国企业主所摒弃[4]，它表明了在劳动关系上的父亲式关系模式的持久影响，因为我们可以看到，这种影响从罗马法（那时父亲式关系用来指获得自由的人与其前主人之间的关系，该前主人使这个获得自由、成为自由民的人得以在民事身份上存在[5]，使其在法律上得以成为出生的人，该人

---

〔1〕 例如，希罗多德（Herodote）关于斯基泰人的盟约描述（他们在一个大杯子中倒入酒，然后把发誓盟约人的血混入其中），参见 *L'Enquête*，IV-70，trad. fr. In *Oeuvres complètes*，Gallimard，《Bibliothèque de la Pléiade》，1964，p. 310. 更多距离我们更近的例子，可以参见 G. Davy, *La Foi jurée*…，*op. cit.*，p. 43.

〔2〕 A. Chouraqui，《L'alliance dans les Ecritures》，*Revue de sciences morales et politiques*，1995，p. 5.

〔3〕 Cf. G. Davy, *La Foi jurée*…，*op. cit.*，p. 72 sq.

〔4〕 法国雇主委员会（CNPF）在1998年更名为：法国企业运动（Medef）。

〔5〕 P. F. Girard，《Le patron a donné la personnalité a l'affranchi, un peu comme le père a l'enfant》，*Manuel élémentaire de droit romain*，*op. cit.*，p. 123.

就在姓名上使用其原主人的姓氏[1]）一直延续到薪金雇员的劳动法[2]。现代劳动合同也从劳动者职业性身份的改变（雇员在从属的和有安全保障的关系下进行劳动）中引申出一项义务，该义务的具体内容只能随着劳动合同的履行才会确定下来。

148   在交换的关系中则相反，人则是通过物被凸显出来了。正如人们所知，交换的第一种方式来自连贯的给予、接收和偿还。正如莫斯（Mauss）在他的捐赠著述中指出的一样，迫使人们偿还的是被给予的东西的灵（hau）[3]："接收到的东西不是毫无活力的，即使是捐赠人放弃的东西，也仍然是这个人的。通过这个捐赠的物，相比受捐赠人，捐赠人就处于强势，就如同所有权人通过属于他的物而相对偷窃该物的扒手处于强势地位一样。……hau 即该物的灵，追逐任何占有者[4]。"西方语言仍然保留着这种观念的一些痕迹，就 gift 这个词，在德语中是指毒药，英语中是指礼物。赠与某物是一种把自己和受赠人在未来联系起来的一种方式，受赠人只能通过偿还另一物的方式来中断联系。正是在这样给予和偿还的连贯关系中产生了偿还债务

---

    〔1〕   获得自由的人，名字上带有原主人的姓氏即前面加上 I，而不是用其父亲姓氏（G. Sicard, "L'identité historique", in J. Pousson-Petit (dir.), *L'Identité de la personne humaine*, *op. cit.*, p. 119.）。

    〔2〕   登记进入社会保障系统，已经超越了雇主对于雇员这一人为父亲式关系，而进入到制度性的社会化连带关系之中。连带（solidarité）的概念是债法和家庭法的杂交（cf. Alain Supiot, Les mésaventures de la solidarité sociale, *Droit social*, 1999, p. 64），它倒是在社会保障受益人之间建立了一种人为的亲属关系。在社会保障关系中，交换是第一位的，人们之间的关系只是结果（参见下文中涉及到的退休人员）。

    〔3〕   M. Mauss, 《Essai sur le don. Forme et raison de l'échange dans les sociétés archaïques》, *L'Année sociologique*, 1923~1924, repris in *Sociologie anthropologie*, *op. cit.*, p. 145 sq.

    〔4〕   M. Mauss, 《Essai sur le don》, *op. cit.*, p. 159.

的义务；这一连贯关系中也暗含着一个第三人的要素——这里是指物的灵，来保证偿还。这样一种连接的做法并未从我们的法律中消失。法国分摊式的退休制度就是这样建立起一种人们不太恰当地称之为"代际之间契约[1]"的关系，它恰当地回应了古代连贯的给予、接收和偿还义务模式。在关于亲属关系的债权债务链条之上（人们从上一代人那里承受生命又孕育了下一代人的生命；通过孕育下一代人生命的方式，偿还了对上一代人的债），分摊式退休制度使相反方向的链条得以相连：这一代人现在缴费为上一代人提供养老待遇，这一代人会收到下一代人提供的养老待遇；而下一代人通过提供这一代人养老待遇的方式偿还他所承受的来自上一代的生命之债。法国退休制度正是通过这种债权债务的规则，在人与人之间建立了一种互助的联系[2]。

我们应当把合同的概念以及人与物的清晰区分归功于罗马 150
法。人与物的区分经历了相当漫长的时间才得以确立。罗马法上，在一种债务人为担保而将自己租赁出去的买卖契约关系

---

〔1〕 参见政府关于退休的白皮书"代际之间的合同"（Gallimard, 1991），罗卡尔（M. Rocard）写的序言。关于退休人员之间合同关系的想法，表现出我们除了用合同的用语来构想人与人之间的关系之外，没有能力用其它方式来构想这种关系。人与自然的关系也是如此，为了保护自然，只能用与自然订立合同的方式来进行（M. Serres, *Le Contrat naturel*, F. Bourin, 1990）。社会法和环境法就是这样，颠覆了人与物的区别，臣服于合同主义。

〔2〕 退休权法律性质的问题，对于只有现代法知识的法律人而言是个难题，因为这个问题不能用关于合同与侵权的区别、个人与集体的区别的视角来解决。如果人们同意在这个问题上看到与这些区别一样古老的一些法律联系的再现，那么，这个问题就清楚了。就像美洲印第安人冬季赠礼节一样，这种法律联系，也不是契约性的，但是，如同这个冬季赠礼节，它在互负财产义务的基础上建立了不同族群之间的互助。

137

（nexum）中〔1〕，义务关系可能来自身份的改变（失去自由的被奴役地位），也可能来自一种捐赠（如把一块有毒的青铜锭放在债务人手上，直到他还清债务)〔2〕。虽然罗马法把人与物清晰地进行了区分〔3〕，但是，罗马法并未把所有自然出生的人视为人，它特别喜欢物的多样性，对物进行了各种具体划分。罗马法承认各种合同，根据合同标的不同，形成不同类型的合同，但是，罗马法没有总称意义上的合同概念〔4〕。在罗马法上，人们不会想到仅有意愿的交换、称为协定（pacte）或合约（convention），能等同于合同：要从合约（convention）到合同（contrat），原则上根据不同的合同，或要求有形式（承诺或发誓的形式），或要求有带有物质内容的行为（交付标的物）。实物合同的约束力来自把标的物交付给权利人的行为。这种规定的效

---

〔1〕 关于 nexum 及其解释上的困难，参见 P. F. Gillard, *Manuel élémentaire de droit romain*, *op. cit.*, p. 478 sq. P. Noailles, *Fas et Jus. études de droit romain*, Les Belles-Lettres, 1948, p. 91 sq.; A. Magdetain, *Ius imperium auctoritas*, *op. cit.*, p. 25 sq. et p. 713 sq.; P. Ourliac, J. de Malafosse, *Histoire du droit privé*, PUF, t. 1, *Les Obligations*, 2ᵉ éd., n°15 et la bibliographie citée p. 36~37.

〔2〕 C. f M. Mauss, 《Essai sur le don》, *op. cit.*, p. 229 sq., spéc. p. 230 sq.

〔3〕 参见查士丁尼《法学阶梯》的提纲，民法受到它的启发，并且它仍然采用盖尤斯传下来的三分法（人、物、诉）：任何权利都设定一个人即主体，行使权利的人；一个物，作为客体，权利设置其上的；和一个诉，作为惩罚，可以确保权利的实现（P. F. Girard, *Manuel élémentaire de droit romain*, *op. cit.*, p. 7 sq.）。

〔4〕 作为 contrahere 的过去分词，contractus 在罗马法上很少作为名词使用。contrahere 指建立法律联系的行为，但是，该行为的结果或者被一般化地指定为义务，或者根据相对应的合同类别而定（emptio, locatio, societas, mandatum, etc）Cf. M. Villeyr, 《Préface historique à l'étude des notions de contrat》. in "Sur les notions du contrat", *Arch. philo. droit*, t. XIII, Sirey, 1968 p. 1 sq., p. 7. Add. W. Wolodkiewicz, 《Contrahere-contractum-contractus dans le droit romain classique》, in *Le Droit romain et sa réception en Europe*, actes d'un colloque, Varsovie, éd. H. Kupiszewski et W. Wolodkiewicz, 1978, p. 295.

力具有宗教渊源[1]，发誓的形式也同此理。物体的灵或上帝的灵由此在人与人之间关系的建立上得以体现出来。

如果说罗马法上有什么原则的话，那就应当是：已说出的话 151 语无效力。即使是在查士丁尼时代，即使后来人们对它有很多的调整，"裸约不产生诉"（Ex nudo pacto, actio non nascitur）[2] 的规则并未被废弃。仅仅有意愿交换的合约，一般而言，就是自愿把自己交给他人，这种单纯对他人的相信，就是罗马神话中菲黛丝（Fides）（拉丁语"诚信"）女神的化身，这位古老的白发苍苍的女神，比朱庇特神还古老（因为必须要有这位女神的存在，世界上才会有秩序），因而人们认为女神存在于人的右手位置。起初，相信他人话语的人是被排除在法的保护之外的[3]。在罗马万民法（ius gentium）的影响下，可以说诚信女神世俗化而到了人间，万民法已经记录，在罗马人与外国人之间产生了第一批的诺成性合同。那时的国际贸易已经建立在信任之上了，或者更确切地说，是因为害怕报复而还没有摆脱形

---

〔1〕 历史学家对于这一宗教渊源是一致同意的，动词 spondere 的词源学又强化了这一渊源，这个动词应被用于承诺的交换，参见 P, F. Girard, *Manuel élémentaire de droit romain*, *op. cit.*, p. 486；P. Ourliac, J. de Malafosse, *Histoire du droit privé*, *op. cit.*, n° 18, p. 31；et plus généralement : R Noailles, *Du droit sacré au droit civil*, Sirey 1949）. 有争议的内容是从中引申出的关于杖的礼仪使用规定，参见 P. F. Girard, *Manuel élémentaire de droit romain*, *op. cit.*, p. 485 sq.；M. Mauss, 《Essai sur le don》, *op. cit.*, p. 230.

〔2〕 《Du pacte nu ne nait aucune action en justice》: Ulpien（I, 7, §4, D., 2, 14, de pactis）；Paul（*Sentences* 2, 14, I）.

〔3〕 Cf. J. Imbert, 《De la sociologie au droit la 'Fides' romame》, in *Droits de l'Antiquité et sociologie juridique*, *Mélanges Henry Lévy-Bruhl*, Sirey, 1959, p. 409 sq. 在古希腊也是如此，参见 L. Gernet, 《Drioit et prédroit en Grèce ancienne》, *op. cit.*, p. 138 sq.

式主义。那些错信了对方的人，可以从执政官那里得到执政官为他们启动的诚信（bona fides）诉讼，用于制裁最常发生的交易，如买卖、租赁、公司业务交易，还有后来出现的委托。诚信（bona fides），指一种客观建立起来的信任，是任何一个商人在相同情景下都会赋予的信任。至于无名合同，其惩罚只能通过行为，由出借方根据具体情况做出，并且只能是在一方当事人已经履行了其交付的前提下。由此可知，罗马法尽管给说出的话语在合同订立中以一定的位置，但是，它并未对此形成过一项可以产生效力的基本原则。

152 　　中世纪注释者又重拾法谚"裸约不产生诉"，并在其上创设了"给协约穿衣"的理论[1]。因为，根据阿库尔赛（Accurse）的用语表达，裸约就如同不生育的妇人，人们要做的就是使这些合约好好地"穿戴"起来，以使其能孕育出权利。某些合约，如买卖或出租，"本身就足够丰满或充满活力的了，不需要再给他们穿戴什么了"，这里，罗马法就已经把它们视为是诺成合同了。至于其他的合同，就给他们"穿戴"上"轻便些的"衣服：通过物、语言、作为已具备形式要求的合同的从属合约、交付标的物……16世纪，洛瓦赛尔（Loysel）[2]嘲笑的就是这种"给裸约穿衣"的理论，他在给合意论提供了其著名比喻——"牛被角所限，人被其话语所束"之后，又指出："罗马法的规

---

　　[1] P. Ourliac, J. De Malafosse, *Histoire du droit privé*, *op. cit.*, n°69, p. 84 sq. et bibliographie, p. 104 sq.
　　[2] 洛瓦塞尔，16世纪法国法理学家（译者加注）。

定等同于一个单纯的承诺或合约[1]"。这个原则，正是在中世纪注释家和洛瓦赛尔之间的时代，完全颠倒了过来，与罗马法相反，人们从此承认："从裸约产生司法诉讼之权"（ex nudo pacto, actio, oritur）。

这一原则的颠覆，应当归功于中世纪的教会法学家们，他们正是"简约产生诉"（*pacta sunt servanda*[2]）规则的发明者。如人们所知，那时的教会一直反对在交易中发誓的做法，因为教会认为在上帝面前，一个单纯的承诺就可以约束所有相关的人与事。基督教徒的任何行为都应建立在唯一至高的真理之上。虔诚教徒应当忠实于自己的话语，承诺了但没有守诺的教徒就是违反了这一真理；他因此欺骗后代并犯下圣经上的一个罪。因此，遵守说出的话语，起初是作为一个道德原则提出的，建立在圣书和教父们的教理之上。其最初的表述方式——维护和平、遵守协议（Pax servetur, pacta custodiantur）——是在安提柯教规里发现的，是公元 348 年第一次迦太基主教会议，对两

153

----

〔1〕　Loysel, Institutes coutumières, L. III, t. I；这是洛瓦塞尔自作主张改变了一个格言，即查士丁尼法学阶梯的法锁（*iuris vinculum*）的注释具体适用于法律条款的宣告的格言（"*ut enim boves funibus visualiter ligantur, sic homines verbis ligantur intellectualiter...*"）（F. Spies, *De l'observation des simples conventions en droit canonique*, Sirey, 1928, p. 228.）。

〔2〕　F. Spies, *De l'observation des simples conventions...*, *op. cit.*；H. J. Berman, *Law and Revolution*, *op. cit*, p. 246 sq.；P. Legendre, *Les Enfants du texte*, *op. cit.*, p. 269；comp. J. Barmann, 《*Pacta sunt servanda*. Considérations sur l'histoire du contrat consensuel》, *Rev interna. dr. comp.*, 1961, p. 18 sq.

个主教之间订立的关于他们各自管辖区协议履行后果的一个表态[1]。不守诺的基督教徒要遭受如同说谎一样的教会惩罚。只有到了13世纪，这个规则才变成法律上的义务。1212年，格拉提安法令汇编的一般注解（Glossa Ordinaria），赋予遵守单纯协约的义务以法律约束力，并同时配备了诉讼的救济方式[2]。1230年教皇格雷古瓦九世的教皇御旨也重申了这一规则，并要求即使是面对由罗马法而来相反的"简约不产生诉"的原则，以及封建时代强调契约形式主义的背景，"遵守已说出的话语"这一规则也要被强制推行下去。最终，这一规则占据了支配地位，并且被罗马法的后注释学家们所接受[3]，法国也在16世纪上半期接受了这个规则[4]，后来成为《法国民法典》第1134条如下著名的表述："合法订立的合约就是订立合约人之间的法律[5]。"

154　　因此，正是因为人们相信有唯一的、并且俯视一切的上帝的存在，面对上帝，没有人能说谎，单纯的合约（convention）才能最终被认定为是合同。换言之，没有对为人们说出的话语

---

〔1〕 Cf. F. Spies, *De l'observation des simples conventions…*, *op. cit.*, p. 24 sq. 在这个教规里，违反已说出的话语属于可惩罚的犯罪。两个主教——Antigonus 和 Optantius，订立了关于他们各自管辖区的协议。Antigonus 向主教会议申诉 Optantius 没有遵守协议，侵占了他的领地。主教会议主席回答道："他必须遵守协议，否则，他必须接受教会纪律惩罚"，会议全体又加上"维护和平、遵守协议"的表述。

〔2〕 C. 22, qu. 5, c. *iuramenti*, *glose distantiam* : *Ex nudo pacto oritur actio*（cité par F. Spies, *De l'observation des simples conventions…*, *op. cit.*, p. 40 sq.）

〔3〕 Cf. H. J. Bennan, *Law and Revolution*, *op cit.*, p. 246.

〔4〕 Cf. F. Spies, *De l'observation des simples conventioms…*, *op. cit.*, p. 139 sq.

〔5〕 关于这一表述的起源，参见 F. Spies, *De l'observahon des simples conventions…*, *op. cit.*, p. 258 A. -J. Arnaud, *Les Origines doctrinales du Code civil français*, LGDJ, 69, p. 199 sq.

提供保障的普世守护者（Garant universel）的相信，就没有现代概念的合同的发展。而且，说出的话语，只有当它与这一守护者的规则相一致时它才有价值：过去，神圣的律法要求协约必须有一个正当理由[1]；当今，国家的法律也只给"合法订立"的合约以法律约束力。没有第三人（Tiers）的纵向和三元的维度，没有交换或联盟的横向和双向维度，就不会形成一种市场经济得以在其中繁荣发展的同质抽象的规则，因为只有在该第三人的守护下，合同才得以成立。

对此的理解，只需走到任何一个中世纪城市的市政广场去看看即明白。例如，布鲁塞尔市政广场就是一个展示交易规则的特别典型的范例。首先，这一令人佩服的建筑群确立了其边界；其次，某些楼房用于有组织的劳动（如公司的所在场所），有些属于保障市场诚信的公共权力所在地（如市政厅）。这一幅建筑图景即刻让人看到，如果没有保障交易的第三人、没有对生产交易产品的劳动者的集体组织，就不会有服从规则的交易。离开如此构建起来的空间，就是离开了商品及其交易规则的空间。如果我们来到能俯视该市政广场的丘陵之上，来到该国的最高法院或皇宫，治理的规则就不再是市场交易的规则，而是别的规则了。而没有这些规则或不遵守这些规则，司法判决或政治决定就有可能成为买卖的对象，就如同人们处于一个腐败的城邦之中，市场本身的概念已丧失了其最初的含义并蜕变为

---

［1］ 从这一要求引申出正当价格的理论，参见 H. J. Berman, *Law and Revolution*, *loc cit.*; A. Söllner,《Die causa im Kondiktionen-und Vertragsrecht des Mittelalters bei den Glossatoren, Kommentatoren und Kanoniken》, *Zeitschrift des Savigny-Stiftung fur Rechtsgeschichte (romanistische Abteilung)*, 77（1960）, p. 182～269; K. S. Cahn,《The Roman and Frankish roots of the just price of medieval canon》, *Law Studies in Medieval and Renaissance Story*, 6（1969）, p. 1.

一种"黑手党式"的关系。换言之，市场本身并不是普世规则的自发产生地，而是一系列特别机构的建构，这一建构是否牢固取决于其法律基础是否牢固，以及市场置于其中的更广泛的机构整体是否牢固。

156　　这一机构框架，自中世纪以来，显然已经发生了变化，但是，市场仍然建立在教义基础之上。如果当今还有什么应当想起的话，那就是主流经济学思想已经放任自己落入其建立于上的法律拟制的陷阱之中。两个世纪之前，为了建立自由贸易制度，就得把劳动、土地和货币视为商品和可交换的产品[1]。然而，显而易见的是，劳动、土地和货币并不是生产出来的产品，而是经济活动的条件。因而，若要把它们视同产品对待，就要建立在相应的虚拟或拟制之上。这些拟制都属于法律上的人为制造物，因为正是**法**允许了这种做法，例如，如同劳动是一种可以与劳动者人身相分离的商品，同时又通过确立雇员身份来限制其商品化，来禁止把劳动者像物一样对待。忘记这些只是一些服务于构建法律秩序价值的拟制，并且把人与自然视为纯粹的商品来对待，不仅在道德层面是有害的，而且，也会导致重大的经济和"人道的"灾难，因为市场的良好运转，需要以保证人力资源、自然资源和货币资源安全的规则和机构为前提。

作为合约守护者的国家

157　　从启蒙时代的转折以来，国家就充当了贸易交换的保证人角色，至少在世俗化的西方国家中是如此。我们从一种宗教文

---

[1]　Cf. K. Polanyi, *La Grande Transformation. Aux origins politiques et économiques de notre temps* [1944], trad. fr. Gallimard, 1983, p. 102 sq.

化过渡到了一种世俗文化，在这种宗教文化中，虔诚信徒的话语受到神圣律法的保护，而在这种世俗文化中，理性的个人在国家保护之下约束自我。这一"世俗化"并不意味着合同从此可以不需要一种对既出话语保证人的相信或信仰。马克斯·韦伯，从美国旅行回来之后，描述了一个商人的有趣思考："每个人会信什么对我而言无所谓。但是，如果我知道我的一个客户从不去教堂，那么，这个客户对我而言，就不值50美分：如果他什么都不信，为什么我还要付款给他呢?"[1] 在合同许可的合理计算的核心之处，存在着一种信仰，这一点是不变的，能变的只是信仰的对象而已。托克维尔（Tocqueville）质疑过"人能同时承受一种完全的宗教独立和一种完全的政治自由"的观点，并指出："如果一个人没有信仰，他应该去服务他人；如果他是自由的，那么但愿他去信仰[2]"。这一观点也完全适用于合同自由，如果没有对保证合约的第三人的共同信仰，合同自由是不可设想的。由此可知，在合同的法律构建中，这一第三人形象无处不在。

国家作为守护者这一第三人角色的无处不在，首先体现在对法律的参照上。在《法国民法典》第1134条[3]中，"法律"这个词至少出现了三次。法律具有任何合同的结构属性，超越

---

〔1〕 英文为：《*Why pay me if he doesn't believe in anything?*》. M. Weber, "*églises*" *et* "*sectes*" *en Amérique du Nord* 〔1906〕, trad. fr. J. -P. Grossein, in *L'éthique protestante...,* *op. cit.*, p. 260.

〔2〕 *De la démocratie en Amérique*, II, 29, cité par L. Dumont, *Homo hierarch*, *op. cit.*, p. 29.

〔3〕《民法典》第1134条：依法成立的契约，在缔结契约的当事人之间有相当于法律的效力。前项契约仅依得当事人相互同意或法律规定的原因而撤销。前项契约应以诚信履行之。根据最新的立法改革，该条已被重新编入《民法典》第1159条（译者加注）。

了当事人、物和时空。法律总是这位保证人的话语表达，不论涉及的是法国传统上的共和国，还是普通法系中的法官。国际法也认可这一结构性的要求：通过对国际合同适用法律的指定，国际法实施"合同由法律所调整[1]"的原则，因为，没有建立合同各方的法律人格并赋予其话语以约束力的法律，就没有也不可能有合同[2]。

158　　其次，这一守护者的无处不在，还表现在对合同义务的表述中"货币"这一参照物上。在一般经济学分析中，货币实际上并不会听任自己消失[3]。因为，为了完成财政资产或支付手段的功能，它必须建立一群相信其价值的合同当事人。再有，只需看看一美元，就知道货币的象征仍在指向宗教信仰。使这样一群对此信仰的人紧密连接在一起的东西，并不是作为成员的个人意愿。虽然当代有一些关于货币自我参照方面的幻想或想象，但是缺少守护其价值的第三人，就没有也不能有货

---

〔1〕　1980 年 6 月 19 日罗马公约第 3 条 § 1 关于合同义务的法律适用。

〔2〕　人们要小心不要涉入这种关于认为在国际私法上没有法律也会有合同的幻想引起的争辩。感兴趣的读者可以参阅下面文献获得有益的总结：P. Mayer, V. Heuzé, Droit international privé, Montchrestien, 7ème édi. 2001, N. 700 . 没有法律也有合同的想法的唯一可能性，是与国家订立的合同，而国家不是一般的合同当事人，与国家订立的合同在合同法上总是被认为是不合理的（见下文）。关于当今法律与合同之间的复杂关系，参见 Ph. Gérard, F. Ost, M. Van de Kerchove（dir.）, Droit négocié, Droit imposé?, Bruxelles, Publication des facultés universitaires Saint – Louis, Vol. 72, 1996.

〔3〕　"货币不是一种经济实体，即使在当今社会中，因为它是那种通过经济活动才能成为可构想的东西，因而它自身只能不是经济的。" M. Aglietta, A. Orièan（dir.）, La Monnaie, op. cit., p. 20. Add. G. Libchaber, La Monnaie en droit privé, LGDJ, 1992, et la bibliographie citée.

币[1]。这一第三人的角色，直到近年的欧洲，并在大部分其他国家中，都是由国家担任的。国家通过其中央银行成为货币关系定性定量的终极守护者。

通过垄断法律的颁行和对货币制造的垄断，现代国家已经成功地抢救了中世纪所构建的认知和规则中的基础内容。在国家的庇护下，中世纪普世守护者思想带来的历史活力得以继续发挥作用。国家通过把守护者的主要功能都集中在自己手中的方式，使得合同关系的抽象得以延伸和自我完善；缺少了这种抽象，人们就不会把社会关系置于利益的合理计算的保护之下。经济学方程式的数学符号就是这样接续了罗马法。为了计算的需要，人必须被理解为单纯的订立合约的粒子，抽象地（人的概念，不考虑身体上意外情况）、形式地被认为是等同的（平等原则的活力），甚至如同纯粹的虚构一样（如法人），我们对这些虚构赋予和自然人一样的法律存在。财产和服务，不论其用途多么相异，都应当被作为商品来对待，通过他们的货币价值，认定他们都是可比的，也同样自由地用于交换（由此而来的就是物化或财产化现象的活力——姓名、作品等——把物体具有的"物的灵"倒空了）。除非时间被技术进步所取消了，否则的话，时间就应是一种同质的、可计量的已知条件[2]，是以义务为尺度的、专有的、计时用的时间。空间，应当是一种不中断

---

[1] Cf. A. Orléan, 《La monnaie autoréférentielle: réflexious sur les évolutions monétaires contemporaines》, in M. Aglietta, A. Orléan（dir.）, *La Monnaie souveraine*, *op. cit.*, p. 359 sq.

[2] 参见本杰明·富兰克林（Benjamin Franklin）名言"时间就是金钱"，以及马克斯·韦伯在《基督教伦理和资本主义精神》中的评论，Max Weber in *L'Ethique protestante et l'esprit du capitalisme*, trad. fr., Plon, 1964, p. 46 sq.

的、清除了任何有碍于财物、人员与资本自由流动障碍的空间[1]。由此，合同就可以被想象成为一种独立于人与物多样性的抽象关系，同时赋予利益的计算以法律约束力。但是，所有这一切都只能在国家保障合同效力的前提下才能实现。要知道，国家同时还守护下列因素的资格性或资质性的界定：人（民事和职业身份）、物（国家可限制或禁止某些物的交易）、时间（国家可调整）和空间（国家可切割的领土）。

160　　如此以国家作为守护者的参照标准、并建立在计算之上的交易，总会碰到三类障碍。

　　第一，某些物抵制或拒绝成为商品。一方面，有些物保留着创造它的人的烙印。人的精神附于其作品之上，知识产权法——正如莫斯已观察到的[2]——激活了这样的想法，即作者的某些东西附在他创造的物上[3]。另一方面，有些物不能指向一个具体的人、很难被占为己有：例如，自然或文化资源，应当全部或部分的被置于商业之外，否则就会被商业利用所破坏（环境的保护、基因遗产的保护、文化因素上的例外等）[4]。

161　　第二，"人力资源"的商品化。原本属于实施劳动合同和建

---

[1]　H. Capitant, *La Relativité du contrat*, op. cit.

[2]　M. Mauss, 《Essai sur le don》, *op. cit.*, p. 260.

[3]　电脑制造商为了预防盗用而植入电脑软件中的病毒信息，就是一种高科技版本的恶意，会攻击不正当（甚至正当的）占有人。

[4]　为了保护它们不至于为私人完全占有，人们宣称它们属于人类共有的财产。这里，人们发挥利用了遗产这个概念的双重性，这个概念的好处在于，可以同时使我们处于交易/交换的横向系列和前后演变关系的纵向系列上，参见 voir A. Sériaux, 《Brèves notations civilistes sur le verbe avoir》, *Rev. trim. dr. civ.*, 1994, p. 801~813; F. Ost, La Nature hors la loi. *L'écologie à l'épreuve du droit*, La Découvuerte, 1995, p. 306 sq.

立劳动市场所固有的认知，开始反对或抵制奠定商品秩序的人物相分离的做法，由此而来的就是，在此领域，创设了一些概念，例如，就业、互助等。这些概念，实际上把合同与身份混合在一起，实际上赋予那些在合同出现之前、忽视人物区分的社会关系表现形式以新的活力。非常重视概念严谨性的德国法，由此推出一种三方性法律调整类别，即公法和私法之外的、混合了契约谈判和法律制定技术的社会法。而更看重双方关系调整的法国法律人则相反，他们很难承认这种混合的重要性，总是把它们融入法国的基础性法律概念之中。

第三，合约守护者功能的世俗化（即国家担当该角色）阻碍了合同的普世化。首先，我们失去了合同所扎根于之的规范空间的统一性。普世性守护者消失了，让位给地方性的守护者。不论这些国家层面的守护者们是如何主张他们的普遍性（尤其对于法国而言[1]），国家也只能在其本国领土的有限范围内保障当事人订立的协议。国际私法及其解决法律和管辖冲突的技术，就是在规范空间如此碎片化的基础上得到了繁荣发展。当然，人们为了使国际合同成为具备一些普遍实质规则的范本，也付出了很多努力。但是，这些都是通过个案的方式实现的，即以回归到有名合同的古老技术（如同当年在罗马，从买卖合同开始）为代价，因而，从国际层面上看，也是以失去中世纪的人艰难取得的概念的统一性为代价的。其次，参照标准的世俗化（即国家担当该角色）还有另一个不利之处：人们不再与

---

[1] 当年法国瓦尔密（Valmy）战士高喊的"国家万岁！"（Vive la Nation !），并不是指法兰西国家，而是指在共同利益基础上社会组建的普遍原则意义上的国家，参见 E. Hobsbawn, *Nations et nationalisms depuis* 1780, trad. fr., Gallimard, 1992, p. 32. 当法国宣布所建立的社会保障制度是一种"普遍"制度（universel）（特别针对已建立的全覆盖的医疗保险）的时候，其适用对象也还是限定为居民或侨民。

上帝立约〔1〕，国家既是合同的守护者又是合同的当事人，只是不同于其他的当事人，国家是不受平等原则限制的越界主体，这只能让合同法尴尬，并且，随着国家治理措施的合同化，这种尴尬越来越突出。那些法律性质不明、类型混杂、打着合同幌子的所谓合同数量繁多，它们是与合同法原则的普适性相抵触的。

162　　　经济学理论中的一些非主流学说的出现也说明了抽象和普世性的交易观念的不足是显而易见的。建立在理性主体通过计算来使效益最大化这种纯粹抽象之上，传统经济学（l'économie standard）（法与经济学运动即属于此种学说）只停留在合同一般理论的抽象部分，这一分析的有效性在当今受到了质疑。合约经济学（l'économie des conventions）〔2〕通过重新发现信仰、文化、劳动和具体产品在诠释人类物质生活上的位置，把具象的人为了采取行动而相互约定的方式，重新置于经济学分析的中心〔3〕。规制经济学（l'économie de la régulation）则指出机构在经济现象理解中的重要性和作用〔4〕。虽然这些学说都没有触

　　〔1〕　最多与它建立联盟——合同出现前的那种类型的关系，也可能胆大妄为地把它与协议相类比（见上文）。
　　〔2〕　A. Orléan（dir.），*Analyse économique des conventions*，PUF，1994；add. Les contributions réunies in《L'économie des conventions》，*Revue économique*，40（2），numéro spécial，mars 1989.
　　〔3〕　在传统经济学的分析中，人不采取行动（agir），而是作出某种反应（se comporter）；然而，现实中"具象的人并不是做出某种反应，而是带着头脑中的想法采取行动，即使这种想法和惯例不一致"（L. Dumont，*Homo hierarchicus*，op. cit. p. 19）。再行动，就是强调一个事实：即行为的目的可以在行动过程中形成，也就是打破了对那种总是提前知道他想要的东西的人的惯性思维。
　　〔4〕　Cf. R. Boyer，Y. Saillard（dir.），*La Théorie de la régulation：état des savoirs*，La Découverte，1995.

及第三人守护者的问题[1]，但是，这些研究对于法律分析还是富有启发性的，它们也极大地揭示了当代交易思想的演变，并让人们看到对影响合同所有参数的一种具象的回归。

由此，一些特别的法律（如劳动法、社会保障法、环境法、消费者法、公共服务法等）得到了发展，为所有那些超出个人利益计算范畴的主体赋予身份。合同法的所有分支也被要求服从适用于特别的物和特别的人的公共秩序规则。对于越来越不能认知合同化现象复杂性的合同法一般原理而言，这些特别法律起着支架的作用。但是，随着自由贸易活力的增强，以及边境为了资本、财物和服务自由流动的日益开放，这些支架都在丧失其功效，因为边境的开放使得国家被迫要么弱化这些特殊法律，要么使其变得"更灵活"。

合同关系的再封建寡头化

国家，昔日是交易的唯一守护者，如今则在国际舞台上扮演着阻碍交易者的形象。一旦涉及贸易规则的制定或货币的保护，就有新的机构与国家争夺守护者这一角色。那些被经济学信条确认了身份和使命的国际机构（国际贸易组织、经合组织、世界银行、欧洲银行、国际货币组织、布鲁塞尔欧盟委员会）已经取得了重要的物质性权力（如批准信贷）和非物质性权力

---

[1] 合约经济学在其研究中涉及机构问题，但是，它的目的是将其克减为一种合约的结果状态（R. Salais, E. Chatel, D. Rivaud-Danset, Institutions et conventions. La réflexivité de l'action économique, EHESS, 1998）。规制经济学在摆脱法律工具论上也没成功，它把法律构想为工具中的一种形式，在其所有研究成果中，都没有触及主体的机构（institution）问题。但是，我们不能责怪经济学家们没有触及这个问题，因为当今传统的法律分析对此也是不了解的。

（如宣传自由贸易的好处）。在这些机构的支持下，超越国界的订约自由得以向尊重国内法律的方向前进，而国家则被劝说要毁灭所有通过建立国家互助（公共服务、互助保险、公共救助）而对产品、服务和资本的自由贸易构成障碍的制度。负责"社会民生和人文的"一些机构（国际劳工组织、联合国教科文组织、国际健康组织等）则相反，既没有资金也没有共同信念可供分配或分享，一直朝弱化的方向修改自己的目标。昔日人们还谈论关于使所有人都能享受福利的话题，今日人们则退缩到那些最低的诉求上，即 19 世纪最早的社会慈善家们的主张：控制住流行性疾病、禁止强迫劳动、限制童工……[1]

165　　　合同超越国家界限的这一趋势，通过可能阻碍合同谈判这一关键的所有因素的衰退表现了出来，这些因素涉及对人、物和时间的定义。如此一来，需要国家支持的，同时把劳动的"经济的"和"社会的"层面汇合在一起的一些法律建设备受质疑。劳动法的去规制化与最低限额的劳动待遇的普及化，构成了硬币的两面，在这里，劳动作为与人相分离的物而出现，能自由地用于买和卖，同样在这里，人只有在有为了不被集体所忽视而进行呐喊的这一"需要"的时候才出现。这一过程中，在国际金融组织（世界银行、国际货币基金组织）的政策上，呈现得更为清晰：这些组织"一只手"以自由竞争的名义促进互助领域金融机构的发展；"另一只手"则以"人类发展"的名义资助反贫困计划。人们订立合同的标的物的范畴在不断扩大。在最新的关于知识产权的国际公约中，作者的精神性权利减少了；专利权延伸到活的机体，人体也以器官为份按块交由合同

---

〔1〕　参见国际劳工组织 1998 年《关于劳动的基本原则和基本权利宣言》。

法管辖[1]。随着私有化的进展，合同法以一个不再以国家为参照而是以市场上消费者权利为参照的名义，扩展到对公共物品和公共服务的管辖。最终，随着信息技术的变革，为了在考虑市场变化之下实现最佳交易，时间变成纯粹的计算单位、编程计算机的计算参数。交易的当事人无论在何时何地都可以在"现实时间"进行交易，也即在技术进步实现这种可能性之前，法律理论就已经在想象的某一"理性时刻"进行交易[2]。交易时间的去规制化（星期日休息和禁止夜间劳动被重新讨论和质疑），目的在于使时间的所有质的层面完全消失，从而给一种同质的持续时间让出位置。这种同质的持续时间不会给合同交易带来任何阻碍，并能使任何人在任何时刻都能成为生产者和消费者。

国家的衰退只能伴随着"合约守护者"这一第三人形象的 166
瓦解，由此而来的是负责合同领域秩序的各种独立权威机构如雨后春笋般出现——有地区性的机构（欧盟委员会），也有某一特定领域的机构（如资源、证券、交通、通信、视听、生物技术、计算机、食品安全、医院、药品等）[3]。这种现象远不是一种出于对人权和融合市场的尊重而形成的全球性法律统一规制的景象，也不是"世界化"幻想的实现，而是或隐约可见或清晰地呈现的一些"参照标准"的繁荣发展。在合同化的外衣

---

〔1〕 Cf. B. Edelman, *La Personne en danger*, *op. cit.*, p. 277 sq., et id.,《L'Homme dépossédé. Entre la science et le profit》, in M. FabreMagnan, Ph. Moullier, *La Génétique, science humaine*, *op. cit.*, p. 215 sq.; J.-R. Binet, *Droit et progrès scientifique. Science du droit, valeurs et biomédecine*, PUF, 2002.

〔2〕 Cf. F. Ost, *Le Temps du droit*, O. Jacob, 1999.

〔3〕 参见本书第五章。

之下，人们由此可以猜测到皮埃尔·勒让德关于社会联系再封建寡头化的所指了[1]。由计算而来的合理化的活力在动摇着国家自身，因为这种活力与国家所具有的地方特征和异质混杂的情况已经不相协调。但是，合同从公共监管中解放出来，则是深刻地改变了合同的面貌。实际上，只有当法律对人类生活不可计算的方面担当职责时，合同才能被设计为一种合理计算的工具、一种独立于合同当事人和合同标的物的抽象关系。可见，法律与合同是如此不可分离地联系在一起。在一个复杂化和国际化的世界中，法律与合同角色的分配也处于演变之中。

167　　　　一方面，为了应对那些不受纯粹计算逻辑影响的事物，法律和国家在不停地提出要求。例如，为了预防来自技术的、经济的"发展"的风险，和那些超越保险合同统计范畴的风险，人们转向了公共权力部门，期望它们提供帮助。这正是谨慎原则产生的原因[2]。而面对这样的需求，公共权力部门也只能是通过确认专家意见正当性的方式来实现目的；而这在机构层面上，就常常表现为一些独立的、国家的或国际性的权威机构的形式。

另一方面，不久以前还以法律方式处理的一些问题现在也以合同与谈判的方式处理了。为了给通过谈判方式所建立的规则让位，法律内容中已经不再包含实质性的规则了。这被称为

---

〔1〕　P. Legendre,《Remarques sur la reféodalisation de la France》, in *études offertes à Georges Dupuis*, LGDJ, 1997, p. 201 sq.

〔2〕　Cf. Ph. Kourilsky, G. Viney, *Le principe de précaution*, rapport au Premier ministre, O. Jacob/La Documentation française, 2000 K. Foucher, *Principe de précaution et risque sanitaire*, L'Harmattan, 2002; J. - P. Dupuy, *Pour un catastrophisme éclairé. Quand l'impossible est certain*, op. cit.

程序化（procéduralisation）的潮流[1]，把以前由国家规范的具体定性方面的问题都转移到了合同规范中。这种合同化导致根据合同标的而形成的合同制度的多样化，即"特殊合同"的大量出现，这实际上又把我们重新带回到罗马法的"有名合同"技术上来。合同化大大增加了利益冲突的可能性，由此，需要一种基于对具体情形下具体人的考虑的合同领域的职业道德。另外，合同化要求人们重新重视对时间的质的方面的评价，这就让一种特定联系的牢固性和持久性胜过了抽象义务的机械性运转。

最后，国家角色的衰退，不仅在向上层面上（即超国家）产生后果，通过确定国际层面规范空间的同质化表现出来，而且，也表现在向下层面（即国内），通过（再）地域化（re ter-ritorialisation）表现出来。从国际化商业合同角度看，应当把下面类型的合同都归入格式合同：以确立人的地域归属关系为目的或以此为结果的合同，以及推行分权制、领土规划政策、农业政策或就业政策方面的整套合同安排。然而，由此合同不再能被构想为一种抽象关系了：具有独立于当事人的身份，独立于物与服务、甚至是合同涉及的人的特殊性质。 168

在其标准形式下，合同约束平等的当事人，一般人们自由约定的都是双务合同。但是，现代各类形态的合同经常缺少其中一些特点，只剩下一个共同点，那就是只是作为产生义务的协议。首先，随着一类模仿集体合同的协议的出现，即不仅约束当事人、也约束当事人所代表的集体的这类协议，合同效力的相对性原则遭遇了失败：合同与条例杂交，并将效力延伸到 168

---

[1] Cf. M. Mekki, *L'Intérêt général et le contrat. Contribution à une étude de la hiérarchie des intérêts en droit privé*, LGDJ, 2004, préface de J. Ghestin.

由不确定数量的人组成的团体或集团。其次，就是平等原则也在衰退，尤其是在（公共的或私人的）机构的分权政策上，当合同的目标在于使当事方或其所代表的各方利益区分出上下级隶属时，或目标在于建立一些当事方对另一些当事方的控制权威时，抑或是为了落实在原则上不可协商的一些关乎集体利益的绝对必要事项时。从格式合同到框架合同，从社会保障协议到分包合同，这样的例子不胜枚举，公法上、社会法上、国际法上或商法上都有。最后，订立合同的自由，在每次法律强制使用合同方式的地方，也遭到了限制。通过各种保险义务的蓬勃发展，就可以窥见法定的订约义务的活跃程度，它加强了去规制化和公共服务的私有化运动：公共服务的使用者默默地变成了被迫的订约方，并看到从选择订约方义务开始的一些新的责任压在身上。

169　　总而言之，以上各种合同的形态使我们得以观察到一种新型合同的出现。它的首要目标不在于进行物的交换，也不在于巩固平等主体之间的联盟，而在于使权力的行使正当化。支撑西方近两个世纪以来的平等原则的活力所带来的影响就是，尽可能用合同代替权力的单方行使，用双边的代替单边的，用自律的代替他律的。因而，合同法通过侵入到他律范畴的方式，就已经在其中稳稳地占据了空间，并且正在使合同成为人与人之间约束的工具。然而，这种由平等原则支撑的合同法介入到权力行使的空间，正如路易·杜蒙所指出的那样，它只能是通过包容了其对立面的方式才能做到这一点：即不可避免地要对人与利益划分出等级。另外，在交易和联盟的范畴内，合同法又增加了一种忠顺（allégeance）关系：一方接受自己被置于另一方权力行使的范围内。实践中有两类合同表现出这种忠顺关系的形象：从属性合同与指挥性合同。

从属性合同（contrat de dépendance），本意就是指一方的活 170
动是服从于另一方利益的[1]。劳动合同就是最典型的一类。但
是，当年发明的这种表达方式——自由合意下的从属关系，已
经失去了效用，因为，从属关系已不再能满足那些抛弃了金字
塔式结构、转而采取网络式结构的组织的需要了[2]。网络，由
于带有封建寡头式风格（这容易使人联想到附庸关系），只做最
简单的服从命令的事。对于网络而言，它应当让人与人之间互
相约束，同时不剥夺其作为基本代价的自由和责任。我们可以
看到，一些新型的混杂的网络如雨后春笋般发展起来，使其成
员忠诚于他人的利益。这些混杂形式已经深深地根植于经济生
活（如分配、分包、农业融合等）中了，它们主导着公共或私
营领域的管理文化。它们把自由与服从结合在一起，把平等与
等级拼凑在一起，因而，它们走向与劳动法[3]、民事责任
法[4]相悖的方向，并打开了人对人行使权力采取前所未有形式
的通途[5]。

指挥性合同（contrat dirigé），本意不仅在于调整当事人自 171

〔1〕　G. Virassamy, *Les Contrats de dépendance*, LGDJ, 1986.

〔2〕　G. Teubner, 《The many-headed hydra: networks as higher-order collective actors》, in J. McCahery, S. Picciotto, C. Scott, *Corporate Control and Accountability*, *op. cit.*, p. 41 sq.; F. Ost, M. van de Kerchove, *De la pyramide au réseau?*, *op. cit.* 在法国，这一分析好像还集中在分配领域（L. Amiel-Cosme, *Les Réseaux de distribution*, LGDJ, 1995）。

〔3〕　A. Supiot (dir.), *Au-dela de l'emploi. Transformations du travail et devenir du droit du travail en Europe*, rapport pour la Commission européenne, Flammarion, 1999, spec. p. 25 sq.

〔4〕　C. Del Cont, *Propriété économique, dépendance et responsabilité*, L'Harmattan, 1997.

〔5〕　参见本书第五章。

己的利益，而且也要服务于集体利益的实现。这类合同的出现在 20 世纪 30 年代已被若斯朗（Josserand）关注，那时他针对公共秩序规则相较于某些合同（租赁、交通）的日益强势的地位就提出过警告[1]。这只是第一阶段的变迁。后来，这些合同还曾属于统制型经济金字塔式设计的一部分，该设计主张使合同服从于国家所确定的一般利益规则[2]。当今，合同技术的最新成果，则与这些指挥性合同相反，不仅授权实施集体利益，而且授权参与集体利益中最核心内容的确定。指挥性合同的这种方法已不再由国家垄断使用，而是已经以框架协议的方式延伸到了私营领域，这类框架协议确定进入其实施范围内的合同所要遵守的集体利益规则。欧盟社会法中引入的纲领合同、医药行业集体协议和旨在协助立法的集体协议都是这种新型合同化统制模式（dirigisme contractuel）的突出表现。这种合同化统制模式使数量庞大的公法上的及私法上的主体都参与到权力行使的实践中。当然，公共行为的合同化[3]只是权力出租（affermage du pouvoir）的最突出表现，这种权力出租似乎首先是在私营

---

〔1〕 L. Josserand,《Le contrat dirigé》, *Rec. hebdo. Dalloz*, 1933, n ° 32, chr. p. 89.

〔2〕 Cf. A. Rouast,《Le contrat dirigé》, *Mélanges juridique dédiés au prof Sugiyama*, Tokyo, Maison franco - Japonaise, Assoc. fr. Des juristes de langue française, . 1940, p. 317-327; R. Morel,《Le contrat imposé》, in *Le Droit français au milieu du XXIe siècle*, études offertes à *J. Georges Ripert*, LGDJ, 1960, t, II, p, 116.

〔3〕 Conseil d'état, . *L'Intérêt général*, rapport public. 1999, La Documentation française, Etudes et documents du Conseil d'Etat, n ° 50, 1999 p. 323 sq. ; voir déjà J. Caillosse,《Sur la progression en cours des techniques contractuelles d'administration》, in L. Cadiet (dir.), *Le Droit contemporain des contrats*, Economica, 1987, p. 89 sq. chr. A. Garbar,《Les conventions d'objectifs et de gestion, nouvel avatar du " contraetualisme" 》, Droit social, 1997, p. 816; Y. Fortin (dir.), *La Contractualisation dans le secteur public des pays industrialisés depuis* 1980, L'Harmattan, 1999; Association H. Capitant, *La Relativité du contrat, op. cit.*

企业中被发明和使用过的。

上述各种合同形态的共同特征在于，使主体（自然人或法 172
人；公法上的或私法上的）进入他人权力行使的范围内，同时
至少在形式上，又不损害自由和平等的原则。与这种*忠顺联系*
（des liens d'allégeance）的快速发展相伴而生的，就是对公法与
私法区分的破坏和合约守护者形象的碎片化（尤其是独立权威
机构的繁衍）。因而，应当摆脱"一切都合同化"的幻想。"社
会的合同化"远远不能代表合同对法律的征服，而是法律与合
同混杂的一些表现症状，也是编织社会联系的封建模式重新被
激活的表现。在此，合同与使其在西方法史中产生巨大影响的
东西再次衔接上：即合同具有的使所有权力连接在一起的能力。
马克·布洛赫（Marc Bloch）观察到，我们关于合同的观念要归
功于这种附庸和忠顺的形象，他还从中看到了在封建性上西方
社会与日本的最大不同。他用以下表述总结其关于封建社会的
代表作："西方社会封建性的独特之处就在于，将侧重点放在一
种能连接所有权力的合约的思想上。它确实给我们的文明传承
了我们当今仍想在生活中形影不离的一些东西[1]。"因而，关
注到这种封建寡头化并努力去掌控它，总比让步给"一切都合
同化"的幻想要强。

参照标准（Référence）的三种形象——国家、法律和货币， 173
其同一化仅仅是历史上的某一时刻，它们是有可能相互独立的。
只需看看美元就能知道，某些国家继续把上帝视为货币价值的
守护者，另一些国家则相反，取消了其货币主权，或是为了重

---

〔1〕 M. Bloch, *La Société féodale*, Albin Michel, 1re éd. 1939, rééd. 1994, p. 618~
619.

新接受一个强国的货币价值（向美元看齐）[1]，或是为了建立一种如欧元一样的"共同货币"。后来，一些新的机构出现了，在涉及制定交易规则和保护货币方面，它们与联合国争夺这一守护者的角色，欧盟竞争法和欧盟中央银行的出现就是这一现象的最直观表现。因而，合约守护者的结构性功能不是必不可分地与国家相连：这一功能产生在国家之前，且在国家之后还将会存在。但是，如果法律秩序（l'ordre juridique）的思想没有被废除，这一守护的功能就不可能空空地存在着，因为，没有说出的话语的守护者，就只能是强者说了算。这种秩序被破坏、强者掌权的思想，被理查德·瓦格纳（Richard Wagner）用歌剧《众神黄昏》的音乐表达了出来："沃旦（诸神之王）在其长枪上刻下了用于保护协约的文字，这个长枪代表着世界处在他的权威统治之下；但是，一位毫无畏惧的英雄出现了，一下子就砍断了他的长枪，就这样撕毁了保障着世界秩序的、不久前还是神圣的一系列规则[2]。"当今那些想着能够仅仅在个人效用计算之上建立世界新秩序的人们，都是这一超出常人的梦想的合格继承者，并且慢慢地把我们引向瓦格纳式的新的黄昏。

174　　　把任何规则都与效用计算相连接，就是既把它作为正当性的渊源又把它作为正当性的衡量，实际上就是引导人们认为：一个已经作出承诺的人，如果不守诺对他更有利，他就有权不遵守自己的诺言。这种效率性违约（efficient breach of contract）

---

[1]　在决定货币流通上，中世纪历史显示，与此相反方向的做法也是存在的，例如王室的制造和流通货币的权力可以特许让与给封建君主。参见 M. Weber, *Histoire économique. Esquisse d'une histoire universelle de l'économie et de la société* [1923], trad. fr., Gallimard, 1991, p. 270).

[2]　*Götterdàmmerung*, Prologue, trad. A. Pauphilet, in *La Trétralogie de Richard Wagner*, H. Piazza, 1938, p. 154.

的合同理论，用美国法官霍姆斯（Holmes）的表述——已被很多人诠释过，就意味着："遵守合同的义务是指，如果你不履行合同你就应当预想到支付损害赔偿金，此外没有别的了[1]。"合理分配市场资源的思想证明了这一理论的正当性。例如，我不把某物（如药品）交付给我承诺的一个人（如穷人），而是提供给对我更有利的第三人（如富人），这从经济角度看，可能是更有效率的，因为，第三人（富人）给我的价钱超过了药品最初的价格，并且也超出了向未买到药的人支付的损害赔偿金。这一理论也在法国的一些法律人中得到了响应，他们认为履行合同和承担违约责任没有区别。信任，作为不可计算的价值，在此什么都不算了。当这样的思想在世界上传播，并且作为范例提供给相对落后的国家时，确实值得我们忧虑了。因为，在世界上，如果人人都只是在觉得守诺对其更有利时才遵守其承诺，那么，这个世界就是一个话语一文不值的世界。建立在如此前提下，世界只能变得越来越暴力，越来越需要警察维持秩序。这样的社会，也就成了付出了昂贵代价的弱势人群不再信任政治承诺、不再认可法律价值的社会了。当人们处处竭力去毁掉**法**的建制性功能，并如此把那些人类社会所拥有的、可能为每个人的行动提供一种共同含义的参照物或参照标准都剥夺殆尽的时候，哀叹社会凝聚力的下降就只能是一种令人悲哀的虚伪做法而已。

---

[1] O. W Holmes,《The path of the law》, 10 *Harvard Law Review*, 457, 1897, 转引自对此理论给予详实清晰阐述的 M. Fabre-Magnan（*Les Obligations*, *op. cit.*）. 对此的批评，参见 D. Friedmann,《The efficient breach fallacy》, 18 *Journal of Legal Studies*, 1（1989）.

下卷
法律技术：诠释的资源

第四章

掌握技术：禁止的技术

如果同一个物体能被人们从不同的角度研究，肯定有一个角度比其他的更为基本，这个角度能提供该物体生产和加工的规则。对于一个制造物，显然，正是它的制作和被人使用的视角是最基本的；而且，如果技术应当是一种科学，正是因为它是作为人类活动的一种科学。

—— A. G. 奥德里库尔（A. G. Haudricourt）《技术，人文科学》（1964）

只需把法国当年存在的信息终端机（Minitel）[1] 与计算机 179 比较一下，就能揣摩出在某一特定时间，将技术性物体与法律文化结合在一起的那种深刻联系。在法国的信息终端机上，体现的是法国公共服务法的精神：一个金字塔式的和中央集中式的树状组织系统，以成本低廉和无条件使用的运行方式免费向公众开放，人们通过一个公法人的中介可以获得所需的文件和资料；而连接到互联网的计算机，体现的则是普通法的精神：一个边界不确定的、图形状的组织系统，因每个人经济技术和文化方面的资源和能力不同而形成不平等的使用，人们可以不经过任何一个中枢机构的中介而直接获得所需的文件和资料。

---

〔1〕 法国公共服务信息终端机（Minitel），存在于 1980 年至 2012 年间，外形和计算机一样，由一个屏幕和一个键盘构成，通常存在于单位、机构和一些公共场所，公众可以用它来查询公共信息（译者加注）。

这两类物体的对照，让人感到，在**法**与技术之间不存在单义的、决定论式的联系[1]。当然，技术的进步也带来**法**的转变：等到信息技术诞生了，人们才开始关心对信息技术和相关的自由问题进行立法。但是，在某一时间，技术变迁本身也依赖法律文化，因为西方制度是建立在规则的观念之上的，人们也认识到自然本身是服从规律的，而且，西方制度使对这些规律的科学发现成为技术的根基[2]。

180　　意识到**法**与技术同属一种文化、并且同步发展，可以避免陷入一种争论之中，这一争论通常主导着对统一二者的那些联系的思考。总体而言，这一争论与**法**的两个观念相对立：第一是超验的自然主义观念在**法**中看到普世永恒原则的体现；第二是实证的工具主义观念在**法**中看到一种无意义的纯粹中立的技术。对于一些人而言，问题在于使技术服从于**法**所揭示的重大原则；而对于另一些人而言，**法**可能就像手推车一样，不论是什么样的规范内容，它都能运输传送，以至于只要是技术上能实现的，它就应当在法律上被允许。

如果我们真想探究"技术"的真正含义，上述争论的虚空就显而易见了。技术性物体区别于自然物体，就在于它的含义是由制作它和使用它的人赋予的。一日，马格里特（Magritte）被问及他为什么雕琢石头，他回答说，石头对他而言是一种重要的存在，因为石头不会思考，而在人所制造的东西上，不论是一件家具或一栋房子上，总是体现着人的一些思想的[3]。对

〔1〕 Cf. A. Leroi-G ourhan, *Le Geste et la Parole*, *op. cit.*, t. I, *Technique et language*, p. 245 sq.; A. -G. Haudricourt, *La Technologie*, *science huamine*, *op. cit.*, p. 44 *sq.*

〔2〕 参见本书第二章。

〔3〕 R. Magritte, *écrits complets*, Flammarion, 2001, p. 627.

于奥德里库尔（Haudricourt）而言，一张桌子或一把椅子可以作为自然物体被人从不同角度进行研究：从数学角度研究（面积、体积）、从物理角度研究（重量、密度、抗压状况）、从化学角度研究（用于燃烧和分解的状况）或者从生物角度研究（树龄、树种）；但是，只有从人的制作和使用的角度研究，才能明白什么是一张桌子或一把椅子[1]。换言之，技术性物（体）的区别性标志存在于这样的事实中，即"工具本身没有价值——如同与主体或范畴有相同含义的构成要素本身一样，只有就预期结果而言，才是有价值的[2]。"如此，我们看到，技术性物（体）从设计它的人那里获得含义，因而，技术性物（体）不必是一个有形的物：既存在有形有体的技术[3]，也存在非物质的技术，计算机软件就是非物质技术的例子之一。

根据这一界定，**法**，属于技术的范畴是毫无疑问的。**法** 181甚至是信奉基督教的西方所独特具有的最早一批非物质技术的一种，因为，从 11 世纪起，基督教的西方就已经把从罗马法所继承的东西变为属于自己所有的了[4]。而早在古罗马时代，罗马法就可能已被洗去了其宗教起源的色彩[5]，在后来几个世纪

---

〔1〕 A. -G. Haudricourt, *La Technologie, science humaine*, op. cit., p. 37~38.

〔2〕 G. Bataille, *Théorie de la religion* [1948], Gallimard, 1973, p. 37. Comp. 海德格尔（Heidegger）关于通过技术来对自然进行查验的想法，参见其著作，*Essais et conférences*, Gallimard, 1958, rééd. 《Tel》, 1980, p. 26 *sq*.

〔3〕 参见 M. Mauss,《Les techniques du corps》[1934]，再刊于 *Sociologie et anthropologie*, op. cit., p. 366~383.

〔4〕 Cf. P. Legendre, *La Pénétration du droit romain dans le droit canonique classique*, op. cit.; H. J. Berman, *Law and Revolution*, op. cit., p. 85 *sq*.

〔5〕 Cf. P. Noailles, *Du droit sacré au droit civil*, op. cit.; A. Magdelain,《Le Ius archaïque》., op. cit. 埃利·富尔（Elie Faure）写道，罗马充满了行政和法律，真正的宗教精神几乎是完全缺席的（in *Découverte de l'archipel* [1932], Seuil, 1995, p. 210）。

的时光中能被回收利用，为西欧的技术腾飞提供了动力之
一[1]。在西方发展起来的**法**，与犹太人及穆斯林的律法不同，
并不表达一种强制适用于人类的超验真理。由此，就产生了诠
释西方的**法**与诠释旧约摩西五经[2]或伊斯兰教规[3]方法上的
差异。**法**的含义并不隐藏在其自身整体或其言词中，因为**法**的
含义来自人从外部赋予它的目的，是人的意图，而非神的旨意。
因而，**法**的解释不是封闭在该文本的文字中，而是向着文字设
定的精神实质开放的。由此可知，**法**具有服务于变化多样的目
的的能力：不论是在政治制度史上，还是在科学技术史上，都
有这种能力的体现；并且，**法**还具有作为多种技术中的一种参
与到技术进步之中的能力。

182　　但是，如同说一把铲子是工具不足以说明什么是一把铲子
一样，说**法**是一种技术也不足以说明它在整体技术中所处的地
位，我们还必须要界定它的特有功能。事实上，使每个技术性
物（体）区别于其他的物，在于构思它所要实现的特定目的。
一把铲子、一架飞机或者一台计算机，是由先于制造它们的精
神上的表象和它们所对应的思想图像所决定的[4]：能够挖土、

〔1〕　Cf. P. Legendre, *La* 901e *Conclusion*, *op. cit.*, p. 214 *sq.*

〔2〕　G. Abitbol, *Logique du droit talmudique*, éd. des sciences hébraïque 1993.

〔3〕　J. Berque, *Essai sur la méthode juridique maghrébine*, Rabat, M. Leforestier, 1944; L. Milliot, F. -P. Blanc, *Introduction à l'étude du droit musulman*, Sirey, 2e éd., 1987; J. Schacht, *An Introduction to Islamic Law*, Oxford, Oxford University Press, 1964, trad. fr. *Introduction au droit musulman*, Maisonneuve et Larose, 1983.

〔4〕　关于按照人的形象设计机器人主题，参见魔像或泥人（Golem）的传说（机器人奴隶反过来反抗它的设计者）和诺伯特·维纳（Norbert Wiener）的诠释：*God & Golem inc. Sur quelque points de collision entre cybernétique et religion*, Cambridge, Mass, MIT Press, 1964, trad. fr. Nimes, Ed. De l'éclat, 2000.

在空中飞翔、处理信息。当然，我也可以用铲子打死老鼠，也可以用飞机当炮弹，或者把我的电脑视为一件现代艺术品，但是，我这样做只能是破坏了这些物，并且使它们失去了原物功能而变成了另一种物（如切割的物、爆炸的物、装饰的物等）。那么，在技术范畴内，**法**的特有功能是什么呢？

伴随工业革命史的劳动法史，可以提供有关这个问题答案 183 的一些想法。关于法与技术的关系问题，恰恰是在劳动法上，最早、而且是过早地被明确提出来过，远远早于民法上对生物技术的讨论。这段历史的展开分为三个阶段：第一阶段，法国资产阶级革命为市场经济和工业革命奠定了法律根基，这场革命通过强制推行与封建联系彻底决裂的所有权观念，以及把劳务租赁合同从行会联系中解放出来的方式，实现了机器大生产前所未有的加速发展。第二阶段，正如卡尔·马克思（K. Marx）所分析的那样[1]，机器大生产使劳动条件变得危险和不人道，通过降低对体力的需求，使得机器对妇女和儿童的剥削成为可能。蒸汽动力无视人的疲劳和昼夜交替，使得工作日无限延长；工厂，拥有一支产业大军，最早就是建立在军队模式之上的，有干部、有队伍、有营房式的纪律。第三阶段，在所有工业化国家，劳动法的发展是用来限制人类被新的工具所奴役。劳动法，通过保护劳动者身体、限制劳动时间、引入工伤责任和最重要的——认可劳资团体的集体自由，为工业化机器大生产减轻了导致死亡、剥夺自由等这些被控告的罪名，并且以成为机器大生产的"福利"工具的方式而为它做出了贡献。

这段历史表明，如果对**法**是众多技术中的一种的认识是真 184

---

〔1〕 参见《资本论》第一卷第十五章关于机械化和机器大工业的介绍（K. Marx, *Oeuvres. Economie*, Gallimard,《Bibliothèque de la Pléiade》, 1965, t. I, p. 913 *sq.*）。

的，那么，**法**，不是一种和其他技术一样的技术。**法**，使得工业化机器生产对于人而言是可以忍受的，并使得人利用新技术而同时又不被它们所摧毁。**法**，介入人类和机器之间，服务了人类，保护了人类远离一种由机械力量所产生的至高能力的幻觉。**法**，作为介入人类与其表象之间——不论是精神表象（话语）或物质表象——的工具，就是如此承担着介入和禁止的教义功能。这一功能赋予它在技术范畴中一个独特的地位：使技术人性化的一种技术。

184　　当今，"信息化和通信领域新技术"所提出的问题表明，当人们从一种技术过渡到另一种技术时，**法**的这一人类学功能并未消失。研究这些问题，可以让我们理解技术与**法**之间没有中断的那些联系。这些联系，既不可简单归纳为从特征上看总是滞后于技术进步的**法**的简单适应，也不可简单认为是技术进步对永恒的法律原则的服从。**法**，作为一种技术，从一开始就参与了信息化与通信的孕育和产生过程。然而，我们看到，当今**法**的内容的演变是为了使这些技术的使用纯粹服从于人类的价值。这样看来，劳动法就是观察**法**与技术之间关系的优势领域。人们在这个领域所得到的观察结论，具有理清其他法律部门存在的本质问题的作用，这些存在于其他法律部门的本质问题，面临着重大的技术风险，特别是，我们在下文将看到，生物技术在亲子关系领域的应用所带来的各种问题。

法，参与技术进步

185　　在短短的时间内，信息化已经在我们的生活和工作中占据了重要位置，已经使我们习惯于把社会构想为一个通信系统。然而，这一观念是来自一些科学范式在更为广泛的层面上的更新，这种更新也影响了物理学、生物学或人类学的研究。事实上，发明原子弹和发明计算机的人是同一类人，而且，这种开放通信和交换（交易）的社会构想，是为了回应唯科学主义的派生思潮所引起的恐慌——导致基于种族、阶层或基因的所谓身份歧视[1]，设计了向通信、向各种交易或交换完全敞开大门的一种社会的规划。实际上，信息化和通信技术发展的起源，是基于一个想法，即对人的界定不应根据其内在身份，而应根据他与环境之间编织起来的整体联系。由此，先是有了计算机的发明，计算机的发明并不是来自对物质—硬件—控制的进步，而是来自从人脑向有逻辑组织的、有普遍性的机器的扩展，那时人们认为人脑大体上以二进位模式运转[2]。接下来产生的就是控制论：作为通信的一般性科学，控制论不仅涉及所有的人，而且还包括机器和动物[3]。

从这一角度看，建立和管理社会不再是一个育人或立人的 186

---

[1] Cf. Ph. Breton, *L'Utopie de la communication*, La Découverte, 1992; 关于相关派生思潮的内容，参见本书第二章。

[2] 这种把人脑克减地理解为二进位的逻辑，来自现代科学从理论上看所具有的哲学特征，即把逻辑看成既是规范的技术（technique），又是规范的一种普世的学理（doctrine）。Cf. Ph. Breton, *Une historie de l'informatique*, La Découverte, 1987, rééd. Seuil, 1990, p. 90.（cf. E. Husserl, *La Crise des sciences européennes et la phénoménologie transcendantale*, *op. cit.*, p. 106 sq.）

[3] N. Wiener, *The Human Use of Human Beings*（*Cybernetics and Society*）, Boston, Houghton Mifflin, 1950, trad. fr. *Cybernétique et société*, UGE - Ed. Des Deux Rives, 1962. 对此理论的批评，参见 Ph. Breton, *L'Utopie de la communication*, *op. cit.*, p. 124 sq.; L. Sfez, *Critique de la communication*, Seuil, 1988; P. Thuillier, *La Grande Implosion*, *op. cit.*, p. 363 sq.; C. Lafontaine, *L'Empire cybernétique. Des machines à penser à la pensée machine*, Seuil, 2004.

问题[1]，即给每个人分配一个明确而稳定的位分或位置，而且该位分或位置能赋予他行动并与他人建立联系的能力。其实，给每个人在社会中分配一个确定的位分或位置，意味着有一位能解决重围的救星（deux ex machina）（上帝、苍天、国家、共和国、工人阶级……），每个人的生命都是以这个救星为参照而存在的。然而，在把世界看成纯粹有形的情况下，根本没有这种超越个人时空经验的超验人物存在的空间。如此一来，人类制度应给灵活的通信系统留下空间，这些通信系统让人们可以相互反馈，并且能在自我调整的网状整体结构中互相调整对方的行为。由此带来的问题，就不再是育人或立人的问题了，而是人们之间相互再联系的问题；不再是命令的问题了，而是人们之间通信的问题；不再是颁行和服从规则的问题了，而是人们之间协调的问题。如此一来人们希望建设一个这样的世界：人类和社会对于他们自己而言可能是透明的，并且摆脱了形而上学的那些最后污点。

187   这些想法在法律层面上的实施远远早于计算机在企业中的普及，并且，劳动法是与信息通信这些新技术同步变迁的，它为这些技术做了准备并伴随了它们的传播。法律技术就是如此参与我们的思考和行动模式中的网络思想和调节思想的普及。

---

〔1〕 关于"育人或立人"（vita m instituere）在法律思想中的演变，参见 R. Legendre，*Sur la question dogmatique en Occident*，*op. cit.* , p. 106 sq.

从组织体到网络

工业时代的劳动法是围绕着三大制度性形象（trois figures institutionelles majeures）发展起来的，与这三种形象对应的是三个基础观念：立法者的形象与福利国家的观念、雇主的形象与企业的观念、雇员的形象与岗位的观念。我们所观察到的法律思想中这三类范畴的薄弱，如同新技术一样，是符合"信息与通信社会"的逻辑的。对于**法**，要知道，现在是网络时代了[1]，即进入多种新结构的时代了，其中每个组成成分都同时既是自主的又是与其他成分相联系的。要了解这一点，只需比照一下任何一个电脑使用者都熟悉的三种符号——"html" "www"和"个人电脑（PC）"背后所隐藏的三种观念即可。

"html"（超文本标记语言）符号，标志着信息化给我们与文本的关系带来的分离。"超文本标记语言"意味着一种普遍性文本：信息化把不同类型的文本都统一了，并且，它通过其物质载体的多样化，取消了自印刷术发明以来的世界书面语言里载体的等级（如书、杂志、报纸、短文、海报、书信等）。"超文本标记语言"也意味着文本之间存在着潜在联系：信息化使得数量不确定和外延不确定的、流动中的文本得以连接起来。利用超文本，一个文本通过获得第三维的方式，得以被引入到一个文本的海洋中：流动的、没有结构的；既通向航行方向，又

---

〔1〕 关于网络的法律分析，参见 G. Teubner, *Droit réflexivité. L'autoréférence en droit et dans l'organisation*, *op. cit.*, F. Ost, M. van de Kerchove, *De la pyramide au réseau?*, *op. cit.*

通向无底之渊[1]。

法，也是属于文本一类。实际上，超文本的逻辑在 20 世纪 70 年代末信息化发展之前，就已经让人感受到了它的影响。法律文本之间的区分和等级，就曾经被欧盟法的指令这一"超文本"打乱。指令（directive）作为欧盟成员国的共同文本"格式"，是可能会被植入到数量不定的国家立法之中（随着不断有新国家加入欧盟），然而，我们知道，指令并不是直接在成员国适用，而是需要被转化到成员国国内法的不同形式中（法律或集体合同）；这些国内法的内容要根据欧盟法确定，然而，其约束力却是来自该成员国（对于法律而言）或该国的社会伙伴[2]（对于集体合同而言）[3]。自从签订根据《马斯特里赫特条约》制定的社会协定以来，社会法领域的"纯文本化"得到了加强，该协定使得一些约束力来自欧盟，而含义来自社会伙伴的预先性协议的指令得以出现[4]。如此一来，法律文本的分类标准变得模糊不清了，本来在成员国国内法中，一个法律文本（法律、

---

[1] R. Chartier, *Le Livre en révolution. Entretiens avec Jean Lebrun*, Textuel, 1997; J. -Y. Mollier (dir.), *Où va le livre?*, La Dispute, 2000; J. D. Bolter, *Writing Space. The Computer*, *Hypertext*, *and the History of Writing*, Hillsdale, New Jersey, Lawrence Eribaum Associate 1991; Ilana Snyder, Hypertext: *The Electronic Labyrinth*, Melbourne, New York, Melbourne University Press, 1996.

[2] 在欧洲，社会伙伴是指劳方团体即工会和资方团体即雇主组织（译者加注）。

[3] 欧盟指令在结果实现上对成员国有约束力，在实现的形式和手段上授予成员国机构自主决定的权力［《欧盟条约》第 249 条（以前的 189 条），《欧盟条约》第 137 条（以前的第 118 条）］要求成员国应社会伙伴要求、授权社会伙伴实施社会法领域的指令。

[4] Traité CE, art. 138 et 139 (ex-118 A et B). Voir P. Rodière, *Droit social de l'Union européenne*, LGDJ, 1998, n°75 sq., p. 72 sq. B. Teyssié, *Droit européen du travail*, Litec, 2001, n°120 sq., p. 49 sq.

条例、集体合同）的约束力，完全可以根据发布它的权力机构（议会、政府、社会伙伴）和它在法律渊源中的位置来确定。而在欧盟法中，法律不再是像它在成员国中那样是具有主权性和不可争辩的法律文本了：根据欧盟法院的判例，成员国国内法官可以决定，指令的规定优先于那些尚未转化指令或很糟糕地转化了指令的国内立法的规定[1]。此外，人们还可以针对赋予社会伙伴签署的集体协议以约束力的欧盟理事会的"决定"提出诉讼，质疑该协议的内容和谈判模式[2]。

在一些国家的国内法中，也能观察到同样的现象：随着一 189
些直接把谈判的内容上升为法律，或者立法所要求的集体谈判的明显增多，又或为弥补小企业缺乏集体谈判而设计的缓解办法的出现，法律、集体合同和个人劳动合同这些不同类别文本的区分，也已经变得模糊起来了。在新旧世纪交替之时，失业保险的改革[3]，或工作时间减为每周 35 小时的改革[4]（发生在法国），都表明了这些法律文本的新"次序"，它不断地把立法

---

〔1〕 CJCE, 20 sept. 1998, aff. 190/87（Moormann）, Rec. p. 4689. 欧盟法院这个案例仅限于承认指令的纵向直接效力，但是，有的成员国国内法官，受到一部分学术观点的支持，也承认指令的横向直接效力。例如，在法国没有转换欧盟关于职业平等的指令（76/207CEE）的背景下，法国法官也拒绝适用法国关于禁止妇女做夜工的本国法律。（Cons. prud. Laval, 5 nov. 1998, *Droit social*, 1999, 133, ss. Obs. Critiques J. -Ph. Lhernould; H. Masse-Dessen, M. -A Moreau, 《*A propos du travail de nuit des femmes: nouvelle contribution sur l'application des directives communautaires*》, *droit social*, 1999, p. 391）。

〔2〕 例如，因为集体协议签字方不具有代表性的案例：TPI, 17 juin 1998, aff. T-135/96（CGPME）, *Droit social*, 1990, 60, ss obs. M. -A. Moreau.

〔3〕 关于这一改革，参见本书第五章。

〔4〕 参见宪法委员会 2000 年 1 月 13 日决定（décision 99-423 DC），该决定认为，一部法律的规定，没有足够的普遍利益方面的理由而否定之前订立的集体合同的内容，是违宪的。参见 X. Prétot,《*Le Conseil constitutionnel et les trente-cinq heures*》, *Droit social*, 2000, 257.

的和集体合同的、条例的和个人合同的不同归属登记册混合起来，既不再考虑根据它们各自法律性质的外在标准在它们之间建立等级的可能性，也不再考虑根据以它们中哪个对雇员更有利为标准在它们之间建立等级的可能性[1]。总之，属于公共范畴活动的这种合同化带来的是它所采用的这些不同类型文本（法律、条例、集体合同、劳动合同）的层层叠叠和混杂现象，界定和划分出它们之间的等级也越来越难了[2]。

190　　"www"（万维网）符号，标志着信息史上的一个突破。直到19世纪70年代末，信息领域还是由大型机器主导的（IBM），通过终端与用户相连。"连接到"计算机的劳动者那时只是连接到唯一一台计算机上，并且他只能根据程序，即这台计算机主人所集中设定的程序和限制，使用其中的部分资源。那时的最佳状态是，其终端可以让它与内网中连接到同一台计算机的其他终端进行沟通。这样一种结构实际上对应着一种企业范式，而劳动法恰恰是建立在这一范式之上的：一个封闭金字塔式的组织范式，其底端（人员）是组成稳定的、具有同质地位的一个集体，处于顶端的自然是雇主，员工集体则是通过不同方式和机构，在雇主那里被代表，雇主对于员工、股东和第三人而言，都是企业运行的唯一负责人。

191　　在信息领域，这种封闭金字塔式的模式在大学层面被讨论和质疑，是在20世纪80年代，随着一些研究中心之间的网络连接开始的。而一种新模式全面推行开来，则要等到90年代中

---

　　[1]　Cf. F. Bocquillon, 《Que reste-t-il du "principle de faveur"?》, *Droit social*, 2001, 255; comp. A. Jeanmmaud, 《Le principe de faveur. Enquête sur une règle émergente》, *Droit social*, 1999, 119.

　　[2]　参见本书第三章。

期，即在全球层面上把各类级别的计算机都连在一起的网络通信模式。在这种新模式之下，竞争不再是关于计算机的物质生产了，也不再是关于知识产权方面的了：主宰市场的关键不再是掌控计算机，而在于掌握通信规范[1]。这也就是微软公司利用它的"开发系统"发财致富的原因所在了。

在法国劳动法领域，在20世纪70年代，伴随着企业核心的碎片化（关于临时代理、经济社会单位与公司集团的法律）和雇主身份问题的关注度上升，人们已经察觉到了同类性质的变动。但是，随着以网络化形式呈现的企业模式之普及，以及它引起的一系列法律困境的日益严峻（如雇员在公司集团中的代表问题[2]、企业搬迁[3]和岗位的外包[4]、代工厂[5]和企业的边界问题[6]等），那时还只是一些偶尔被讨论的问题，当今已经成为劳动法的中心问题了。当今，某些企业领导公开谈论的幻想，就是拥有一个没有工厂的工业企业，只要有一些知识产权就好了。这些知识产权的符号（如商标、标准、专利等）

---

[1]　Cf. M. Borrus, J. Zysman, 《Globalization with borders: the rise of wintelism as the future of global competition》, *Industry and Innovation*, vol. 4, 2, déc. 1997.

[2]　Cf. la thèse, soutenue en 1978, d'I. Vacarie, *L'Employeur*, Sirey, 1979.

[3]　Cour de cassation, Chambre sociale (dorénavant: Soc.), 5 avr. 1995, *Droit social*. 1995, 489, ss. obs. Ph. Waquet; G. Lyon-Caen, 《Sur le transfert d'emploi dans les groupes multinationaux》, *Droit social*, 1995, p. 489; M.-A. Moreau, 《La délocalisation des entreprises à l'étranger》, in *Droit fondamentaux des salariés face aux intéréts de l'entreprise*, Aix-Marseille, P. I. Aix-Marseille, 1994, 1.

[4]　Cf. G. Couturier, 《L'article L. 122-12 du Code du travail et les pratiques d'"externalisation"》(les arrets *Perrier Vittel France du* 18 *juillet* 2000), *Droit social*, 2000, p. 845.

[5]　M.-L. Morin, 《Sous-traitance et relations salariales. Aspects de droit du travail》, *Travail & Emploi*, 60, 1994, p. 23 sq.

[6]　Cf F. Gaudu, M.-L. Morin, A. Caeuret, J. Savatier, P. Rémy, 《Les frontières de l'entreprise》, *Droit social*, numéro spécial, mai 2001, p. 471~513.

免去了必须生产产品和雇佣员工的麻烦。可见，这两种变化相互支撑：信息网络的完善促进企业的网络化存在[1]，网络化存在的企业反过来又推动信息技术的完善。

192 　　再来看看个人计算机（PC）。个人计算机是指小型的计算机，它标志着人类和劳动工具之间的关系的深刻转变。任何工具，都是在其上铭刻和发挥着作为生物的人类之才能或能力[2]的物体。从免除当时人类使用指甲和牙齿之苦的第一块打磨的石头，到免除人类使用肌肉之苦的风车，再到蒸汽机，人类就是如此地外化和强化了其身体能力。各种文字书写技术的发明，以及后来药典和印刷术的发明，都解决了人类仅依靠自身记忆的困难，使得人类可以把思想记录在文本上。在技术史上，计算机的新意在于，使人类处理信息的智力能力得以外在化地进行。但是，早期的巨型计算机还都是集体性的工具，是为了满足一个组织的各种需要，以类似生产高炉或机车的方式制造的。随着个人电脑的发明，信息工具变成个人性的物品，比其他任何工具都更加个人化了，因为里面的内容和组织会带有使用人的智力或精神上的烙印[3]。工具，曾经是集体性的，现在成为

---

〔1〕　Cf. , du point de vue du travail, S. Darmaisin,《L'ordinateur, l'employeur et le salarié》, *Droit social*, 2000, p. 580; et, J. - M. Chevalier, I. Ekeland, M. - A. Frison - Roche, M. Kalika, *Internet et nos fondamentaux*, PUF, 2000.

〔2〕　Cf. A. Leroi-Gourhan, *Le Geste et la Parole*, *op. cit.*, t. II, p. 35 sq.

〔3〕　与个人电脑最相像的日常物品就是鞋子，新鞋可以装下同样尺码的任何人的脚，但是，一旦穿过了的鞋子，就只适合唯一的一双脚了。形体人类学难道不是在让我们知道，人类应当把大脑的发展归功于脚的预先改变吗？参见 A. Leroi-Gourhan, Le Geste et le Parole, op. cit. , t. I, p. 90 sp. 个人电脑和鞋子的区别就在于，鞋子丢了并不是不可修复的，可是，没有备份的计算机丢了，就彻底地让其主人丢掉了一部分记忆。

个人性的；劳动者的地位曾是从属关系下的，现在是自主的了。然而，现在"PC"符号新的含义和过去的含义（PC 法文简称是指共产党）一样，都应当让人憧憬美好的未来。诚然，一方面，个人电脑使得个人的智力、能力得以外在化和增强，解放了电脑的使用者；但是另一方面，它也使人要服从于一个没有面庞的软件设计者的权威，并使人面临新的风险（如"置入"间谍、健忘症、盗用、病毒传染等）。

早在个人电脑普及之前，在法国，劳动者职业地位也曾发 193生过同类的变迁：是雇员还是自由职业者，如同一个人是电脑使用者抑或不是电脑使用者一样的变化。在 20 世纪 60 年代的农业领域，人的自主独立劳动开始被纳入农产品加工公司控制的网络模式之中[1]。从 70 年代中期开始，劳动法开始经历劳动关系个人化的历程。随着兼具依赖性与稳定性的典型工作岗位的削减，薪金雇员的工作变得多样化了；个人劳动合同重新变得重要了，个人与自由职业者的边界、私生活和职业生活的边界都变得模糊不清了。从属关系以新的面貌出现，企业雇主的经济权威则不再独立存在，而是融入企业网络的网状结构之中。工时缩短与工作强度的增加并行[2]。在此，我们又看到，**法与技术的并行**：在雇佣领域，没有个人电脑或手机的帮助，处于从属关系中的劳动者的劳动自主性就不可能有所拓展，因为个人电脑或手机使得劳动者无论在何时何处都可以工作和被雇主

---

〔1〕 J. Danet，《Droit et disciplines de production et de commercialisation en agriculture》，thèse，Paris-I，1982；L. Lorvellec，《L'agriculteur sous contrat》，in *Le travail en perspectives*，ouvrage coll.，LGDJ，1998，p. 179 sq.

〔2〕 马克思在评价早期限制工时的立法时，就已经关注到工时缩短与劳动强度增加之间的关系，参见 *Le Capital*，op. cit.，p. 949 sq.

监控[1]。而相对应地，新的劳动组织形式又是信息化发展的一个强劲动力，企业在采购物资设备上可以慷慨挥霍巨额预算，而设备供应商则努力使其成为过时的产品[2]。

194   网络，对于社会学者、经济学者和计算机人员而言，是一种非常现代的事物[3]，然而相反地，对于法律人而言，它则令人想起历史上的封建性结构，特别是那种附庸关系，把一个自由人置于服务一个或多个封建君主的奴役关系之中，而这正是那些以新劳动组织形式出现的企业所要找寻的东西。企业家们不再满足于雇员对企业的从属关系，不再只想要服从纪律的劳动者了。对产品质量和减少成本的要求，引导他们去期待劳动者如同独立责任人那样行动。相反地，在企业之间的关系上，相互的依赖性却大大地增加了。专注于自己主营业务的企业，必须严密地监控其供货商或代工厂提供服务的准时性，因为其产品的质量好坏依赖于这些供货商或代工厂的工作质量。

从调整到调节

195   信息与通信的理论，因为是建立在除了将自我呈现出来让大家看到之外，不存在别的可触知的现实的一种思想之上，因

---

[1] Cf. J. -E. Ray,《Nouvelles technologies et nouvelles formes de subordination》, *Droit social*, 1992, p. 525.

[2] 也许这是著名的索罗（Solow）悖论的一种解释，根据这一悖论，计算机到处都是可见的，唯独不在企业的劳动生产率曲线上（cf. Th. K. Landauer, *The Trouble with Computers. Usefulness, Usability, and Productivity*, Cambridge, Mass, MIT Press, 1995）。

[3] Cf. M. Castells, *La Société en réseaux*, *op. cit.*

而，它对人类的理解，也只能通过人与环境交流的方式，以及人对其所接收到的符号的反应方式来进行[1]。根据通信领域理论家［人类学家贝特森（Bateson）、社会学家戈夫曼（Goffman）和心理学家瓦兹拉威克（Watzlawick）］的主张，人不是在（自发、自主地）行动，而是在作出反应，而且他不是针对一个行动作回应，而是针对一个回应作出相应的回应，正是这一连串的回应构成了社会联系（由此 feedback 即"回馈"或"回应"这个词有了相当的热度）。噢，难道人真没有什么要说的、也没有什么要知道的吗？否则，人的存在本身会因为拥有各种通信而更加丰富了[2]。从这种行为举止角度看，"在努力通过回馈中介来控制熵方面，最新通信机器的运转，与活生生的人的身体的运转完全相同[3]"。这就是把人、动物与机器汇合在一起的"调节理论"（la théorie de régulation）的出发点，这一调节也将同时推动机器和**法**的进步[4]。因而，以下发现并不令人感到意外：当代的**法**已经不仅与通信技术的进步相协调，而且完全地参与到"信息与通信社会"的到来之中了。这可以通过三个方面的推广表现出来：信息、程序和谈判。

---

　　〔1〕　Cf. G. Bateson et al., *La Nouvelle Communication*, textes réunis et présentés par Y. Winkin, Seuil, 1981.

　　〔2〕　Cf. Ph. Breton, *L'Utopie de la communication*, *op. cit.*, p. 54 sq.

　　〔3〕　N. wiener, *Cybernétique et société*, *op. cit*, p. 31. 熵（entropie，来自希腊文 entropê，演变的理由），来自热动力学上的概念，指任何一个协调的系统都具有的一种分散的自动趋势，当分散是完全的时候，熵就是最大化的。关于科学发现的模式，圣经的古老揭示就已经指出，"一切都归于一处，都是出于尘土，也都归于尘土"（圣经《传道书》第三章第 20 节）。

　　〔4〕　N. wiener, *Cybernétique et société*, *op. cit.*, chap. Vi, 《Loi et communication》, p. 129 sq.

196   信息的推广是一种普遍的法律现象，表现为两种方式。一种是越来越多地要求提供信息和履行"透明"义务，这影响着此后所有的合同，并改变了很多社会关系的传统观念（医生/病人、服务商/客户、股东/企业等）[1]。另一种方式就是信息的财产化，信息越来越被视为可据为己有的非物质财产[2]。正是这一法律界定，使得一些跨国公司通过支配信息工具（弊大于利）"所有者格式"的应用来操纵技术规范成为可能。而被大部分法律人积极支持的信息财产化，在早期创立信息与通信社会的理论家们看来，则是为了恰好相反的目的。他们极力主张信息的自由流动，并强调信息被私人占有的灾难性后果[3]。半个世纪以来，劳动法领域也受到了信息法越来越多的影响，已经在朝着更加符合通信理论的基础原理方向演变。然而，在劳动法领域，并不是在促进信息的据为己有，而是在强制分享信息，强迫雇主公开或告知雇员或雇员代表关于企业运转的信息[4]，尤其是影响具体岗位的一些信息。法国劳动法这种要求企业给雇员分享信息的做法，比起民法领域，更容易让人们看到信息

---

〔1〕 Cf. Y. Loussouarn, P. Lagarde (dir.). *L'Information en droit privé*, LGDJ, 1978; CURAPP, *Information et transparence administratives*, PUF, 1988; M. Fabre-Magnan, *De l'obligation d'information dans les contrats*, *op. cit.*

〔2〕 Cf. R. Catala, 《ébauche d'une théorie juridique de l'information》, *Rec. Dalloz* 1984, p. 975;《La "propriété" de l'information》. In *Mélanges Pierre Raynaud*, Dalloz-Sirey, 1985, p. 97-112 textes repris in *Le Droit d l'épreuve du numérique*, PUF, 1998, p. 224 sq. M. -A. Frison-Roche, 《Le droit d'accès à l'information, ou le nouvel équilibre de la propriété》, in *Le Droit privé à la fin du XXe siècle. Etudes offertes à Pierre Catala*, Litec, 2001, p. 759 sq.

〔3〕 Cf. N. Wiener, *Cybernétique et société*, *op. cit.* , p. 139 sq. ; Ph. Breton, *L'Utopie de la communication*, *op. cit.* , p. 126 sq.

〔4〕 关于奥胡（Auroux）法的影响，参见博士论文 R. Vatinet, *Les Attributions économiques du comité d'entreprise*, Sirey, 1983.

与通信社会的创立者们的想法多少有些天真[1]。在信息与通信技术领域，信息和知识的概念是最容易混淆的。劳动法则相反地表明，为了劳资和谐相处，只交流信息是不够的，为了劳资相互认识对方，劳方仅被被告知信息也是不够的。因而，我们很快领会到有必要把信息、培训和鉴定连接起来[2]，于是，劳资在信息上的权利和义务，与培训、建议雇员和可求助于专家方面的权利与义务同步设立[3]。这种在培训与信息之间的必要联系，使我们回归到人之内在和为人的职业身份，并表明我们不能将人克减为可交流的微粒的状态。

　　法的程序化现象是所有法律人都认可的，尽管他们以不同 198的方式认可和解释它。程序概念在计算机的发明上起到过决定性作用。对于计算机的发明人约翰·冯·诺依曼（John von Neamann）而言，其发明的基础想法是把计算以算法形式按序排列的可能性延伸到机器上，即把所有计算的问题转换为一种明确保存在机器里的指令规则。因而，计算机语言是根据程序（programme）的隐喻发展起来（这一隐喻也扩散到管理和基因领域[4]）的，如同一个能够处理任何内容的程序规则体系[5]。同一时期，关于程序化的话题也出现在法律领域，并不断扩展

---

〔1〕 《Le progrès des Lumières dans l'entreprise》, in *Les Transfonmations du droit du travail. études offertes à Gérard Lyon-Caen*, Dalloz, 1989, p. 463~484.

〔2〕 Cf. G. couturier, *Traité de droit du travail*, t. II, *Les Relations collectives de travail*, PUF, 2001, n°78 sq., p. 172 sq.

〔3〕 Cf. P-Y. Verkindt, 《NTIC et nouvelles pratiques d'expertise》, *Droit social*, 2002, p. 54.

〔4〕 Cf. A. Pichot, 《Sur la notion de programme génétique》, *Philosopha scientiœ*, 6 (1), 2002, p. 163 sq.

〔5〕 Cf. Ph. Breton, *Une histoire de l'informatique*, *op. cit.*, p. 93.

到新的领域。其理论表达中最著名的就是尤尔根·哈贝马斯（Jurgen Habermas）的表述，他期待在话语程序的发展中找到一种回应黑格尔国家思想[1]在德国没落的答案，以及使民主与科学技术合理性得以调和的途径，他以此尝试把**法**消融在一种通信（communication）理论之中[2]。这种期待在和他同时代的同胞尼克拉斯·卢曼（Niklas Luhmann）的作品中是没有的；尼克拉斯·卢曼通过把系统论[3]应用到**法**的领域，在**法**的程序化中，发现了想把**法**建立在法律以外价值之上的理论的错误所在，并且确认了**法**的程序化具有自我参照和以自我为基准的特点[4]。近二十年来这些相互对立的观点在欧洲引起了对法理的争辩。这两种观点至少使所有法律部门都会涉及的程序化现象更加清楚了，因而，在这一点上，他们都是有功劳的。劳动法也没有逃脱这一程序化现象，我们可以观察到，程序化在劳动法上的分量上升早于计算机程序在计算机上的普及，尤其是1973年以来，在解雇雇员方面，更加重视程序。立法者因为不能让雇主的经济性决定去服从一项实质性判决（这可能导致把

---

〔1〕 Cf. J. Habermas, *Theorie des kommunikativen Handelns*, Francfort, Suhrkamp Verlag, 1981, trad. fr. *Théorie de l'agir communicationnel*, Fayard, 2 t., 1987; *Faktizität und Geltung. Beitrage zur Diskurstheorie des Rechts und des demokratischen Rechtsstaats*, Francfort, Suhrkamp Verlag, 1992, trad. fr. *Droit et démocratie. Entre faits et normes*, Gallimard, 1997.

〔2〕 J. Habermas, *Technik und Wissenschaft als Ideologie*, Francfort, Suhrkamp Verlag, 1968, trad. fr. *La Technique et la science comme 《idéologie》*, Gallimard, 1973.

〔3〕 系统论，作为全球科学模式，也能在控制论中找到起源，参见 cf. D. Lecourt (dir.), *Dictionnaire d'histoire et de philosophie des sciences*, PUF, 1999, s. v. système.

〔4〕 Cf. N. Luhmann, *Legitimation durch Verfahren* [1969], trad. fr. *La Légitimation par la procédure*, Sainte-Foy (Québec), Paris, Presses de l'université Laval-Editions du Cerf, 2001.

企业良好经营的责任转嫁给法官），所以，立法者对解雇程序的要求增多了，这些程序，以类似微软软件的方式，层层沉淀下来，放慢了程序的执行（不断增加"打开时间"），要求越来越多的存储空间，也增加系统卡住的风险。但是，在计算机领域被责备的东西，从法律角度看，可能是正当的[1]：解雇规范程序化的深刻实质意义，无疑在于放慢和延长解雇的程序，并且，为因解雇而丢掉工作的雇员安排职业转换。

最后，一个社会能自我调节的理想状态，表现在集体谈判 200 在当代的快速发展上，广而言之，即社会关系的合同化上。早期的计算机与能计算的机器相比，最大的新意就在于计算机具备根据指定的目标进行自我调节的能力。信息技术使不仅能服从命令，也能根据所处环境适时调节其表现的新一代机器得以诞生。根据这一原理设计的汽车，只需要输入一个目的地，汽车就会自己调节车速和线路，在最佳的时间内把乘客送到目的地。已经非常普遍地用于海洋和空中航行的自动巡航的例子，能帮助我们理解"调整"（réglementer）的思想与"调节"（réguler）的思想的区别。"调整即制定规则强制推行"就是从外部强加规则，而"调节"则是使一个组织的内部平衡运转所

---

〔1〕 拉伯雷（Rabelais）通过法官 Bridoison 的口说出的法律人的古训："我延缓审判、反复陈述或提出异议，目的是为了使得审判可以是充分辩论的、分析的，从而让判决可以是经过了足够时间得以成熟的，让被宣判的人可以心里有所准备地接受判决所带来的命运"（Rabelais, *Gargantua-Pantagruel*, *Le Tiers Livre*, Chap. XL）。

必需的规则得到遵守[1]。根据控制论，通过单独的适当调节方式，而不需要通过颁布严厉规章的方式，就能预防社会落入能量不平衡的混乱无序之中，即防范一种"损坏有序的和破坏可理解的大自然倾向[2]"。

201　　指责"调整"方式（制定和推行规定）的僵化、提倡"调节"方式（使组织体根据环境自我适应）的灵活适应，并不仅仅是控制论和信息通信技术所特有的。近三十年来[3]，同样的思想也表现在法国劳动法领域，表现为集体谈判不可阻挡地得到了发展，其目标、主体和功能已经发生了深刻的改变[4]。伴随着为了给职业性自我调节让位的这种他律的退后，在法律与集体谈判之间，形成了新的角色分配：法律用来规定原则和实现的目标，集体谈判则帮助确定这些目标，并使这些目标的实

---

〔1〕 动态平衡的概念，在生物学上是指生物活体能够在外在环境变化的情形下保持一定数量的内部常数的能力，它被信息化和通信新技术的设计者从活的生物机体借用到机器和社会领域（cf. N. Wiener, *God & Golem inc.*, op. cit. p. 101 *sq.*）。而对于调节这个概念而言，活的生物机体与机器的相似性，则是从另一方向上发挥了作用，被分子生物学者借用到机械领域：cf. D. Lecourt（dir.），*Dictionnaire d'histoire et de philosophie des sciences*, op. cit., s. v. régulation.

〔2〕 Cf. N. Wiener, *Cybernétique et société*, op. cit., p. 38, et id., *God&Golem inc.*, op. cit., p. 102 sq.

〔3〕 1971 年 7 月 13 日关于设立集体谈判权和促进企业集体合同的法律（参见 M. - A. Rotschild - Souriac,《Les accords collectifs au niveau d'entreprise》, thèse, université Paris - I, 1986, dactylographiée; M. Despax, *négociation, conventions et accords collectifs*, Dalloz, 2ᵉ éd. 1989, p. 59 *sq.*）。这一改革属于"新社会"规划的一部分，在这一"新社会"中"合同化的政策"是社会管理的正常模式。

〔4〕 Cf. A. Supiot（dir.）, *Au-delà de l'emploi*, op. cit. p. 140 sq.; M. -A. Souriac, G. B orenfreund,《La négociation collective entre disillusion et illusions》, in *Droit syndical et droits de l'homme à l'aube du XXIᵉ siècle. Mélanges en l'honneur de Jean-Maurice Verdier*, Dalloz, 2001, p. 181~224.

现与行业、企业、集团的具体情况相适应。从向每周 35 小时工作制过渡到在跨国集团中建立雇员的集体代表，或到欧盟法下商业公司的设立[1]，现在这种方法的使用已经有普及的趋势了，同时，使我们在公法和私法的区别上产生了动摇。实际上，这些"调节"的新形式，绝不意味着向最小化政府的回归，或是对社会关系简单纯粹的放弃而将其交由私人组织去处理，而是表现为一种"目标治理"的政策，这一政策的效率高低依赖于公共权力机关与雇主和工会之间沟通的质量。

　　"调节"的思想，不论在技术领域还是在**法**的领域，如果将其作用发挥到极致，就是把社会置于完全清除掉冲突、并可能不需要第三方守护者的乌托邦风险之下。在法律领域，这种乌托邦是以合同主义的面目出现的，也即它经成为一种意识形态，据此，人们不应该服从于他为自己设定的限制以外的其他限制[2]。我们还应当记得在计算机领域：电脑与电脑使用者的关系从来就不是一种两极的关系，因为这种关系，总是在根据自身利益设计了电脑的第三方的帮助之下进行的。电脑设计公司及其雇员的共同利益，就是让电脑满足用户的需要。一旦竞争不再发挥作用，一个公司在市场上处于垄断地位，那么，在信息化工具适应用户需求的问题上，就很有必要就此经过协商达成一致意见。 202

　　可见，在近四十年中，支撑**法**的演化的那些思想和理想， 203

---

　　〔1〕　Cf. M. -A. Moreau,《L'implication des travailleurs dans la société européenne》, *Droit social*, 2001, p. 967.

　　〔2〕　参见本书第二章。

与支撑了信息通信这些新技术的思想和理想是一样的。然而，如果说**法**参与了技术史的进程，那么，在其中，它是发挥着特殊的功能的，那就是：使技术符合人道要求的功能。

法，使技术符合人道要求

生物性的人类和人类技术之间产生了日益扩大的鸿沟：自人类狩猎古生物猛犸的遥远时代以来，人的身体和本能都没有改变，而人类的技术则在近两个世纪期间获得了极大的威力[1]。这种威力一旦服务于人类强烈的食肉本能，就构成对人类的威胁。这一对人类自身的威胁，即寻求奴役或消灭他人，也威胁着生养人类的土地，即对土地的过度耕种导致其贫瘠："如果把当今那些描述技术经济的词汇投射到未来，那么，人类对自然世界占有的实现一定是以一种彻底的胜利而告终，最后一小袋燃油用来烧煮最后一把禾苗，就着最后一只老鼠吃[2]。"在任何社会，制度是用来代谢这些专属于人类的暴力资源的，疏导它们并避免它们把人类引向失去人道的境地[3]。对于西方而言，如果说**法**参与了技术的快速发展，那么正是因为它曾服务于使技术从人道视角看是可接受的这一工作。**法**起到了一种在人类与工具之间的中介作用，使得工具的使用要服从于一些

---

〔1〕 Cf. A. Leroi-Gourhan, *Le Geste et la Parole*, *op. cit.*, t. II, p. 259.

〔2〕 A Leroi-Gourhan, *Le Geste et la Parole*, *op. cit.*, t. I, p. 260.

〔3〕 关于这一点的不同角度分析，参见 A Leroi-Gourhan, *Le Geste et la Parole*, *op. cit.*, t. II, p. 50; G. Bataille, *Théorie de la religion*, *op. cit.*, p. 58 sq.; E. Kantorowicz, *Mourir pour la patrie*, PUF. 1984, p. 105. sq.; P. Lgendre, *La 901ᵉ Conclusion*, *op. cit.*, p. 367 sq. 在当代的自由模式下，市场上的竞争才是那种致死的捕食性冲动之优待场所（cf. Ph. Thureau-Dangin, *La Concurrence et la Mort*, *op. cit.*）。

特殊禁令，这些特殊禁令根据面临的风险的不同而变化。欧盟法提出的"使劳动适应人的基本原则"[1] 突出概括了这一功能，这一内涵丰富的原则应该能够既在社会领域又在环境领域发挥作用。

因而，当今信息与通信新技术给法律人提出的基本问题，就是辨认人类所面临的风险。这类风险有两类：第一是消除劳动者的时空界限，目的是将其带入一个虚拟和即刻的时空之中，这些新技术把劳动者置于"无处不在"的幻觉风险之下；第二是这些新技术尽可能少地在机器上铭刻下人类的劳动事实和劳动行为，使劳动者置于透明幻觉的风险之下。

对"无处不在"（ubiquité）的劳动的限制

自从第一次定居和创造早期文化以来，人类就没有停止过将其劳动铭刻在时空的范畴内的探索，这一时空范畴总是越来越具体和突出。勒鲁瓦·古尔汉（Leroi Gourhan）的如下表述强调生物性认知和时空的标志性认知在人身上的并存："当一个人说'他那时在河边''他那时在我们这儿'和'明天他会在深林里'的时候，就产生了再现时间或空间的图像的可能性，而这个时候，时间和空间的图像也就活灵活现地出现在人的脑海中。对于活生生的世界之外的其他物质，人的时间和空间没有别的初始参照，只有人体复杂的脏腑或肌肉的参照。再现时空，对于人而言，什么都没有改变，只是他里面有那么一个占据笛

[204]

---

[1] 1993 年 11 月 23 日 93~114 指令第 13 条。

卡尔式视角深处的异乎寻常的象征性装置而已[1]。"在法国劳动法上，现在对劳动时间和劳动地点的关注已是无处不在了，不论是确立合同双方的义务、解决适用法律或法院的冲突，还是界定生病或工伤事故。然而，对以下事实的关注也已是司空见惯：信息与通信新技术使这一时空范畴更加突显出来，并消除时间和地域边界，把人带进一个既没有昼夜又没有距离的虚拟世界中。更确切地说，这些新技术是把人的思想带入虚拟的世界中，而人的生物性身体仍然在原地，即端坐在电脑屏幕前，暂时无暇与身边的环境进行交流。

205　　　这一时空范畴的突显仍然属于工业革命所开启的一个历史进程。化石能源的开采和通信手段的进步，曾经引起了机器的时空与人类生活时空之间的第一次分离。于是，为了重建一个适于人类生活的空间，就有了劳动法的干预。燃油的照明，以及后来电的发明，使工业劳动从对大自然的依赖中解放了出来（昼/夜、夏/冬），也把工人置于劳动时间的无限延长之中。于是，劳动法出现了，先是限制每日工时，然后限制每年工时，后来的限制涉及整个劳动生产活动的组织。对于原来不可能的事情，现在法律用禁令的方式得以实现[2]。如此一来，形成了支配现代人生活和空间安排的新节奏：地铁、工作、睡觉、休假。当今信息与通信新技术所动摇的，恰恰是劳动法近一个世纪以来逐步建立起来的这一时空观念，这些新技术置劳动者于"无处不在"的幻想风险之中：人在任何地点和任何时间都可以

---

〔1〕　Cf. A. Leroi-Gourhan, Le Geste et la Parole, op. cit., t. II, p. 106 sq.

〔2〕　关于生物技术领域大量出现的问题，参见 M. Fabre-Magnan, Ph. Moullier (dir.), *La Génétique*, *science humaine*, op. cit.

进行劳动或消费的幻想。因此，需要确立新的限制条件和程序，重建与劳动者实际生活可兼容的时间和地点的衡量单位。针对新机器条件下"不论何地"和"不论何时"可以劳动的威胁，法律要用明确"在某地和在某时的劳动是算数的"方式来进行反击。

历史上工业机械化曾经给空间的安排带来过深刻的变革。机器，没有思想，需要由人供应它能源和引导它，因而，工业性的工厂的定义就是，既需要大量劳动者的*集中*，又需要劳动者生活地与工作地的分离。由此引发了法律不得不面对的一系列问题：安全卫生问题、机器自身引发的责任问题、劳动场所的纪律和公民集体性自由问题、组织交通与健康的公共服务问题等。在这一历史背景下，权利类型倾向于视地点类型来确定：跨过企业的门槛，意味着从一个法律范畴进入到另一个法律范畴。而伴随着通信新技术的发展，这种空间上的安排就减少了，同时，针对可以在任何地点都能触及到的符号，而不再是针对放置在某个地点的物体的工作则大量增加。因而，过去劳动者的集中，倾向于被分散所取代。即使劳动者处在同一个工作地点，他们在电脑屏幕上工作，也不能形成一个行动统一且紧密连接在一起的共同体。即使面对他的客户，这个劳动者也首先是根据与计算机的两极关系的安排来开展工作。当一份工作可以在任何地点（如办公室、家里[1]、火车上等）做的时候，工作地点的无关紧要就趋于取代工厂与家庭住址上的分离。

因而，问题在于如何限制这种劳动者工作上的分散状态和工作地点上的任意性以保护工作的空间，使其既是有益于卫生

---

〔1〕 关于在家远程工作，参见 J. - E. Ray, Nouvlles technologies et nouvelles formes de subordination. , *op. cit.* , p. 47 sq.

健康的（对于人体而言），又是可接受的（对于社会而言）。限制工作地点的任意性，意味着要恢复对工作地点的法律界定。这一界定可以来自对地点的技术性定义，正如我们在 1990 年 5 月 29 日颁布的欧盟法指令 90/270 中所看到的，该指令适用任何"在电脑屏幕上的工作"，由下面一系列元素的组成来定义这里所指的工作：一个屏幕、一个键盘、提供给人在电脑上操作界面的软件、一部电话、一个网络调制解调器、一台打印机、一张桌子和一把椅子……这种界定也可以来自合同的约定，如果没有合同的约定，劳动者"既没有义务在家里工作，也没有义务在家里安置工作工具和资料[1]"，相反地，如果合同约定劳动者在家工作，那么，雇主就不能要求劳动者返回企业去工作[2]。限制工作的分散状态，在于重建劳动者团体。具体方式可以用实体方式重建，即规定在家工作的雇员有权回到企业所在场所[3]，也可以用虚拟方式重建，利用新技术促进雇员与雇员代表之间的信息交流与沟通，当然这里涉及劳动者在电脑网络上的一系列集体组织权利问题[4]。

208 　　工作时间方面的法律变迁是"信息与通信社会"带来的最新最深刻的变化。在法国，这方面的变化从 20 世纪 70 年代末就已展开，当时是伴随着对 1936 年继承来的一系列劳动法规范建设

---

〔1〕　Soc. , 2 oct. 2001（Abram）, *Droit social*, 2001, 920.

〔2〕　Soc. , 12 déc. 2000（Baranez）, *Bull. civ.* , p. 417.

〔3〕　参见远程通信行业社会对话委员会向欧盟提出的关于远程劳动建议的主要内容（附评注的摘录，载于 J. -E. Ray, 《Nouvelles technologies et nouvelles formes de subordination》, *op. cit.* , p. 52～54）。

〔4〕　J. -E. Ray, 《NTIC et droit syndical》, *Droit social*, 2002, p. 65 sq. 在企业信息网络上的工会言论表达要服从集体合同（C. trav. , art. L. 412-8, al. 7, loi du 4 mai 2004）。

提出的质疑；20 世纪 90 年代初开始，就已能觉察到工作时间应当根据何种指导思想来重新组织了[1]。

与工业机械化那个时代相连的时间的组织安排，曾呈现出两大特征：第一，这是一种集体性的时间，与围绕在机器旁的劳动者身体集中相联系；第二，这一时间的组织安排建立在工作时间与业余时间的两极对立之上，正好对应着工作地点与私人生活地点、公共生活地点的严格分离。而在信息与通信社会中，时间的组织安排则是在上述两个层面上的分裂：一旦工作不再需要动用一支工业大军，而是建立在个人之间任何时间的互动上，个人性的时间就取代了集体性的时间；由新的通信途径和由此允许的新的劳动组织方式带来的、并与地点的远近度相联合的各种时间的混合，就取代了曾经的工作时间与业余时间的清晰划分。

在这种背景下，劳动法被用来限制这种工作时间的个人化与混合状况以保护时间的合理性，使工作时间的安排无论对于个人还是对于社会都是可以被接受的。限制的重心由劳动的集体性组织安排转向劳动者的个人生活。由此，也就出现了时间协调原则，这是另一个更为普遍的"使劳动适应人的原则"的具体适用。对于个人而言，这一原则意味着每个人应该能够使其生活构成的各种不同时间得以协调。为此目的，必须约束雇主在完全灵活使用"人力资本"上的*自由度*（ubris）（24 小时、7 天工作、随叫随到式工作）。由此而来的则是，在法国当前法律人在 35 小时工作制这一"30 年代"[2] 规范外表下要思考一

---

[1]　《Temps de travail：pour une concordance des temps》，*Droit social*，1995，p. 947~954.

[2]　指 20 世纪 30 年代，那时一系列劳动问题都需要劳动法来回答（译者加注）。

系列的问题[1]：什么是休息时间[2]，什么是选择的时间[3]，什么是受约束的时间[4]，如何界定培训时间[5]，如何限制干部的工时[6]，如何在工时调整中考虑昼夜节律[7]，如何衡量劳动的负担而不是劳动时间的长短[8]，等等。就集体层面而言，根据《欧洲人权公约》的规定，时间协调的原则表现为强制保护雇员享有正常的家庭生活权和社会生活权[9]。这一思想

[1] Cf. P. -H. Antonmattei, 《Le temps dans la négociation 35 heures》, *Droit social*, 2000, 305.

[2] Cf. F. Favennec-Héry, 《Le temps de repos : une nouvelle approche de la durée du travail》, *Revue de jurisprudence sociale*, 12/99, p. 819; Ph. Waquet, 《Le temps de repos》, Droit social, 2000, p. 288; J. Barthélémy 《Le temps de travail et de repos : l'apport du droit communautaire》, *Droit social*, 2001, p. 522.

[3] C. trav. , art. L. 212-4-1 sq. ; voir F. Favennec-Héry, 《Le temps vraiment choisi》, *Droit social*, 2000, p. 295.

[4] C. trav. , art. L. 212-4 bis; Soc. 24 avr. 2001 Droit social, 2001, 727 ss. obs J. -Ph. Lhernoud; voir B. Acar, G. Bélier" 《 "Astreintes" et temps de travail》, *Droit social*, 1990, p. 502; J. Savatier, 《Durée du travail effectif et périodes d'inactivité au travail》, *Droit social*, 1998, p. 15; J. -E. Ray, 《Les astreintes, un temps du troisième type》, *Droit social*, 1999, p. 250.

[5] Cf. N. Maggi-Germain, 《à propos de l'individualisation de la formation professionnelle continue》, *Droit social*, 1999, p. 692; J. - M. Luttringer, 《Vers de nouveaux équilibres entre temps de travail et temps de formation?》, *Droit social*, 2000, p. 277.

[6] C. trav. , art. L. 212-15-1 sq. ; voir P. -H. Antonmattei, 《Les cadres et les 35 heures》, *Droit social*, 1999, p. 159; J. -E. Ray 《Temps de travail des cadres: acte IV, scène 2》, *Droit social*, 2001, 244.

[7] Cf. D. Lecat, 《Le temps de travail des personnels navigants aériens》, *Droit social*, 2000, p. 420.

[8] Cf. M. -A. Moreau, 《Temps de travail et charge de travail》, *Droit social*, 2000, p. 263. Add. Y. Lasfargue, 《L'ergostressie, syndrome de la société de l'information》, *La Revue de la CFDT*, nov. 2000, 35, p. 17 sq.

[9] Art. 8-1, voir 《Temps de travail : pour une concordance des temps》, *op. cit.*, p. 954.

已经在立法[1]和司法判例上[2]取得了实效。

对"透明的"劳动关系的限制

对于构建信息与通信社会的理论家而言，只有通过普及交　210
流、通信的方式使社会成为完全透明的社会，才能保护社会成
员免遭专制主义的侵害。因为专制主义有致命的保密需求，以
传播其谎言并使其专制制度得以持久下去。正是因为如此，对
于这些理论家而言，信息是一种公共产品，任何人都可以自由
地获取。如果说近些年来我们看到信息流通领域的巨大发展，
那么我们也看到了信息为私人占有以及通信重要手段被据为已
有这一现象的蔓延，这与控制论的幻想是恰恰相反的。当透明
度变成仅仅是单向的时候，它就恰恰走向了控制论这一幻想的
反面，并形成这样的一个世界：大多数成员相对于少数成员是
透明的，但这少数人却处于阴影之中，并掌控着信息与通信的
所有手段，或是直接通过对媒体即通信技术规范的占有，或是
间接通过广告和宣传[3]。对于工业时代以来，追求一种通过占
有所有秘密的领导方式来控制雇员的企业来说，这一风险显然
是特别巨大的。关于这一点，信息与通信新技术并不与古老的
工业化模式相对立，相反地，它赋予这一模式以不为常人所知

---

[1]　参见法国《劳动法典》法律卷第 212-4-7 条关于因家庭生活需要而减少
工时的权利（此处法条仍是 2005 年时候的《劳动法典》，因为该法典在 2008 年重新
修订，此处条文内容为现行《劳动法典》法律卷第 3123-7 条——译者加注），和
《劳动法典》法律卷第 225-15s. et L. 226-1 关于因家庭事务和陪伴临终家人请假的
权利（现行法典法律卷第 3142-2，3142-16，3142-17 条——译者加注）。

[2]　Voir Soc., 12 janv. 1999, *Bull. civ*, 7（关于雇员住址的自由选择）。

[3]　参见一个叛变苏联的人如何看待西方媒体：A. Zinoviev, *L'Occiden-
tisme. Essai sur le triomphe d'une idéologie*, Plon, 1995, p. 231 sq.

的实施手段，在这种实施中，数据的数字化和可追溯性用来取代工长的监督。但是，透明度的这两种版本——民主式的和专制式的，都是假设：人是没有内在性的，人有可能被克减为只是一个用于通信交流的存在[1]。换言之，这两种形式透明度的立场都是把人视为与机器没有两样的一种非人的观点。正是在这一点上，**法**要介入来阻止这种技术性的狂妄，并把人带回到理性，即作为法律主体的理性的人，必须是非透明的（因为富有内在性）和负责任的（应回应自己的行为）。

211　　工业机械化曾经给劳动者的身体完整性带来危害，同时从结果上看，对一个民族的人力资源也有损害。由此，在机器和用于劳动的人体之间，**法**曾介入其中：安全和卫生的规则被强制实施以保护劳动者的身体，这是从保护代表一个社会未来的那些妇女和儿童开始的。伴随着信息与通信新技术的应用，危害也转移了，它使人类智力的完整性受到了威胁。但是，从根本上而言法律问题仍然是同一个：如何能使新的技术成为从人道视角看是可接受的？如何使它们服务于人类而人类不被机器奴役？由于这种威胁是智力性的而不是身体上的，所以它既施加在企业身上也施加在劳动者身上。不论是从商业经营活动的角度，还是从与其商品或服务相关的技术安全的角度，企业都

----

　　[1] Cf. Ph. Breton, *L'Utopie de la communication*, *op. cit.*, p. 54. 威纳（N. Wiener）基于把个体看成是形式，而不是物质，提出了一种假设，根据这个假设，技术进步将来有一天可能通过破译和加密代表人的存在的数字性密码来用电报机"发送"（再现）人（télégraphier un être humain）（ Cybernétique et Société, *op. cit.*, p. 127）。说到底，这个幻想就是实现人的不死，当今，这个幻想已经从生物学那里转移出来，引起了关于克隆人的讨论。（cf. H. Atlan, M. Augé, M. Delmas-Marty, R. -P. Droit, N. Fresco, *Le Clonage humain*, Seuil, 1999）。

需要一种最低限度的不透明度[1]。为此，企业已经具有一整套技术的和法律的手段，目的在于监控与企业有关的信息的传播。然而，企业的这种正当需求在结果上只是加大了对雇员进行网络监控的力度[2]，而我们知道，雇员也需要保护其私生活免受他人窥探。自1978年以来，法国《信息与自由法》对企业中个人性数据的处理作了规定[3]。法国国家信息与自由委员会（CNIL）年度报告，一直很担忧这方面发生的一些偏离要求的做法，并批评企业制定的新技术使用"章程"的单方性。这些"章程"对雇员的严厉程度和对领导层的许可程度是一样的[4]。鉴于所发现的偏离做法"远远超出可接受的限度"，该委员会就资助了一项研究报告，即2001年公布的"关于企业中对雇员的网络监控报告"[5]。

　　这一报告又被称为"布歇报告［rapport Bouchet］"，它提 213
出了三个方面的建议：第一，对个人信息和雇员代表的集体性信息的任何监控都要事先告知当事人，也就是要有分寸地使用

---

〔1〕　Cf. Soc. , 18 juil. 2000, *Semaine sociale Lamy*, 996, 25/09/2000; sur la tension transparence/secret, M. -A. Frison-Roche（dir.）, Secrets professionnels, Autrement, 1999; et, sur les secrets coupables, P. Lascoume, *Les Affaires ou l'art de l'ombre*, Le Centurion, 1986.

〔2〕　关于视频监控，参见 M. Grévy,《Vidéosurveillance dans l'entreprise: un mode normal de contrôle des salariés?》, *Droit social*, 1995, p. 329~332.

〔3〕　参见国家信息与自由委员会（CNIL）年度报告中关于劳动领域的章节。法国的规定必须与欧盟指令保持一致（95/46 CE du 24 octobre 1995 , JOCE du 23 nov. ）。参见 O. de Tissot,《Internet et contrat de travail》, *Droit social*, 2000, p. 15~158.

〔4〕　国家信息与自由委员会1999年报告，La Documentation française, 2000, p. 180 sq.

〔5〕　http//www. assemblee-nat. fr/dossiers/cnil. asp.

监控的权威模式，即奥斯曼帝国的高门模式[1]，而非极权模式[即狠毒的马布斯博士（Dr. Mabuse）[2] 的无汞镜子模式[3]]。第二，报告建议要采用功能性监控而非个人性监控（例如，记录每台电脑联网的时间而不记录登录的网站，或者相反，记录登录的网站而不辨认是哪台电脑登录的[4]）。第三，在雇员把企业通信手段用于实现其个人目的这一点上，报告建议在这种滥用情形下，企业可采取"一定宽容的惩罚措施"。最后一项建议是根据欧洲人权法院的判例给出的，因为，欧洲人权法院已经认可雇员的私生活可以向职业领域有一定的延展[5]。这些恰当的建议与这方面的法律、司法判例的立场完全一致，它们都规定对雇员的电子监控要符合三项要求：即事先通知当事人[6]、征询企业委员会[7]、合比例原则的要求[8]。在此报告发布之后，法国最高法院采纳了国家信息与自由委员会的上述建议，赋予雇员在使用电脑时享有一种雇主无权侵犯的、信息

---

〔1〕 在历史上的奥斯曼帝国，高门（Sublime porte）是政府商议和制定政策的地方，政府大臣们知道，最高权威苏丹总是可以通过设在大臣们聚集开会的底万大厅的墙上方安设的屏风来听大臣们开会。这种监控又称为普特模式。此处作者的借用，是表明雇主对雇员的一种权威监控（译者加注）。

〔2〕 弗朗兹·朗的电影《马布斯博士的遗嘱》中的主角人物（译者加注）。

〔3〕 Fritz Lang, *Die tausend Augen des Doctor Mabuse*, film de 1960.

〔4〕 参见国家信息和自由委员会 1999 年关于电话自动通信领域简化版的规范（publiée in CNIL, V*ingt délibérations commentées*, La Documentation française, 1998）。

〔5〕 CEDH, 23 nov. 1992（Niemietz c/Allemagne）, et 25 juin 1997（Hal-ford c/Royaume-Uni）.

〔6〕 C. trav. , art. L. 121-8; voir Soc, 20 nov. 1991, *Droit social*, 1992, p. 28, rapp. Waquet, D. , 1992, p. 73, concl. Chauvy.

〔7〕 法国《劳动法典》法律卷第 432-2-1 条（现行法典法律卷第 2323~32 条——译者加注）。

〔8〕 法国《劳动法典》法律卷第 120-2-1 条和第 121-7（现行法典法律卷第 1121-1 条和第 1221-8、1222-3 条——译者加注）。

可以不透明的范围[1]。

当今法国一个异常的现象是，公民私生活权在企业中的保 214
护似乎要好于在市民社会中的保护：银行工作人员可以掌握公
民生活的几乎全部信息，却没有事先告知公民银行对其信用卡
对账单的使用；并且，法律对银行也没有强加像给雇主那样的
限制：想通过电话自动转换设备监督每一笔花销都被记录下来
的雇主接受的限制。在自由领域，劳动法至今的历史，就是市
民社会中受保障的自由进入到企业内的一段历史，然而，可能
我们要走向一个相反的历程，即应当将在企业中保障的自由传
播到市民社会中。

工业机械化曾经给民事责任规范提出过一个当时的新问题：
谁应当对这些出现不可预防危险的新机器负责？通过 1898 年关
于工伤事故的法律，劳动法作出了回答：这部法律引入了客观
责任的概念，即这是一种风险责任而不再是过错责任。这部法
律在当时曾是法律"地震"的中心，这场法律"地震"颠覆了
民事责任法律规范，并使一个有（风险）保障的社会治理模式
得以出现，并且当今的社会仍是这样一个有保障的社会[2]。如
今，信息与传播新技术也开始向民事责任规范提出与上述问题
程度相当的一个问题：谁应当对计算机里配置的和承载的信息
负责任？追究责任意味着存在一个归责点，它是造成结果的因，

---

[1] Soc. , 2 oct 2001, Société Nikon, *Droit social*, 2001, obs. J. -E. Ray.

[2] Cf. F. Ewald, *L'Etat providence*, Grasset, 1986.

而不是因的一个结果[1]，这个点即法律主体，因为它被界定为、作为那些他能够并且应该负责的话语或事实的源头。但是风险在于，在一个社会中一个行动总是被分析为是对于所收到信息的一个回馈，所以，这个主体是消融在一个通信网络之中的，并且不再有任何人对任何事情负责[2]。在没有中心的一系列联系网络中，如何分辨出一个责任者？（如果说网络恰如一张网的形象，那么这肯定不是像蜘蛛网一样的网。）劳动法，已经具有一些工具可以刺破法人和分包商的面纱，追溯到在企业网络中传播的某些经济决策的源头[3]。在刑法上，这个问题通过和打击黑恶势力这个特别问题相关联，也就不是陌生问题了。在环境或产品安全方面，由于责任消融在连环合同的链条之中，这个问题就更加尖锐了[4]。

216　　　　在此领域，特别有益处的是关于软件生产商责任的讨论，

---

〔1〕　关于法律上的归责与科学上的因果关系的区别，参见 H. Kelsen, *Théorie pure du droit*, trad. fr. De la 2ᵉ éd. de la Reine Rechtstheorie, par Ch. Eisenmann, Dalloz, 1962, p. 105 sq. ; et id, Allgemeine Theorie der Normen〔1969〕, trad. fr. *Théorie générale des normes*, PUF, 1996, p. 31 sq.

〔2〕　从控制论角度看，这一风险可以被视为是一种机遇：把人作决定的权力转换给"智能机器"的机遇（cf. Ph. Breton, *L'Utopie de la communication*, *op. cit.*, p. 106 sq）。

〔3〕　Cf. M. – L. Morin, 《 Les frontières de l'entreprise et la responsabilité de l'emploi》. *Droit social*, 2001 numéro spécité cité, p. 478 sq.

〔4〕　法国最高法院承认，在所有权转让的连环买卖合同中，合同请求权的转让视为附随物（Ass. plén. 7 févr. 1986, *Bull.* 2, D. 1986, p. 293, note A. Benabent）。相反地，最高法院第一民庭曾经想把这种"合同性质的"行为扩展应用到分包合同纠纷中（Civ. 1ᵉʳ, 8 mars, 1988, *Bull.* Civ.，I, n°69），却遭到最高法院合议庭全体会议的反对（Ass. Plén., 12 juillet 1991, Besse, *Bull.* n°5, p. 7；D. 1991, p. 549, note J. Ghestin；JCP 1991, éd. G, II, 21743, obs. G. Viney）。

人们能够理解他们既想要"黄油"（拥有对非物质东西的所有权），又想要"卖黄油的钱"（不想从合同角度对隐藏的瑕疵负责[1]，也不想对他们商业化的这些东西引起的损害负责，不论是侵权责任还是产品瑕疵责任[2]）。但是，这种立场在未来将是"站不住脚的"。正如欧盟法所表明的，在一个把自由流通和交易视为组织原则的社会中，对责任者的找寻必须能最终到达那个付诸流通的起点[3]。这就是可追溯性概念在法律上得到有力发展的原因，即为了分辨损害的源头，它使人们可以倒回去检视连环合同的链条[4]。另一个表明同样趋势的信号是在关于电子证据的最新规定上。为了把一个文本与应对该文本负责的法律主体联系起来，它限制新技术所特有的不同等级文本的混淆[5]。

面对繁殖技术的自然生育

技术的法律驯化问题，曾经产生于劳动法领域，现如今已超出了劳动关系的范畴。因为，把人视为一种要服从于技术帝 217

---

〔1〕 参见对"使用权许可"的界定的批评：J. Huet,《De la "vente" de logiciel》, in *études offertes à Pierre Catala*, *op. cit.*, p. 799 sq.

〔2〕 参见拒绝任何基于产品或物的瑕疵而承担责任的观点：A. Lucas,《La responsabilité des choses immatérielles》, in *études offertes à Pierre Catala*, *op. cit.*, p. 811 sq.

〔3〕 1985 年 7 月 25 日欧盟关于产品瑕疵责任的指令（n°85/374 CE），在法国转化为民法典第 1386-1 条及其后相关条款。

〔4〕 Cf. Ph. Pédrot (dir.), *Traçabilité et responsabilité*, Economica, 2003.

〔5〕 C. civ., art. 1316 sq. (loi n° 2000-230 du 13 mars 2000). Voir J. Huel,《Vers une consécration de la preuve et de la signature électronique》, D., 2000, chr., 95; J. Devèze,《Vive l'article 1322! Commentaire critique de l'article 1316-4 du Code civil》, in *études offertes à Pierre Catala*, *op. cit.*, p. 529 sq.

国的物的风险，不再仅仅影响着产业关系领域，而是由于生物技术给人的身份带来的各种可能性，对民法的核心问题产生了更多影响。就像在劳动关系领域一样，法律技术已经完全参与到关于人的身份方面的变迁，**法**也已经并不局限于记录和落实这些变迁。实际上，自 1972 年以来，法国就已经在一向主导婚生子女地位的亲子关系法中给生物学上"真相"的思想留出了一席之地[1]，这甚至远远早于指纹辨认技术的成熟。正是从此时开始，婚生子女和非婚生子女的区别开始带有歧视性（以至于现在已被欧洲人权法院的原则所谴责[2]）；而相对而言，生物学意义上"真的子女"和生物学意义上"假的子女"之间的区分，则可能会成为法律上亲子关系认定的关键问题[3]。技术的进步巩固并强化了这一演变，因为技术进步可以比较准确地分辨出子女的生物学意义上的孕育方[4]。因此，为了处理亲子

---

[1] 《法国民法典》第 318 条（根据 1972 年 1 月 3 日的法律）规定："在没有相关人否认的情形下，一个母亲，当她在解除婚姻后，与孩子的生父再结婚时，她可以质疑这个丈夫与孩子的父子关系，仅限于正当目的。"司法判例对此进行了扩展解释，适用于即使孩子一直被认为、也被作为这个丈夫的孩子对待时（Civ. 1re, 16 fév. 1977, Bull. civ. , I, n°92）。

[2] CEDH, 1re fév. 2000, *Mazurek c/France*, reproduit in F. Sudre *et al.* , *Les Grands Arrêts de la Cour européenne des droits de l'Homme*, PUF, 2003, n°44, p. 389.

[3] 司法判例扩大了立法者打开的缺口，增加了将母亲的丈夫推定为父亲的质疑（Civ. 1re, 9 juin 1976, *Bull. civ.*, I, n°211 : interprétation a contrario de l'art. 334-9 C. civ. ; Civ. 1re, 27 fév. 1985, Bull. civ, I, n°76：interprétation a *contrario* de l'art. 322 al. 2 C. civ.)。

[4] 关于"民法的生物学化"，参见 C. Labrusse-Riou，《Sciences de la vie et légitimité》, in *Mélanges à la mémoire de D. Huet-Weiller*, LGDJ, 1994, p. 283 sq.

关系纠纷，法官倾向于放弃其自由裁量权转而信赖生物学的鉴定[1]。事实上，如同信息技术一样，生物技术也促使把人克减为可观测的物质性事实这一过程的发展。基因图谱的技术可能使得人类对自身的了解变得和了解任何一种动物一样透彻，因而，似乎不再需要区分生育和繁殖、父亲和孕育者的不同了。法律由此打开了通向亲子关系认定的生物学观念之路，这是第一阶段；第二阶段就是技术进步可以使这一观念战胜过去的父子关系推定说，并且使人的身份不可利用原则给寻找亲子关系的"真相"让位。

如同工业革命曾经给行会身份带来彻底破坏一样（这种破坏起初是法律所要追求的目标），当今"基因革命"给婚生子女身份带来的破坏也是如此，只不过前者起初是以法律上平等原则之名进行的。尽管如此，我们在亲子关系领域也还没有进入到劳动法史上的第三阶段，在这一阶段，为了消除一种制度的非人道后果——在这种制度下，技术就是法律——出现了一些新型身份的条款规定。由此，我们看到亲子关系领域的一种"仅基于生物学鉴定真相的、有利于母亲的亲子观[2]"在扩大，其破坏性效果不会像工业化对工人阶级的身体摧残那样的立即和明显。在此，没有特别地涉及某一个阶层，因为这不再是工人们的身体保护问题，而是作为个体的每一个人的心理平衡受到了威胁，即受到那种把人的身份克减为"生物学意义上的真

218

---

〔1〕　自从 2000 年以来，最高法院认定"在父母子女关系认定上，以生物学鉴定为准，除非存在排除它的正当理由"（Civ. 1ʳᵉ, 28 mars 2000, *Bull. civ.*, I, n°103). Add F. Bellivier, L. Brunet, C. Labrusse-Riou,《La filiation, la génétique et le juge: où est passée la loi?》, *Rev trim. dr. civ*, 1999, n°3, p. 529 sq.

〔2〕　Cf. P. Legendre, *Filiation*, *op. cit.*, p. 198 sq.

相"推定的威胁[1]。生物学意义上"真相"的价值、个人自由的价值和亲子关系平等的价值如此结合在一起，使得亲子关系第三方守护者的观念显得很不合时宜了。再说，很多法官也认为这是一个显而易见的事情，当所有当事人都已同意信赖根据生物学鉴定来修改一个儿童的身份时，禁止这样做似乎是一种不可接受的法官权力滥用的表现。

219　　尽管如此，亲子关系不得缩减为生物学层面来看待的理念，并没有在法国法律中消失殆尽。虽然受到了削弱，但拥有一个民事身份（《民法典》第311-1条）在亲子关系建立中仍然起着一定的作用，而且，不论生物学鉴定的真相如何，乱伦的亲子关系都是法律不许可的（《民法典》第334-10条）。特别是在一些最需要依赖技术的亲子关系认定中，不论是涉及法律技术的（收养：《民法典》第352条），还是生物医学技术的（通过捐献者的人工授精：《民法典》第311-19条），都确立了不得将父亲与孕育者混淆的义务。由此，法律禁止个人自己去操心这些生物学上的"真相"，因为亲子关系来自父母的明确意愿[2]而非父母双方身体的结合。基于此，我们也就不必感到意外：亲子关系与以最有力方式表现出来的这种禁止的需要相比，是更依赖技术的。但是，在此领域，法律所要求的将法律联系与生物联系截然分开的做法，又会打开技术狂妄之门，这种狂

---

〔1〕　关于亲子关系领域的人类学问题，参见 P. Legendre, *L'Inestimable Objet de la transmission. étude sur le principe, généalogique en Occident*, Fayard, 1985；关于临床视角的研究，参见 A. Papageorgiou-Legendre, *Fondement généalogique de la filiation*, Fayard, 1990.

〔2〕　关于收养，参见 C. civ., art. 343 et 343-1, 关于借助医学技术的生育，参见《公共健康法典》art. L. 2141-2.

妄就在于把"父母规划"视为确认孩子身份的排他性因素，并且把孩子这种生物存在视为父母愿望实现的单纯物质载体。

　　根据这个领域内被媒体广泛报道的一些观念，父母要孩子 220 的愿望似乎应该以极近有效的方式来实现：或是通过把创造一个"物质的人"的父母规划落实到另一个人身上，直到找到能够实现这个愿望的一个人，或是通过给子女强加一个没有亲子关系的民事身份，由此来满足单亲父母或繁殖性克隆的愿望[1]。于是，技术，没有用于把人类贬低为畜类，而是被调动起来把人视为天使——有着无形的身体并且也从对异性的需求中解放了出来。但是，如果人们竭力在人类生育中仅仅看到一个孕育者（孕育孩子的物质性理由）或者仅仅看到一个作者（孕育孩子的智力性理由），那么，人们就在路途中丢掉了使人类生育成为独有方式的那些因素，也丢掉了使人类生育与动物繁殖得以区别、与神圣创造之间得以区别的那些因素：人有出生两次的必要，一次为肉体生命而诞生，另一次为有含义（意义）的生命而诞生。不论是在亲子关系领域，还是在其他领域，**法**的拟制从来都不是浪漫的科幻[2]的存在，一个任由"父母规

---

〔1〕　这类宏伟壮观的前景充斥在媒体中，对于一些政治人物而言，它们带有一种提供些许社会设想的作用。随意浏览一下媒体就能看到这些。特别参见关于采访 Marcela Iacub 律师的众多报道。他是法国国家科学研究院的法律学者、EHESS 的博士，他坚持不懈地、系统性地为这些观点辩护，他认为"人体只不过是一种建构性的、人体素材反应或不反应的载体而已"，他的观点"完全是在生物技术层面上的"，他赞同在进行父母规划中的"胚胎可替代性"，认为"妇女有权不利用自己的身体进行生育"、赞同生殖性克隆的权利，并认为生殖性克隆应当被当作是人工繁殖的一种简单的技术（cf. notamment *Le Crime était presque sexuel*, EPEL, 2002, et *Penser les droits de la naissance*, PUF, 2004）。

〔2〕　关于这一点，参见 Bernard Edelman 的研究。

划"的强大作者的任性来支配的科幻的存在。这里就涉及技术资源这一关键:其功能在于,使人同时进入生物学意义上的生命和表象意义上的生命,并由此使人拥有理性。这一构建人的生命的人类学功能,就是法律技术所特有的一个标记。就像同时存在的生物技术一样,这些法律技术可以成为一种重要自由的来源[1],但条件是不能在与其功能相反的方向上使用[2]。因为,这些技术在使用上的堕落,就如同把飞机当作会飞的炸弹而使用,或者把基因当作幻想工厂而使用的堕落一样,是会置人类于死地的。

---

〔1〕 M. Corbier(dir.),*Adoption et fosterage*,De Boccard,1999.

〔2〕 罗马法也允许收养,但是不得颠倒父子关系的顺序。cf. M. Corbier,《Famille et parenté: caractères originaux de la société romaine (IIe siècle av. J. -C. - IIIe siècle apr. J. -C.) 》,in A. Supiot(dir.),*Tisser le lien social*,*op. cit*,p. 73 sq.).

第五章

使权力有理性：从统治到"治理"

> 人类生活的本质不是人与人之间的争斗，一个政治理论不能成为一种
> 权力的理论，而是一种正当权威的理论。
>
> ——路易·迪蒙（Louis Dumont）[1]

权力，为了持久地得到实施，需要被认可，否则，就会很 223
快在暴力和谋杀中精疲力竭。由此就产生了一个问题，这个问
题过去总是引起一些著名法学家的思考，从博丹（Bodin）[2]
到凯尔森（Kelsen）[3]，现在这个问题仍然存在：使一个政府与
一帮强盗相区别的是什么？对此的回答尽管可以是多种多样的，
但是，总会归结到一个关于参照标准的理念上。只有当权力回
应我们所认同的一种含义的时候，我们才认可这一权力。我不
会听从一个在路上让我停下来的人的命令，但一般而言，我会
服从一个穿着警察制服或带有警察标识的人的命令。我有不回
复跟我要钱的人的邮件的自由，除非这封邮件来自税务机关。
力量不足以使权力具有正当性，权力还需要展示出能证明其理

　　[1]　L. Dumon, *Essais sur l'individualisme*, *op. cit.*, p. 186.

　　[2]　Cf. J. Bodin, *Les Six Livres de la République*, éd. De 1583 présentée par
G. Mairet, LGF, 1993, livre Ⅰ, chap. Ⅰ, p. 58.

　　[3]　Cf. H. Kelsen, *Théorie pure du droit*, *op. cit.*, p. 60 *sq.*

性的依据。恰恰是法律技术资源中的一种资源，能赋予权力以理性、为权力提供正当性。表达**法**和理性的词语，英语和德语一样，可以用同一个词（英语 right、德语 Recht）表示，当然，法国人也明白有权是有理性的一种方式。理性，是一种判断能力，但也是许可我们以一定方式行事的总纲。如果一个权力对人们而言只是一种力量，那么它就是被剥夺了理性的；正当的权力则相反，是彰显人们所相信的理性的那种权力。

224   国家，作为西方的一项重大发明，是建立在对一个永恒和全能存在的牢固信仰之上的，这种信仰在西方刚刚进入现代之时就已经开始"世俗化"了。在西方，世俗社会的权力曾经是置于一位永生之王的主权保护之下的[1]，后来置于不断更迭的人民之下，永恒的主权以把神圣的全能者逐出对人类事务的管理而结束。根据现代国家的第一位伟大理论家博丹的论述，"我们设定（君王）具有上帝的形象[2]"。这是旧约中上帝的形象[3]，上帝的律法强制适用于所有相信上帝的人。"共和国的绝对和永恒的权力[4]"，统治权就是来自这种关于权力唯一来源的信仰。这一信仰所带来的就是，任何其他权力都是从至高权力而来的，至高权力则自立而立、自有而有，其他权力都要

---

〔1〕 Cf. E. Kantorowicz, *Les Deux Corps du roi*, *op. cit.*

〔2〕 J. Bodin, *Les Six Livres de la République*, *op. cit.*, livre Ⅰ, chap. Ⅳ, p. 155.

〔3〕 G. Mairet 观察到，《圣经·新约》福音书所揭示的上帝是博丹主权理论的最大缺失，博丹仅仅参考的是摩西律法、《圣经·旧约》全书（参见 Les Six Livres de la République, op. cit., p. 12 sq.）。现代国家的发现，不仅有罗马法-教会法经典的起源，也有新约时期犹太-基督教的起源。

〔4〕 J. Bodin, *Les Six Livres de la République*, *op. cit.*, livre Ⅰ, chap. Ⅷ, p. 111.

臣服于它。著名法学家卡尔·施密特（Carl Schmitt）[1] 是这样用他著名的表述来概括统治权特征的："能决定特殊情形的那个人就是统治者[2]。"他也引证博丹的思想，和博丹一样，他认为统治者不受任何法律约束，并且认为"法律秩序，如同其他任何秩序一样，建立在决定之上而非规范之上[3]"。这些表述来自一个后来成了纳粹的人，这的确值得深思，因为它表达出统治权思想中的专制内涵，统治权因此等同于没有边界的权力，即一种超凡的权力。无论如何，这些表述都反映出一个事实，即施密特没有能够抓住出现在20世纪20年代的福利国家的最突出特征，而同一时期被纳粹赶出祖国的其他德国法学家，就已经理解到福利国家的意义了[4]。如此一来，施密特拒绝承认法律制度能赋予被统治者在面对统治者时捍卫他们自己理解的正义的权利[5]。然而，这样一来，他也就拒绝这样的认识，即博

---

[1] 卡尔·施密特（Cari Schmitt）（1888年7月11日~1985年4月7日）德国著名宪法学家、法理学家、哲学家。1933年加入纳粹党，1936年被排挤出该党（译者加注）。

[2] 《Souveran ist, wer uber den Annahmzustand entscheidet》, in politische Theologie. Vier Kapitel zur Lehre von der Souveranitat [1992], trad. fr. J. -L. Schlegel, Théologie politique, Gallimard, 1988, p. 15.

[3] C. Schmitt, Théologie politique, op. cit., p. 19. Rapp. J. Bodin:《Ce lui est absolument souverain qui ne tient rien, après Dieu, que de l'épée》（Les Six Livres de la République, op. cit., livre I, chap. IX, p. 139）.

[4] 就像两位犹太籍劳动法学家卡恩-弗伦德（Otto Kahn-Freund）和辛茨海默（Hugo Sinzheimer），在纳粹统治之下，不得不流亡异乡，参见 C. Herrera（dir.）, Les Juristes de gauche sous la République de Weimar, Kimé, 2002.

[5] "一旦团结的自由以一种联合起来的形式实现了（例如工会），即以一些人反对另一些人的联合形式，以特别的、社会性的压力手段，例如罢工和闭厂，相互反抗时，就突破了政治门槛，这时就不再是个人自由这个基本权利问题了"，参见 C. Schmitt, Verfassungslehre [1928], trad. fr. L. Deroche, Théorie de la constitution, PUF, 1993, p. 303.

丹所概括的统治权特征对于解释现代形态的国家已是无能为力了。

226 　　法律的诞生远远早于国家，因此我们也有理由去设想，法律在国家消亡之后将会继续存在。法律的悠久历史也显示出，权力问题的提出还有其他的方式，就像西塞罗（Cicéro）用来概括罗马共和国特征的这种方式："在城市里执政官有足够的权力、元老院有足够的权威、人民有足够的自由，但是，如果没有权力、职能和义务上的平衡，城市的政权就不会稳定[1]。"罗马人在考虑公共事务上并没有采用国家的形式[2]，他们把共和国建立在三足鼎立——权力、权威机构和自由之上的这种方式，对于主权思想已普遍衰退的当代而言，无疑是更为恰当的。罗马人构建权力的这种不同方式后来继续启发了中世纪的人[3]，直到后来强制推行君主制和人民主权，权力和权威的区别才消失。

---

　　〔1〕 Cicéron, *De Republica*，Ⅰ，33, trad. fr. C. Appuhn, *De la République. Des Lois*，Garnier-Flammarion, 1965, p. 68. 关于构成罗马宪法特点的描述，参见 Polybe, *Histoire*，livre Ⅵ，chap. v, Gallimard,《Quarto》, 2003, p. 562 sq.

　　〔2〕 详细评析参见 Y. Thoma,《L'institution civile de la cité》, *Le Débat*, 74, mars-avr. 1993, p. 23 sq.，作者观察到罗马城市的不同机构并不是在一个最高机构之下等级分明地设立的，既不是统一的，也不是相互融入的。同类阐述，还可参见 A. d'Ors, *Une introduction à l'étude du droit*, trad. et présenté par A. Sériaux, Aix-Marseille, PU Aix-Marseille, 1991, n°82, p. 113 sq.

　　〔3〕 包括对"前人文主义者"（préhumanistes）的影响，例如，安布罗·洛伦泽蒂（Ambrogio Lorenzetti）为锡耶纳（Sienne）市政厅绘制的著名壁画《治世和乱世的寓言》（Bon gouvernement）（1340），就表现受到西塞罗（Cicéron）的影响，参见 Q. Skinner, *L'Artisteen philosophe politique. Ambrogio Lorenztti et le Bon gouvernement*, Raisons d'agir, 2003.

现在，伴随着赋予一些独立权威机构以超越权力的科学技术权威，权力和权威的区别重新又回到人们的视线中。权力的理由不再需要在一个超越社会的主权机构中找寻了，而是要在一个社会所固有的运行规则中去找寻。作为主权统治（gouvernement souverain）词汇上的权力问题也不再提了，而采用有效治理（gouvernance efficace）的用语了。这一变迁，实际上属于战后控制论的理论家所描述的一部分前景展望，这些理论家把治理（gouvernance）（"控制论"这个词来自希腊文 kubernetes，即掌舵人或领航员的意思）和调节（régulation）（任何同态调节所固有的）结合在关于各种系统（机械的、生物的或人类的）的总体理论中，这些系统又被认为可以使我们预防熵的混乱[1]。从法律角度看，这是对西方自现代科学快速发展以来，两种相互对立的规范形象进行概括的一种尝试。两种对立的规范形象，第一是法律规范的形象，其约束力来自一种对应然存在（devoir-être）认同的信仰，也是法律规范本身要付诸实施的信仰；第二是技术规范的形象，其约束力来自关于作为技术利用对象的存在（être）的科学知识[2]。现代西方，被这种用对物的行政管理取代对人的统治的宏大抱负所引导，通过下面两种方式，竭力使这两种规范形象走向融合：第一是通过把**法**克减为一种毫无意义的技术存在的方式，即**法**在价值层面已没有任何内涵，而似乎应被视为如同技术规范一样，以效率为尺度对其进行衡量；第二是通过把对"人力资源"的科学技术规范化置于价值系统的核心地位的方式。

---

〔1〕 参见本书第四章。
〔2〕 关于这一点的充分阐述，参见本人著作：*Critique du droit du travail, op. cit.*

227   在上述基础上，新的法律技术得以繁荣发展，并以新的方式使人类与法律文本并行。这些新的法律技术不仅迫使每个人要积极参与到对公共财产的定义和实施的规则之中，而且还迫使他们也要参与到对法律文本基于其实际实施情况而进行的持续修订中。这些变化，就是我们与权力之间的关系发生深刻转变的一些记号。我们应当要一直为权力设定理性，但是，这种理性不再是来自君王的形象，而且，权力的问题，如同福柯（Foucault）已经有过的直觉[1]一样，也是超越公法范畴的。因为，国家统治权的衰退并不通过自由的增多表现出来，而是相反地，通过国家臣服于一些目标的追逐表现出来，而这些目标因为不是来自任何人所作的决定，也就更为变本加厉地被强加给国家。

统治权的衰退

228   我们可以将 1914~1945 年[2]的"三十年战争"的结束视为统治权观念受到深刻质疑的开始。这场战争表现出丧失了理性的权力可以导致何等致命的灾难；它也让欧洲大陆人民学到了无法忘却的一点，即国家是可以死亡的。因此，国家的重建不能如同什么也没有发生过一样进行。权力，为了被认可，恐怕

---

〔1〕 Cf. notamment M. Foucault, *La Volonté de savoir*, Gallimard, 1976, p. 189 sq.；关于福柯作品中对法的不同认知，参见 M. Alves de Fonseca, Michel Foucault e o direito, Sao Paulo, Max Limonad, 2002, et id.，《Michel Foucault et le droit》, in A. Supiot (dir.), *Tisser le lien social, op. cit.*, p. 163 sq.

〔2〕 关于这两场世界大战的统一性，参见 G. Steiner, *In Blue-beard's Castle. Some Notes towards the Redefinition of Culture*〔1971〕, trad. fr. *Dans le château de Barbe-Bleue. Notes pour une redéfinition de la culture*, Gallimard, 2000, p. 39 sq.

还应当在单纯的确认之外，展示能证明其正当性的其他依据。这种对权力的质疑不仅仅局限于国家层面。在企业层面，如同在家庭和公共范畴一样，当权者的形象都遭到了异议，当然，这并没有导向权力关系的消亡，而是导致了权力关系的深刻嬗变，这种嬗变在法律层面以下列两种方式表现出来。

第一种方式是*自由裁量权*（pouvior discrétionnaire）*的衰退，让位给功能性权力*（pouvior fonctionnaire）。这种衰退表现为对掌权者的监控的增加：事前监控，以增加说明理由义务的方式；事后监控，以加强法官和专家作用的方式。现在已不是那种一个人可以决定他人利益的绝对权威的时代了。法国家庭法的改革已经废除了民法曾经称为父亲权力的制度，取而代之的是代表孩子利益的一种父母权威制度。法官对公共权力的监督（行政法的、刑法的、宪法的或者欧盟法的）得到了加强，公共权力掌权者负有说明理由的义务（有些人认为是透明义务）范围也扩大了。同样地，在企业中，雇主不再是企业运行的唯一裁判官了，而是既要服从向他们发布命令的经济主体的监督（股东、控股公司），也要接受来自雇员代表和法官的社会监督。

第二种方式是权力的集中的衰退，让位给权力的分散。古老的平等原则和年轻的辅助性原则结合起来，使得金字塔式组织起来的权力的各种形式受到了质疑。在家庭法领域，男女平等原则的活力已经收获了父母权威的共享；然而，成年年龄的降低以及"儿童权"的出现又表现出对父母权威的范畴予以限制的倾向。在公法领域，权力的横向分离（行政权、立法权和司法权的分离）伴随着共同体化和地区化，已经让步给权力的纵向分配了。在企业内部，等级严密的整体组织曾经成就了泰勒模式或福特模式，但现在也遭受质疑，并让位给网状模式；该网状模式不仅适用于企业内部，也适用于企业与其经营伙伴

229

之间的关系。

230　　显然，为了对现实发生的变化形成一个准确的看法，**法**这面镜子似乎应转过面来。上述提及的变化中没有一种变化有其不利的一面，有的只是其相对的一面。虽然成年年龄提前了，但是，伴随着失业和学习时间的延长，年轻人的经济能力却倒退了，他们对父母经济依赖的时间也延长了（由此有人主张设立针对学生的特别社会身份，目的在于确保学生在监护解除过程中的权益）。国家的权力也在后退，常常让位给金钱、法官、专家或媒体的权力。企业中的福特模式已经衰退，让位给一种"参与式管理"，这不再仅仅要求劳动者的身体要让与企业，还要把精神让与企业。自由竞争的活力赋予了一些准司法性的经济机构以权威（欧盟委员会、证券委员会、欧盟银行以及其他的调节当局），破坏了国家或垄断企业的经济权力；另外，它也赋予金融市场前所未有的权力。企业组织中网络模式的普及[1]同时表现为权力地点的再分配和权力行使方式的深刻嬗变。

230　　法律的去规制化，与主张具有普世性的技术规范相伴而行。技术的标准化，特别是质量标准和私营机构发放资格证书的程序的应用[2]，取代了作为生产监督方法的法律上的指导。这些变化，并不意味着 19 世纪的自由法律意识形态的回归，而是使得一些旨在超越自律和他律对立的新概念和新的法律技术得以产生。没有使人与人之间的关系服从于外部强加的规则，或者

---

〔1〕　M. Castells, *La Société en réseaux*, *op. cit.*

〔2〕　F. Mayer（dir.），*Certifier la quatité?*, Strasbourg, Presses universitaires de Strasbourg, 1998.

相反地服从于当事方之间的力量对比关系，而是努力将其与一次搞定的高效透明的一种范畴[1]的界定和实施结合起来。**法**基于对其技术层面的忠实，在此再一次表现出它参与新形式权力的发明和服务于新标准的能力。随着对拥有统治权的国家的信仰的消失，长期隐匿于**法**的历史腐殖土中的某些概念——帝国、一般法、权威等，好像都在恢复活力，而另一些概念——法律、合同、民主等，则在丧失它们特有的属性。国家的现代形态使得权力与权威的古老区分再次出现，并使最高立法者失去法律上应有的统治权。

国家形态的改变

　　国家并不是一种普遍意义的永恒机构，而是西方中世纪的一种发明。永恒国家的观念起源于神秘的形体，有国王二体论之说，恩斯特·H. 康托洛维茨（Ernst Hartwing Kantorowicz）[2]曾经对此写过相关的故事。在法国，自宗教改革之始，就已确认存在着一种纯粹世俗的统治权，它不出自罗马教皇、与罗马教皇没有任何关系，如此开始使国家从对基督教的参照中解放出来。启蒙运动和1789年法国大革命继承了这一解放进程，并切断了国家的所有宗教影射链条。这个进程实际上是强化了国家的权力，国家因此在国际层面甩掉了几乎所有的对手，成为能超越特别利益的、一个永恒全能的唯一存在（德国法律人称为"Herrschaft"，法国人则称为"Puissance publique"，即公共权力）。

---

〔1〕　指各种标准（译者加注）。

〔2〕　恩斯特·坎特罗维茨（Ernst Kantorowicz）（1895年~1963年），德国历史学家（译者加注）。

232   国家这一公共权力在 19 世纪遭到了由工业革命和随之而来的政治和工会斗争引起的对其正当性的质疑。实际上，市场经济从其诞生之始就破坏了前工业社会得以建立其上的地方互助的传统形式。这种破坏先是发生在欧洲，后来又不同程度地、以世界西化的模式影响了所有其他的国家。邻里社会联系（家庭的、土地的或者职业的）的去稳定性出现在 19 世纪初，当时甚至作为现代性的一个条件。这种去稳定性损害了国家的正当性，而在当时，国家的角色和存在就已经受到了挑战。

对国家正当性危机的第一个回应曾经是专制意识形态的，是把国家构想为独一政党手中的简单工具、以社会生活的所谓科学规律之名（种族规律、历史规律）[1] 进行的。如此拒绝赋予国家的正当性，被转换到那些被认为代表社会运转的其他标志上：如种族、阶级等。国家的这种"自杀"导致了古拉格事件和纳粹对犹太人的大屠杀事件，很多法律人现在好像忘记了简单而深刻的教训：权力如果失去了制度性的制约，就会坠入致死的狂妄之渊，政府就与一帮匪徒或者凶手没有什么区别了。使国家成为对经济学规律"俯首帖耳"的工具的当代诱惑，正在使我们处于滑向类似事件的斜坡之上。事实上，只要这种以经济学为参照标准的想法相信，以此为参照标准就是体现市场的非人为力量，并主张客观**法**也要服从于这一参照标准，那么，这种想法就充斥着专制观念的胚芽，而这种专制观念是要把**法**克减为实施那种超凡的、强加适用于所有人的法律的简单工具[2]。

233   对国家正当性危机的另一个回应则相反，它是通过赋予国家以新的责任，并给人们在寻求正义的路上采取集体行动留下

---

〔1〕 参见本书第二章。

〔2〕 Cf. H. Arendt, *Le Système totalitaire*, *op. cit.*, p. 205 sq.

空间的方式，来授予国家正当性的。国家不是仅仅基于代表一种支配人的力量而进行统治，而是要使自己成为人们福利的服务者。"福利国家"赋予人们以新的权利和自由，在政治公民的观念上增加了一个社会公民的观念。社会权利既来自组建公共服务，以使一定数量的基础性公共福利向公众开放（健康、教育等）；也来自国家设立的雇员的保护性地位（劳动法和社会保障法）[1]。然而，对集体自由的确认曾经是福利国家的最突出特征，它使国家得以恢复其正当性。这种确认的重要之处曾在于，不给人预先强加一个人们幸福的版本，而是恰恰相反地，利用集体行动和集体冲突来将其能量转化为新的规则。事实上，福利国家相比专制国家的优势，不在于提供社会保障，而在于对一系列集体行动权的保障，这些权利允许被统治者反对统治者把自己的正义秩序观强加给社会。工会罢工和集体谈判都成为使力量关系转化为法律关系的建制机器上的组成部件。正是这些集体行动方面的权利，在不同国家以不同的形式，大大促进了对民法的社会性阐释，没有这种阐释就不会有劳动法和社会保障法的诞生。福利国家这一发明，使国家可以控制工业社会中的双重变动：即个人主义和相互依赖[2]。然而，事实上，它在控制的同时，也加速了这双重变动。使男人和女人都加入更广泛的互助网络中，例如，加入社会保障和公共教育之中，就等于是把他们从自己所在的地方互助中解放了出来，但同时也使得他们在国家层面上更加相互依赖了。国家，就是如此通

---

〔1〕 关于雇员身份地位的历史发展，参见 R. Castel, *Les Métamorphoses de la question sociale. Une chronique du salariat*, Fayard, 1995.

〔2〕 关于工业社会的紧张关系，参见 é. Durkheim, *De la division du travail social*, préface de la première édition〔1983〕, PUF, 10ᵉ éd. 1978, p. XLIII.

过树立一个宽厚君主的形象，容忍抗议行为，并且有可能回应所有的期待和弥补所有不好的方面的方式，终于重新找回了其正当性。

234　　当今，为回应一些人人皆知的原因（经济的、政治的和技术的），国家的边界开放了，这就动摇着调整社会生活的上述国内架构。国家范围内的互助保障开始受到了来自两个方面的质疑：一方面来自人们所称的全球化；另一方面来自生产的再定位化（relocalisation）或再地域化（reterritorialisation）[1]。全球化和生产定位化，是建立在地方比较优势升值基础之上的、世界经济战略不可分割的两个侧面。国家由此被困在这个"夹钳"之中。在国际层面，"全球化"导向一种法律秩序，在其中，国际竞争法因为被认为是不同国家共同利益的体现而适用于所有的国家。国家因而也只能在不阻碍商品与资本自由流通的情形下建立地方性的互助保障。如此使"全球的"和"地方的"这一古老二分法又回来了，这是一种索性想把民族层面上的国家一笔划掉的典型的霸权思想。从这一*新自由主义*视角看，竞争法在全球范围发挥着类似"宪法"的作用，国际商事组织与国家争夺着作为交易的第三方守护者的角色。不幸的是，竞争法不足以建立一种法律秩序，因为它只关注产品的流通，而忽视人和自然的命运，而如果没有人和自然，任何产品是生产不出来的。如此一来，国际经济秩序就带来很多社会问题和环境问题，而这些问题最终还是要由国家解决，但人们却又限制着国家采取行动的能力。在国内层面，国家应当直面安全、互助保障和分权方面的需求，这些需求因为全球化造成的不稳定后果

---

〔1〕　即改变生产地点，使之和消费地点更接近（译者加注）。

而成比例地增加着。它们通常都是通过与相关方面的利益代表谈判或协商得到解决的。在这些做法上，可以看到一种新行会主义，即公共利益的界定不再是国家的特权了，而是成为特殊利益各方力量关系较量的结果。国家不再是一个第三方守护者的角色，而是成了"社会对话"的一个参与方。

　　新行会主义与新自由主义在实践中的结合使得国家成为服从于超越国家的某些力量的简单工具，其中既有国际金融市场的力量，也有国内行业利益的力量。在国际舞台上作为一个法律主体的国家，就是这样丧失了其本质的一部分；对于最弱势和最贫穷的人来说，国家本质的大部分已经被克减掉了，这个国家好的话也就是徒有形式，坏的话就是一个掠夺者的角色了；而这些最弱势和最贫穷的人被迫卡在两种经济形势中：一边是国际金融机构强加的结构性调整规划[1]，另一边是众多民众赖以生存的非正规经济。国家的这种工具化和职能衰退对社会的运行只能带来负面的影响。"经济学规律"假设存在着一个人人身份都有保障的世界。然而，西方这种把社会克减为以利益最大化为目标的无数理性个人的幻想，是对人类学的基础信息毫无认知的表现。人的理性从来都不是一种即刻所得的科学数据，而是一系列制度的结果，这些制度可以赋予每个人的存在以含义、承认每个人在社会中的地位，并使每个人都可以展现其特有的天赋。一旦这样的身份不能由国家来保障，人们就竭力将其建立在其他东西之上：宗教的、伦理的、地区的、部族的或宗派的参照标准等[2]。由此，产生了很多身份方面的新形式的

　　[1]　诺贝尔经济学奖得主、世界银行前首席经济学家斯蒂格利茨（J. Stigitz）富有启发性的介绍，参见 La Grande Désillusion, op. cit.

　　[2]　关于美国的情况，参见 M. Piore, Beyond Individualism, Cambridge, Mass., Harvard Universtw Press, 1995。

诉求，这些都加速了国家的去稳定性，并由此打开关于参照标准的冲突之门，国内国际新闻充斥着这方面的例子。国家作用的衰退和让位于经济权势所产生的人们身份认知上的自我封闭和暴力，破坏着信任、鼓励着保护主义、并对它们所源于的经济全球化带来损害。

权力与权威的分离

236　　在西方，权力与权威的区分有一段悠久的历史。罗马法上，"potestas（权力）是指采取行动的能力，auctoritas（权威）是指确立他人行动的能力[1]"。基督教产生后，两者的区分曾经也为关于教皇和皇帝特权的论辩提供了素材[2]，这一论辩某种程度上以国家的世俗化为结局，国家在其手中集中了权力和权威，当然，代价是其权力内部要进行立法权、行政权和司法权的分离。如此一来，权力和权威的区分消除了，但给别的对立关系留下了空间——国家与民族、国家与市民社会、国家与市场——这些对立关系都曾使制度性的论战得以持续。但是，这种权力与权威的区分，当今伴随着"调节"的出现而重新浮出

---

〔1〕 P. Noailles, *Du droit sacré au droit civil*, op. cit., p. 250, et id., et Jus, op. cit., p. 223 sq., spéc. p. 274. Rapp. A. MagdeLain（*Ius Imperium auctoritas*, op. cit., spéc. p. 385 sq.）。根据该作者，auctoritas（权威）的多种使用，共同点都是赋予某一行为的实施以法律价值，因为只有该行为本身是不够的。关于这一概念的起源，参见 E. Benveniste, *Vocabulaire des institutions indo-européennes*, Minuit, t. Ⅱ, 1969, p. 148~151. 这一起源表明，auctoritas（权威），由 augeo（增加、增多）派生而来，含有专为某些人提供的、为了能让某事物出现或产生的捐赠的意思。

〔2〕 参见 494 年教皇热拉（Gélse）给皇帝的著名信件，区分了教会神圣权威（*auctoritas sacralis pontificum*）和王权（*regalis potestas*）（G. Dagron, *Empereur et prêtre*, Gallimard, 1996, p. 310 sq.）。

水面，"调节"导向对"操作者"（拥有采取行动的权力）的功能和"调节者"（对采取行动权力拥有权威的）的功能的区分。两种功能的区分是建立在如下的一种简单想法之上的：福利国家一方面扮演市场调节者的角色；但是另一方面，国家也是经济活动的操作者，有可能不受制裁地违反市场法则或者为了自身利益而绕过市场规则（而且国家可能违反或绕过的还包括其他的公共自由，例如信息自由）；当有这种身份混淆的风险存在时，最好是将这两种功能中的一种从国家手中拿掉（甚至是将两种功能都拿掉）。由此可以将调节的功能交给为此目的而特别设立的一个权威机构。

　　因此，市场的开放总是伴随着起调节作用的权威机构的繁荣，它们都不属于国家权力的范围[1]。在国内层面，它们是随着企业和公共服务的私有化（或者竞争的开放）和资本流动的自由化而繁荣起来的。这些权威机构中的大部分都是专门性的，负责一种产品或一种服务（电力、通信、电视、股票、药品等）[2]。同样以这种方式，人们还建立了一些涉及服务的权威机构：例如，为了参与一些公共服务（健康、住院）、为了保障

237

---

〔1〕　参考文献丰富，关于比较研究，参见 *Revue française de droit administrative*, 1995, p. 171 et 383. 关于法国情况，参见法国行政法院 2001 年公布的报告：*Les Autorités administratives indépendantes*, La Documentation française, 2001, p. 253 ~ 452；C. - A. Colliard, G. Timsit, *Les Autorités administratives indépendantes*, PUF, 1988；J. - L. Autin, 《*Du juge administratif aux autorités administratives indépendantes: un autre mode de régulation*》, *Revue de droit public*, 1988, p. 1213 sq. ; M. Jodeau-Grymberg, C. Bonnat, B. Pêcheur, 《*Les autorités administratives indépendantes*》, *Cahiers de la fonction publique et de l'administration*, 190, mai 2000, p. 3 ~ 14.

〔2〕　M. - A. Frison - Roche (dir.), *Les Régulations économiques: légitimité et efficacité*, Presses de Sciences Po et Dalloz, 2004.

某些自由（计算机的、信息的）、或者为了阐明针对社会重大问题决定而设立的权威机构（伦理委员会）[1]。在国际层面，也存在着一定数量的针对某些服务的专门性权威机构（例如航空），但最为突出的是，人们设立了一些负有市场调节一般使命的独立权威机构。这方面最早、影响也最深远的例子就是欧盟委员会。相比较而言，世贸组织的设立，是在更宽泛的层面上，其负责范围更窄，但其设立初衷也是出于这类想法。

239　　这些调节性"权威机构"的职能如同其涉及的领域一样多样，但是，在其正当性上还是有两个共同的特点：既含有技术官僚性（建立在专家之上而非集体的代表），又含有宗教性（如伦理委员会）。它们应当为法律制定提供灵感，并且，它们被认为既不依赖国家也不依赖私营操作者。然而，这些机构的独立性常常遭到异议：国家的影子总是存在的（尤其是在任命程序中），来自私营方面的游说人员也从来没有远离过。它们的使命总是会超出单纯技术鉴定的范畴，这迫使它们要持有价值判断，并以科学的、技术的或经济的裁判方式处理一些纠纷。我们可以看到一个趋势，那就是基于上述独立性和价值持守的原因，这些机构的运行也要服从于对一些重大程序原则的尊重，例如

---

〔1〕　经济分析委员会、伦理委员会等众多委员会对于政府而言，相当于过去君王身边的教士大臣的位置，负有把世俗的法律与神圣律法进行协调的职责。

在欧洲对《人权和基本自由欧洲公约》的遵守[1]。换言之，它们被迫回归到构成法律技术核心的那些价值上来。

这些"权威机构"的再现让人想起了一个重要的问题，该问题曾在19世纪30年代使社会法观念得以在法国诞生。构思了社会法的法律人那时就已经认识到一个事实，即劳资冲突不能用一般的司法途径来解决，即不能用一个既定的法律规则（不论是一个法律中规定的规则或是一个司法判例中的规则）来解决劳资纠纷。事实上，大部分的劳资冲突都是为了一个新的利益规则的确立。这就能解释这些法律人曾经对设立一种特殊的劳资冲突审理制度寄予厚望：这一审判制度具有社会经济领域的重要管辖权，并且，通过对劳资冲突的仲裁，能够建立起一个真实地与劳动世界相联系、而不是与政治或经济力量对比关系相联系的社会法[2]。而当今则恰恰相反，这种设立特别权威机构的想法不是在社会领域而是在经济领域得到了繁荣发展。由此而来就出现权威机构所在的经济领域与权威机构减弱了的社会领域之间的不平衡，这种不平衡在使经济与社会的对立上产生了各种不利影响。事实上，负责市场的权威机构认为它们所处理的问题不需要考虑社会层面。这不是说社会层面不存在，

---

〔1〕 Cass. Com., 18 juin 1996 (Conso), Bull. Civ., n° 179; Ass. Plén., 5 fév. 1999 (Oury), Bull. Civ., n° 1; Conseild'Etat, Ass., 3 déc. 1999 (Didier); voir J. Ribs et R. Schwartz,《L'actualité des sanctions administratives infligées par les autoriés administratives indépendantes》, Gaz. Pal., 28 juil. 2000, p. 3~11; J. -F. Brisson,《Les pouvoirs de sanction des autorités de régulation et l'article 6 § 1 de la Convention européenne des droits de l'Homme》, L'Actualité juridique du droit administrative (dorénavant AJDA), 1999, p. 847~859.

〔2〕 P. Laroque,《Contentieux social et juridiction sociale》, *Droit social*, 1954, p. 271~280.

只是说没有一个机构被授权可以允许国家以社会层面考量为抗辩理由来限制竞争法则的适用。这种状况导致一些决定的作出，可能就是大笔一挥地对整个社会赖以生存的物质条件造成破坏，尤其是对于那些最为贫穷的人而言这种破坏更明显[1]。

立法权的肢解

240 　　"法律是普遍意志的表达。所有公民都有权亲自或通过其代表参与法律的制定[2]。"在启蒙时代政治哲学的民主制度中，拥有主权的人民享有自己决定他们法律的权利。这一权利除了在直接使用的情形下（全民公决），都应当通过人民选举出来的代表组成的议会来行使[3]。正是因为法律是人民意志的表达，在现代民主中才会用选举而不是用雅典民主中作为规则的抽签方式来进行[4]。曾经在中世纪决策中就已经出现过的多数票的

---

〔1〕　欧共体关于巧克力的定义（2000年6月23日的欧共体指令2000/36/CE允许生产商用植物脂肪代替可可）就是这类决定的一个很好的例子，这类决定更多的是源于一种无节制的唯利是图，而不是行使权威（欧共体北部得以发财，而损害了南部的消费者和可可生产商）。

〔2〕　法国1789年《人权和公民权宣言》第6条。

〔3〕　1948年《世界人权宣言》第21条第3款规定："人民的意志是政府权力的基础，这一意志应当通过诚实选举表现出来，选举应当是以定期、无记名、全民投票的方式举行，或根据确保投票自由的同等程序举行。"

〔4〕　Cf. B. Manin, *Principes du gouvernement représentatif*, Flammarion, 1996, p. 20 *sq.*

计算数量方法[1]，随着资产阶级大革命也获胜了，它取代了代表资格在省份、职业或者人的身份上的差异[2]。根据托克维尔（Tocqueville）的表述，"统治的观念很简单：单靠数量自身就能产生法律或法。所有的政治都归结为一个算术问题[3]"。在所有的民主制度中，全民投票选举出来的议会就是这样成为行使立法权的机构。这一全国性的代表体现着人民的普遍意愿，不能成为由团体的或特别利益的代表组成的一种代表大会。任何"人民的一部分"、任何中间性团体都不能被接受到议会中而把他们自己的法律强加给全体人民[4]，因为"*任何主权的本原都根本地在于整个国民。任何团体、任何个人都不能行使未经整个国民明确授权的权力*[5]"。

涉及法国，我们要试着回溯到 1958 年、回溯到《法国第五共和国宪法》制订之时，这是享有主权的人民选举出的代表的　242

────────────

〔1〕　关于选举代表制的中世纪起源，参见 L. Moulin，《Les origines religieuses des techniques électorales et délibératives modernes》，*op. cit.*，et id.，《Sanior et maior pars. étude sur l'révolution des techniques électorales et délibératives dans les orders religieux du VIe au VIIIe siècle》，op. cit.；G. de Lagarde，*La Naissance de l'esprit laic à la fin du Moyen Âge*，Louvain，Nauwelaerts 1956；M. Clark，Medieval Representation and Consent，New York，Longmans，Green，1964；A. Monahan，Consent，*Coercion and Limit. The Medieval Origins of parliamentary Democracy*，Kingston，Canada，McGill-Queen's University Press，1987；Y. Congar，*Droit ancien et structures ecclésiales*，Londres，1982，p. 210~259；G. Post，*Studies in Medieval Legal Thought*，Princeton，Princeton University Press，1964，p. 123~238.

〔2〕　Cf. Rosanvallon，*Le Sacre du citoyen*，op. cit.

〔3〕　A. de Tocqueville，*Considérations sur la Révolution*，Ⅰ，5，in *Oeuvres*，Gallimard，《Bibliothèque de la Pléiade》，t. 3，2004，p. 492.

〔4〕　1958 年《法国宪法》第 3 条："国家主权属于人民，人民通过代表和全民共决行使主权。任何个人和人民的组成部分都不得擅自行使这一主权。"

〔5〕　法国 1789 年《人权和公民权宣言》第 3 条。

立法权衰退的初期。随着授权给政府确定议会议程的规定的实施[1]，代表的立法权几乎完全被剥夺了提议法律的功能。另外，又由于某些领域是明确交由制定条例的权力机构来规范的[2]，所以，立法权实际上丧失了其权力应有的全能性，这里制定条例的权力机构是置于另一个新的机构——宪法委员会的监督之下的，而宪法委员会后来不久就成为调节性权威机构的样板了。1958年，立法权上的这些退缩都是为了便于行政权的执行，实际上是有利于国家的一些重大团体，它们不久就把政治的、经济的和行政的最高职能都集中在自己的手中了。正是在这个时期，中间性团体也即后来被称为"国家贵族"的权力团体重新出现在法国制度中[3]。仅仅十多年以后，在1968年之后的突发事件以及关于"自主管理""参与"和"新社会"的论辩中，随着一种旨在把工会和雇主组织紧密联合到公共事务推进中的"契约型政策"的实施，另一种中间性团体——工会组织和雇主组织，也开始出现在立法舞台上。这种倾向并不仅存在于社会事务中[4]，在其他领域（例如教育、健康和农业）中也有更加具体和明确的存在，其中政治权力的行使，事实上是在职业工会的托管之下进行的。但是，恰恰是在劳动关系领域，中间性团体参与立法是最容易实施的，因为这个领域中有一个强有力的法律杠杆可用，那就是宪法规定的参与原则。

---

〔1〕《法国宪法》第48条："议会的日程包括，在优先并由政府确立的框架下，对政府提交的法律草案的讨论和政府所接受的关于法律的建议。"

〔2〕《法国宪法》第37条："在法律所规范的领域之外的内容，属于条例范畴。"

〔3〕 Cf. P. Bourdieu, *La Noblesse d'état*, Minuit, 1989.

〔4〕 Cf. J. Commaille, *L'Esprit sociologique des lois. Essai de sociologie des lois*, PUF, 1994.

根据 1958 年《法国第五共和国宪法》确认的、1946 年《宪法》序言第 8 条的规定，"所有劳动者通过其代表参加劳动条件的集体决定和企业管理[1]"。就法律层面而言，劳动者是参与权的唯一享有主体，但是，当这个参与原则用来证明集体谈判范围得以扩大以后，雇主最终也变成了这种参与权行使的共同管理人。

首先，集体谈判可以参与草拟法律。这种通过集体谈判制定法律（*loi négociée*）的现象，三十年以来，产生了重要影响[2]。在此情形下，法律内容的具体含义，是来自一直伴随着法律整个草拟过程的劳资团体之间达成的集体协议，谈判（特别利益之间的交易）和审议（普遍利益的寻找）之间的区别因而变得模糊不清了。这种通过集体谈判而制定法律的现象经历了两种形态。第一种形态是交由劳资团体来提议法律的内容，因而，在议会审议之前，就会组织劳资团体进行集体谈判。集体谈判达成的集体协议的全部或部分随后就以法律的形式通过[3]。在这种形态下，社会伙伴（即劳资团体）事实上被授予了宪法规定的（第 39 条）专属于总理或议会的提议法律的权力。劳资团体达成的集体协议于是就起到了法律草案的功能。这些都导致了劳资团体有时为了自身利益而主张《法国第五共

243

---

〔1〕 关于宪法法院在雇员参与原则上的判例，参见 X. Prétot，《Les sources du droit du travail au regard du droit public》，in B. Teyssié（dir.），*Les Sources du droit du travail*，PUF，1998，n°209 sq. Add. V. Ogier-Bernaud，*Les Droits constitutionnels des travailleurs*，Aix-Marseille，Pari PU Aix-Marseille et Eco-nomica，2003.

〔2〕 J. -M. Verdier et Ph. Langlois，《Aux confins de la théorie des sources du droit：une relation nouvelle entre la loi et l'accord collectif》，*Rec. Dalloz*. 1972，chr.，p. 253.

〔3〕 这一方法被多次用于改革劳动法领域的很多内容，如职业培训、劳动时间、就业、工资的月薪化和临时合同等。

和国宪法》赋予政府的权力[1]：限制议会的修改权、给议会强加一种对集体协议提议的法案的"阻止投票"（vote bloqué)[2]。第二种形态在于进行两次立法，在两次立法之间进行集体谈判。立法者开始在第一个法律中规定某一基本目标、并要求劳资团体进行集体谈判以确定实现该目标的手段；接着通过第二部法律，其内容就是从集体谈判结果中汲取的。这种方法使用过数次[3]之后，被认为与宪法委员会的判例一致，宪法委员会承认，立法者可以把确定关于劳动法基本原则方面的规范交给劳资团体负责，"只要留给集体谈判参与方的行动自由，就可以使他们在一段试行和对试行结果评估之后通过合适的新规则[4]"。

245　　其次，集体谈判也可以参与法律实施。即立法者规定某个法律的实施通过集体合同条款来落实的情形。因此，在这里，

───────────

〔1〕《宪法》第44条第3款："应政府要求，议会就讨论中的法律草案中只涉及政府提议或接受的修改意见进行一次投票表决。"

〔2〕 为达到这一目的，社会伙伴在集体协议中引入一些预先规定"自动消灭"的条款——如果集体协议的内容被议会表决修改了，集体协议就自动消灭（cf. G. Couturier, Droit du travail, PUF, t. I, 3ème éd. 1996, n. 27, p. 53)。

〔3〕 1982年使用过这种方法，是为了引入劳动者的直接言论自由权［1982年8月4日 n. 82-689号法律，1986年1月3日 n. 86-1号法律，参见《劳动法典》法律卷第461-1条等（即现行《劳动法典》法律卷第2281-1，-2，-3条——译者加注)］。1987年再次使用这种方法是废除对经济性裁员的行政审查（1986年7月3日的法律，1986年10月20日跨行业集体协议，以及1986年12月30日法律，参见 M. Despax，"从集体协议到法律"，Droit Social, 1987, p. 184 sq.)。

〔4〕 Conseil constitutionnel, décision n°96-383 DC du 6 nov. 1996（宪法法院决定). 关于宪法法院这一决定，参见 B. Mathieu, 《Précision relatives au droit constitutionnel de la négociation collective》, Rec. Dalloz , 1997, chr. P. 152；关于立法试行，参见 C. -A. Morand（dir.)，évaluation législative et lois expérimentales, Aix-Marseille, PU Aix-Marseille, 1993.

法律内容的具体含义是在实施中显现的，因而法律的发布与实施之间的区分就变得模糊不清了。这种参与立法活动的方式也有人们熟知的多种变化形式。第一种形式，就是在劳动法中引入一些*补充性法律*（*lois supplétives*），允许订立变通的企业层面或行业层面的集体协议（*accords dérogatoires*），即：法律所规定的最低红线，不再是不可违反的强制性的底线——让集体协议只能朝着对劳动者更有利的方向改变，而是一种辅助性的底线，当没有集体合同相关规定时，才适用这个法定的最低红线。通过这种机制，立法者授权劳资团体用行业或企业的集体合同这样的"法律"来取代国家的法律。集体谈判的参与者如此被赋予了一部分立法权，但是，这只能是在立法者想要如此做的条件下才成立。这里变通法律规定的可能性也是以明确的立法授权为前提的[1]。他们参与立法，完全是要感谢立法者的意愿。这种机制使得法律成为一种*辅助性的规范*（*norme subsidiaire*），这一机制一方面可以提出法定的要求，另一方面又可以给这一法定要求的实施环境的多样性留出空间。这就是这种机制在欧盟法中备受欢迎的原因了，此机制在欧盟法中的使用可谓"业绩突出"[2]。将劳资团体纳入到法律实施中的第二种形式，在于通过一种*任意性法律*（*loi dispositive*），该类法律只能通过集体合同的方式来实施。其与上述补充性法律的不同在于，任意性法律没有任何在缺乏集体合同规定情形下的辅助

---

〔1〕　C. E., 27 juil. 2001, Fédération nationale des transports Force ouvriére, *Revue de jurisprudence sociale*, 1/02, n°107（一个规章里关于在没有明确的立法授权下，集体合同可以朝着对雇员不利的方向变通的规定是无效的）。

〔2〕　例如，为了实施跨国企业中的信息和咨询义务，指令 n. 94/45/CE 强制在这些企业中，对负责界定这一义务的具体内容的"集体谈判的特殊小组"进行咨询，以弥补集体谈判失败的情况。

性实施规则。这种机制使得法律成为一种*促进性规范*（ *norme incitative*），这就是它被广泛用于就业领域政策的原因。实际上，它使得国家可以在尊重参与市场的操作者的自由的同时，着重于劳动市场[1]。但是，这种机制也扩展到了劳动法的其他领域，例如反歧视[2]、利润分享和雇员储蓄规划[3]、促进缩短工时[4]等。第三种劳资团体参与法律实施的形式是，由立法者授权劳资团体来确定实施立法者已经通过的那些规范的具体方式，这也就相当于把政府制定条例的部分权力授予了劳资团体。这种方式也因为符合法国1946年《宪法》序言第8条的劳动者参与原则而得到了法国宪法委员会的支持[5]，同时在欧盟法上也得到了特别有力的认可，因为欧盟条约（第137条第4段和第139条第2段）提供了以集体合同的方式转化欧盟指令

---

〔1〕 我们可以把大部分涉及动用国家就业基金的法律都归入这一类。这类基金的使用要接受不同情形下的一系列合同的签订要求：国家与企业之间的协议（称为 FNE 协议）、雇主和工会之间签订的集体协议、雇主与雇用个人之间签订的个人劳动合同（参见 J. Pélissier, A. Supiot, A. Jeammaud, *Droit du travail*, op. cit. n. 232 sq.）。

〔2〕 C. trav., art. L. 123-4-1 et D. 123-1 à 123-5（现行《劳动法典》法律卷第 1143-1 和法律卷第 1144-3 条——译者加注）；loi du 13 juil. 1983, art. 18（modif. par la loi n°2001-397 du 9 mai 2001）et art. D. 123-6 sq.，关于在国家与雇主或劳资团体组织之间签订"实现职业平等目标的合同"的规定。

〔3〕 参见被称为"法比尤斯（Fabius）法"（loi n°2001-152 du 19 fév. 2001（J. O. du 20））所规定的激励性机制：Y. Saint-Jours, D. 2001, chr. p. 1179; G. Iacono, D., 2001, chr. p. 1259; F. Favennec-Héry, *Revue de jurisprudence sociale*, 1/02, chr. p. 2.

〔4〕 参见为过渡到 35 小时工作周相关财政方面的规定（cf. J. Pélissier, A. Supiot, A. Jeammaud, Droit du travail, op. cit., n°920）。

〔5〕 "立法者，在确定了劳动条件和劳动关系方面的权利和义务之后，可以就这些规范的具体实施方法交给雇主和雇员或他们的代表组织，在经过适当协商一致后决定"（Conseil constitutionel, décision 89-257 du 25 juillet 1989, *Droit social*, 1989, p. 81, note X. Prétot, AJDA, 1989, p. 796, note F. Benoit-Rhomer）。

的这一开放可能性。

对民主原则传统阐释最明显的扭曲，反而合乎逻辑地出现 247
在欧盟法上。根据民主原则，国家主权是完整的，只能通过人
民选举出来的代表表达出来。从这一原则视角看，《罗马条约》
从一开始就提供了一个混乱景象，立法工作被划分到以下四个
机构中：一个混杂着行政权的市场权威机构（欧共体委员会）、
一个不同成员国代表们组成的机构（理事会）、一个由各成员国
人民投票选举的代表组成的代表大会（议会）和一个被授权对
条例实施作出判决的法官（欧共体法院）。既然理事会是由民主
选举出来的各国政府的代表组成的，说明民主制度下选举作为
立法权基础的原则仍然没变。但是，整体来看，欧盟的制度建
设透出一股资产阶级革命前的旧制度的味道：欧盟委员会，就
是一个技术官僚机构，相当于旧制度下的神职人员，是单一市
场法律的最高解释者并在单一市场中拥有权威；理事会则起到
旧制度下政府的作用，负责从质上（成员国之间的均衡）和量
上（全民选举）代表欧洲人民[1]；自 1789 年以来人们认为制
定规则的法官已经被废除了，但他们却随着欧盟法院的设立又
取得了一种新的显赫地位；最后，议会是由各成员国全民投票
选举出来的代表组成的，它并不真正享有权力，只不过是有些
形式上的作用而已。对于欧元区成员国，更是向前多走了一步，
即建立了超国家的货币权威机构（欧盟银行），其运作不受任何
政治权力制约，是自中世纪以来前所未有的一种模式。

同期，《马斯特里赫特条约》允许，在社会领域，社会伙伴 248

---

〔1〕 Cf. C Barbier,《Un traité constitutionnel enquête de ses ultimes auteurs》, *Demain l'Europe*, 23, juillet 2004, p. 2）.

（即劳资团体）可以在指令制定过程中不经邀请直接替代议会的角色[1]。毫无疑问，这种"带有规则制定性质的劳资集体协议"是一种重大的法律革新。它带来的后果是立法权在多种机构之间分享：欧盟委员会作为立法过程的提议者；劳资团体作为立法提议直接涉及的组织，进行集体谈判以形成新的文本；理事会赋予该文本以指令的法律效力；各成员国对指令在本国法律制定中的实施结果负责。在这样一个欧盟法的起草和实施过程中，欧盟议会几乎没有被邀请参与其中！正如欧盟法官所观察到的一样，欧盟层面所建立的是一种新版本的民主原则，在这一版本中，利益集团的"合并起来的足够代表性"取代了欧盟议员选举的代表性[2]。这种新版本也让人想起封建制度，作为人民意愿的表达方式，不同社会团体的均衡代表性胜过了选票数量的规则。

249　　然而，如果人们在欧盟法中看到一种法国法律文化所陌生的特洛伊木马（cheval de Troie）现象，那就错了，因为《马斯特里赫特条约》授权的这类"带有规则制定性质的劳资集体协议"恰恰是典型的法国风格。实际上，没有任何一个其他的欧洲国家在当时提供这样一个跨行业的全国性集体谈判参与立法的模式。

---

〔1〕　这方面的规定经《欧盟条约》第138、139条得到了强化：当欧盟委员会打算在社会领域起草某一指令的时候，社会伙伴有权把持这个问题的解决、进行劳资谈判、最后达成集体协议，理事会赋予该集体协议以法律约束力。

〔2〕　欧盟建立其上的民主原则要求，如果欧盟议会没有参加某一立法文件的制定过程，那么，人民的参与就得以一种替代的方式进行，即在此情况下由作为社会伙伴的劳资代表以集体谈判的方式体现出来（欧共体法庭案例 17 Juin 1998 aff. T-135-96, CGPME, *Droit social*, 1999, 53, obs. M. -A. Moreau, voir § 89）。建立欧洲联盟条约在此方向上更进了一步，即在代表性民主（art. Ⅰ-46）和"自主性"社会对话（art. Ⅰ-48）之外，允许第三种民主方式（参与式民主：art. Ⅰ-47）。

因此，欧盟法以某种方式折射出来的正是法国自己的形象，250
一种封建遗产的形象，即法国法律文化的一个侧面，尽管我们
都不愿意承认它所具有的持久性和力量。正如弗洛伊德学派的
原始图像一样，当代众多学者在回顾法国各项基础法律范畴的
起源时，中世纪总是被毫无声息地忽略过去，当他们并不想简
单地把起源确定在 1789 年（甚至民法典开始实施的 1804 年）
时，他们就直接从古代社会跳到文艺复兴时期，从罗马法跳到
国内法。这种把中世纪排除在外的力量，对于法国这样一个经
历了最完整形式封建阶段的国家而言[1]，显得更加巨大。我们
难以看到封建结构在国家—民族的衰退中取得了一种新的现代
性。我们看不到这一事实：国家—民族的衰退并不伴随着个人
自由相对应地发展，因为这种国家—民族的衰退使合同文化中
的封建性因素得以再现。当今，合同以封建诸侯附庸的方式，
把自由的人们纳入义务的大幕之中，这一大幕既裹挟着人们又
使人们难以控制它。

自由的依附

人们可能会想到国家统治权的衰退会引起个人自由机械地 250
得到加强。但是，这样的想法恐怕忽略了一点：自由，只能在
法律担当起保护那些不能克减为与财产和服务进行交换的东西
的时候，即对那些超出了价值衡量上讨价还价的东西进行保护
之时[2]，才能充分地展现出来。相反地，一旦在法律把它所应

---

〔1〕 Cf. M. Bloch, *La Société féodale*, *op. cit.* 关于现代合同的中世纪起源，参见
本书第三章。

〔2〕 参见本书第三章。

明确的东西交给合同来界定的情形下，法律应有内涵的界定，合同双方就处于对超越他们各方财产利益的一些目标的依附之中。如此一来，合同，没有服务于数量上的交换，而是通过参与对公共利益的界定来使自己"公共化"。这影响到当事人意愿的自主性：当事人对于各自想要什么是自由的，但是，条件是要追求超越他们各方自身利益的目标。所以他们的自由就得依附于这些目标的实现。在社会经济领域，这种现象表现得更为清晰：在个人层面，通过行为的标准化；在集体层面，通过**法**的资源的工具化。

行为的标准化

251   希望合同成为一个人的意愿服从于另一个人意愿的工具，这并不令人惊讶。作为劳动合同特点的从属关系的含义即是如此。但是如今，这里的服从，则更倾向采取一种新的形式。随着从属关系标准变得无足轻重，很多雇员在劳动的履行上享有了一定程度的自由，但是，这只是一种目标性的自由，因为他还要服从于和雇主协议中订立的目标的实现。相应地，企业所建立的合同关系或社会联系也让企业看到其法律独立性受到了减损，因为这些关系或联系都限制着企业的经济行为。由此，权力通过"客观"标准表现出来，与企业领导的独断权力无关了。于是，从对人的统治或管制（gouvernement），过渡到人们当今所称的"治理"（gouvernance）。治理（gouvernance）之于统治或管制（gouvernement），如同调节（régulation）之于调整（réglementation），伦理（éthique）之于道德（morale）：行为标准化的技术，倾向于填补法律与法的主体之间的间隔。不论在何种情形下，都是为了得到人的一种自觉遵守的并且与已建秩序保持一致的行为。

这真是一个历史的讽刺：敌对礼治的现代西方却再次发现 252
了曾经确立古代中国礼治并使之放弃"法治"[1] 的一些原则。
正如汪德迈（Vandermeersh）所表达的，礼的机制在于用事物存
在理由的形式来调整社会关系，这就是世界和谐运转的关键：
"人们一旦遵守了礼，社会就得以进入和谐状态，每个人都自然
地在其位置上，以最适合大家也是最适合自己的方式行动。礼
治，完全不需要权利和自由的观念，相反地，却给自发（自然）
的思想留下了重要空间[2]"。中国的学者们常使用一种关于渗
出的生理学隐喻来说明这样的理念，根据这一理念，标准不应
该由外部强加给人，而应当通过有说服力的浸润的方式来实现：
"为了让人们对皇权心悦诚服，应当使皇帝诏书的权威性对人心
的浸润如同人体的汗水对人的浸润一般。如此分散在宇宙中的
各种存在就会是和谐的[3]。"这一理想，在当今西方就表现为
治理、调节或者伦理的理念，它们用于摒弃法律和限制，而鼓
励自发地加入到一种秩序之中。

这种对人的行为纪律上要求的新形式，恰恰是在大规模的 253
跨国企业中开始构思和试用的。这些企业做法上的新意不在于
国际贸易在其中所占据的位置，而在于使国际贸易从国家的制
度框架中解放出来。现如今，这一模式已成为一种世界性的体
系了，其中一些特别的功能（研究、发展、设计、策划、制造
和营销）都是根据跨国的规划来组织进行的。这些企业，从国

---

〔1〕　参见本书第二章。

〔2〕　L. Vandermeersch,《An inquiry into the Chinese conception of the law》, in
S. R. Schram（ed.）, The Scope of State Power in China, op. cit.

〔3〕　Cheng Yi, cité par L. Vandermeersch,《An inquiry into the Chinese conception of
the law》, loc. cit.

家的托管中解放了出来，但是也被剥夺了它们曾俘虏的市场，它们在一个交易开放的环境中面临着新的风险[1]。这些企业不仅要监督它们的雇员，也要监督对其利润的实现有影响的所有人（投资者、消费者、供应商、分包商、投资接受国的相关职员等）的行为。它们由此变成了行使权力的新技术得以发明和完善的实验室，之后，这些新技术就被拿到公共领域来试用。显而易见，在这些新技术中，信息和通信所占的空间很大。借助私有化和贸易自由化，这些企业已经控制了思想和图像领域，直接（通过财政控制）或者间接地（资助广告）插手所有重要的媒体（广播、电视、报纸、出版、影片制作和传播）。如此一来，它们也能更确定地占据教会都从未确定占据的精神领域。这些企业使很多政治人物和知识分子都转向认可它们企业的价值，它们甚至简单纯粹地收买这些人，并因此赢得了他们的偏爱，毒害公共生活的到处可见的数不清的腐败案例就是这种现象的佐证[2]。新的法律手段也被动用起来以确保对上游分包商的控制（技术认证和标签化）、对下游消费者忠诚度的控制（使用一种人际关系合同，将消费者与供货商联系起来，甚至超出了及时提供产品或服务的范畴）。

---

〔1〕 在一本被出版商推销为"管理教父"之"第一通谕"的书中，德鲁克（Peter Drucker）如此写道："在一个传统跨国企业中，政治信息和经济信息是一致的，国家这个时候就是利润的中心。然而，在当今的跨国企业中，在不得不转变的老的跨国企业中，国家只是一个成本的中心，更多地代表着困难的源头，而不再是一个组织、劳动、战略或生产的单位所指了"（P. Drucker, *Management's Challenges for the 21th century*, New York, HarperCollins 1999, trad. fr. L'Avenir du Management, Ed. Village Mondial, 199 cité p. 43）。同一主题还可参见 R. Reich, *L'Economie mondialisée*, op. cit.

〔2〕 Cf. Y. Mény, *La Corruption de la République*, Fayard, 1992.

　　但是，恰恰是在"人力资源"开发的各种新形态中，"治理"这一新手段的表现才是最清晰的。"治理"，在没有排除对礼的使用（这在管理领域很时髦）的同时，对西方法律文化的素材尤其是合同也进行了回收利用。合同，基于重新发现其带有的封建性色彩[1]，通过让人们接受"客观的"评价标准的方式，服务于一种新型的忠顺关系搭建，这些评价标准甚至不必以发出命令的方式就可以支配人们的行为举止。这些联系不仅连接着这些企业和为这些企业工作的人，而且连接着那些被排除出企业的人（失业者），甚至还包括那些指挥企业的人（老板）。

　　"我们都被目标化了！"劳动者如此理解他们所服从的"人力资源"指挥的新形式[2]。被目标化了的劳动者（*travailleur objective*）是指，其处于对要实现目标的匿名权力的服从地位，失去了与其上司之间人际关系这一最后的主观性因素。曾经的泰勒式劳动模式是，把劳动者的行为标准化作为法律从属关系的表现：每个岗位上的劳动都被分解为一系列简单并且尽可能可衡量的行为，分配到岗位上的劳动者应该按照次序和规定的速度操作这些行为，并在另一个上级雇员的监督下完成这些行为。这种劳动的组织安排适用于批量生产的、质量标准要求不高的产品。而新的劳动组织安排的图解则是相反地，涉及差异性和高质量的产品或服务，因而需要给劳动者在劳动时留有一定的自由空间，这又与泰勒式劳动想去掉的"机械的艺术"传统相对接。从这一角度看，上司的领导分量就得减轻，但是，

---

　　〔1〕　参见本书第三章。

　　〔2〕　Cf. E. Orban, *Services publics! Individu, marché et intérêt public*, Syllepse, 2004, p. 47.

对劳动者的监督并不消失，只是监督的目标转移了：不再是完成某一具体任务的方式，而是在于该任务的完成。劳动者在劳动履行中不再服从于上司的命令，而是接受通常而言是透明的、可检测的、人人皆知的目标，这些目标的实施自然需要监督的程序。这一程序同时用于评价劳动者的能力和工作表现，以及所指定的目标的适当性；而且，也用于根据实践总结出的教训来使劳动者适应这些已确立的目标。

255　　如此一来，企业都在落实制定用于考核每个劳动者贡献的标准。于是，对人的要求的标准化接替代表泰勒式劳动模式的行为标准化。无论如何，这都涉及减少劳动合同所固有的用人风险的问题（雇主永远不可能对所招聘的雇员的能力一直有把握）。正是因为每个劳动者把企业的标准和价值都内化了，不再是以劳动实现法典条文的方式，才可能实现用人风险的减少。上司的权力不再来自他比下属做得更好的事实（在完成任务上，上司常常比下属更缺乏相关知识），而是来自有资格制定考核下属工作表现的标准这一事实[1]。这些标准通常是由企业外部的专家草拟的，为了给雇主所作决定提供正当性，尤其是在工资方面[2]。实际上，劳动报酬政策（工资和参与企业分享），是除个人单独的考核面试和目标协议以外的，企业参与式管理的一个重要方法。这一政策通常以岗位和表现的标准为基础（假定是客观的），采用工资的个性化方式。在此，对于劳动者而言，用来换取工资的，不再是他付出的可测量的一部分时间和

---

　　[1]　有些标准在企业中取得了很大的成功，例如，海氏岗位评价法（Hay），可以综合其他因素评价劳动者具备"自发创新"性的级别。Cf. C. -H. Besseyre des Horts, *Gérer les ressources humaines dans l'entreprise*, Les Editions d'organisation, 1990, p. 52 sq.

　　[2]　Cf. B. Raynaud, *Le Salaire, la règle et le marché*, C. -Bourgois, 1992.

他机械地服从命令所完成的工作成果，而是他要付出"最好的自己"以使自己的收入最大化。换言之，他的行为举止就"如同"他是自我雇用的一样。如此一来，雇员"像自我雇用一样为自己工作"的这样一个假设就得以实现，并且，雇主的那种拥有无所不知、无所不能的"神圣权"（droit divin）的权力，就通过实施管理标准的方式，让位给了一种功能性的权威，而这些管理标准又是建立在设计它们或把它们纳入到审计程序中实施的专家权威之上的[1]。

那么随之而来的一个问题就是，如果雇员没有完成分配给 257 他的工作任务在法律上有什么后果？根据法国最高法院的一个司法判例，没有完成分配的工作任务并不当然构成解雇的合法理由，因为，要构成一个对雇员可抗辩的合法解雇理由，必须满足三个条件[2]：①理由是现实的而非虚拟的；②该任务同时从培训和行为手段上看，都与雇员的职业能力相称；③没有完成任务的雇员的过错必须是符合特定条件的。这个司法判例，实际上是与目标导向原则相一致：使权力成为某种客观的东西、清除掉任何主观滥用的痕迹。这个判例除了裁判了一个特别有难度的案例之外，也表达了一个较为一般意义上的规则：就法律角度而言，这些完成工作任务的标准，不属于可以主张不适用对质辩论原则的"客观的"标准。人们期望从此以后，雇员的明确同意构成雇主所作决定具有合法性的一个条件。我们在另一个判例中看到这一点的另一个表现，有个判例主张，雇主

〔1〕　Cf. M. Power, *The Audit Society. Rituals of Verification*, Oxford University Press, 1997.

〔2〕　Cf. Ph. Waquet, 《Les objectifs》, *Droit social*, 2001, p. 120.

采取一项包含修改合同内容在内的纪律处罚需要得到雇员的同意[1]。这个判例受到学术界的强烈反对，它无疑会带来有害的影响，因为它引导雇主采用解雇而不是更轻的处罚。但是，人们由此看到了劳动纪律客观化的一个清晰表现：通过受罚人同意接受的惩罚而体现出来劳动纪律不再是雇主单方面行使的权力了。换言之，在此，合同化具有了劳动纪律内化的属性，这一点在刑法的变迁中也很明显[2]。

258　　　上述现象超出劳动合同之外也是不足为怪的。这里也涉及自我雇用的劳动者。在一个囊括产品制造方方面面的、集中式的、等级严格的企业经营模式之下，从属性劳动和独立性劳动的区分是很清晰的。然而，在当今占上风的经济行为的网状模式之下[3]，这二者的区分就变得模糊了。劳动法上的法律从属观念和严格服从上司命令的观念变得淡薄了，让位给一种成为一个组织整体的有机部分的观念，在这个组织中，在实现他们所认同的目标上，劳动者的实现方式是自由的，这些目标既适用于劳动者也适用于劳动者的上司，但都是一些客观的考核标准。而在民法和商法上则相反，法律上的独立性失去了实质意义，为的是使企业服从于生产内化或分配内化了的网络的集体纪律。农业或商业领域充斥着大量的依附性的企业，它们承担

---

　　〔1〕　Soc., 16 juin 1998, SociétéHôtel Le Berry, *Droit social*, 1998 p. 803, rapp. Ph. Waquet. Voir Chr. Radé,《à propos de la contractualisation du pouvoir disciplinaire de l'employeur: critique d'une jurisprudence hérétique》, *Droit social*, 1999, 3; M. Morand,《Le contractuelpourchasse le disciplinaire》, *JCP*, éd. E, 1998, p. 2058.

　　〔2〕　一些刑罚形式越来越多地被使用，例如为公共利益的劳动或者电子监控下的就业安置，都是需要得到犯人同意的（P. Poncela, *Droit de la peine*, PUF,《Thémis》, 2ᵉ éd. 2001, p. 126 sq.）。

　　〔3〕　关于欧洲比较分析，参见 A. Supiot（dir.）, *Au-delà de l'emploi, op. cit.*, p. 25 sq.

着企业的责任，但是又不能自由地指挥企业[1]。在上述两种情形下，可以说呈现的是新形式的从属关系[2]。劳动，越来越多地是在回应边界不确定的网络中的各种协调程序，而不再是属于等级森严的稳定的集体组织中的劳动了。个人目标的合同化，作为一种给人确定标准的方法，已经很快地在劳动关系以外的领域中传播开来。这种方法也被国家为达成其自身目的而应用，国家在近二十年来一直致力于使合同成为社会联系的一种工具。法国 1988 年设立的融入职场的最低收入（RMI）就是这样一个试验。领取该收入的人必须同时签订一份融入职场合同，这一合同明确双方义务，一方领取人有义务接受一项融入职场的规划；另一方公共权力部门有义务帮助这一融入职场的规划顺利实现[3]。在此之后几年，另一项类似的合同化技术，为失业保险的改革提供了基础。受到英国的求职者协议（job seeker agreement）[4] 的启发，法国 2000 年"重塑"失业保险的主要创新，就在于使失业人员和失业保险职业管理机构（Assedic）、政府就业服务机构（ANPE）之间的关系合同化。从这以后，任何求职人员都应和失业保险职业管理机构签订一个*回归岗位救助规划*（PARE），以明确求职人员、失业保险职业管理机构和政府就业服务机构各自的权利和义务。只有他们签订了这个救助规划以

---

〔1〕　Cf. L. Lorvellec，《L'agriculteur sous contrat》，*op. cit*，repris in *écrits de droit rural et agroalimentaire*，Dalloz，2002，p. 331 sq. ；L. Amie-Cosme，*Les Réseaux de distribution*，*op. cit.* ；J. Beauchard，*Droit de la distribution et la consommation*，PUF，1996；M. Behar-Touchais，G. Virassamy，*Les Contrats de la distribution*，LGDJ，1999.

〔2〕　Cf. 《Les nouveaux visages de la subordination》，*Droit social*，2000，p. 1313.

〔3〕　参见《社会法》*Droit social* 特刊（juillet-aôut 1989）和 *Revue de droit sanitaire et social*（1989，n°4）.

〔4〕　Cf. J. Carby-Hall，《La fonction et l'effet du droit social britannique dans le contexte du débat emploi/chômage》，*Rev. interna. dr. comp.* ，1997，1，75.

后，相应机构才发放他们的回归岗位补贴[1]。这个救助规划具体规定了求职人员的义务，尤其是最迟在签订救助规划后1个月内参加政府就业服务机构（ANPE）的一个深度面谈的义务。面谈之后，该机构和求职人员就一项*个性化行动规划*（PAP）达成一致。该个性化行动规划，在求职人员签订*回归岗位救助规划*（PARE）6个月内没有找到工作时，可以被修改；它明确与求职人员职业资格和职业能力相对应的岗位的类型或者求职人员希望转换从事的岗位，以及为实现该规划所必要的待遇或培训[2]。个性化行动规划（PAP）构成一种真正的"目标性合同"，包含了参与性管理的所有成分（目标的合同方式确定、反向评价初始目标的程序等）。这个特点突出的例子，反映的是一种更为普遍意义上的变迁，即用陪同各方实现共同确定目标的逻辑代替监督法律实施的逻辑[3]。如此一来，处罚的观念，在双方权利义务定期修改的这样一种合同机制中就有销声匿迹的趋势。

260　　　当时实施该规划紧接着的一个问题是，失业人员是否能拒绝签订*回归岗位救助规划*（PARE）而不丢掉失业补贴。有人对此予以肯定的答复，援引的是如下事实：一方面，签订这个规划可能构成领取失业救济的一个新条件；另一方面，劳资团体和政府却都无权在法律所限定的条件之外再增加新的条件。与

---

〔1〕 2001年1月1日的集体合同附录中的规定第1条。

〔2〕 关于整体情况，参见 J. Pelissier, A. Supiot, A. Jeammaud, *Droit du travail*, *op. cit.*, n°158 sq. 关于这一改革的深入分析，参见：《La nouvelle assutance‑chômage》, *Droit social*, numéro spécial, avr. 2001.

〔3〕 例如，在监狱感化方面，指导和缓刑服务方面的任务，在于确保犯人再融入社会规划的跟进（Code de procédruce pénale, art. D. 460 *sq.* ; P. Poncela, *Droit de la peine*, *op. cit.*, p. 298 sq. ）。

此相反，法国最高行政法院则认为，这个规划并没有为求职人员设立新的义务[1]。签订*回归岗位救助规划*（PARE）的义务，在行政法法官看来，就是把寻找工作确定为法定义务的一种方式。我们认为，这一规划的亮点并不是领取失业救济和找工作之间的联系，因为后者一直是前者的条件，而是在于这种联系的合同化[2]。这种合同化的目的，一方面在于明确寻找工作这一法律义务的具体内容；另一方面在于使救济制度从法律上担负起为寻找工作提供便利的义务。随后的司法判例也承认了*回归岗位救助规划*（PARE）就是一种合同（并且，失业保险如此强调该义务的约束，正是为了失业人员的利益）[3]。法国最高行政法院的意见意味着签订合同的义务是可以暗含在法定义务之中的。只要寻找工作的义务是由法律强制的，它就是合同的标的了，此外没有什么可添加的了。于是，我们看到，这样做显然是为人与人之间通过合同而形成依附关系这一法律技术开辟了广阔前景。但是与此同时，它也显示合同在经历了法定义务的合同化后并非未受损失或影响：事实上，合同化必须是伴随签订合同的义务的，而至少，这一义务在动摇着合同自由原则。

人们可能会想，私营企业或者公共行政部门的领导们，作 261 为掌握权力的人，在与他们相关的事情上，不会受到权力行使上的这些新技术的影响。然而，事实并非如此，他们也都被

[1] CE 11 juil. 2001, *Revue de jurisprudence sociale*, 10/01, n°1157 et 1168.

[2] Chr. Willmann, 《Le chômeur cocontractant》, *Droit social*, 2001, p. 384; A. Supiot, 《Un faux dilemma: la loi ou le contrat?》, *op. cit.*, p. 68.

[3] TGI Marseille, 15 avr. 2004; voir A. Supiot, 《La valeur de la parole donnée (à propos des chômeurs "recalculés")》, *Droit social*, 2004, p. 541.

"治理"之网所擒。国家和企业之间的区别，更主要是一个参照标准的问题，而不是结构上的问题。国家的参照标准是超越财产性的、定性的价值，它负载着芸芸众生的命运周遭，其愿景在于人民生活的长远利益；而企业的参照标准是财产性的、定量的价值，它担负着产品或服务的实现，其愿景在于市场的短期效益。这恰好解释了为何当今广为流传的如下观点是多么令人不可接受：应当像管理企业一样管理国家，在经济权力、政治权力和行政权力之间，没有性质上的差别。的确如此，国家和企业都会遇到组织方向上的问题，并且，它们各自的结构在历史演变中也常常是类似的。另外，如同国家一样，当今的大企业都面临着不可能在上层决定一切的局面，它们必须发明新的人员管理模式。再有，如同国家一样，大企业也经历着正当性的危机，表现为股东权力对管理层技术官僚权力的重新征服。最后，如同国家的领导们一样，企业领导们不得不从目标确定的内涵上重新定义其角色，而这些目标的具体实施又是根据个人性的或集体性的谈判过程而定的。当然，这些都不涉及与企业有关的一些独立权威机构，不管是金融领域的（市场监管、财务稽查），还是产品领域的（标准化和证书委员会）。

262　　　一般而言，企业负责人是管理决策的唯一决定者，也是他所领导的企业所犯错误的唯一责任人。然而，这一领导权威也受到了"客观的"纪律向合同领域渗透的影响。如同其雇员、分包商，抑或失业人员一样，企业负责人也要服从于他被认为已经接受了的那些目标的实现。随着企业网络繁荣起来的、依赖型的雇主形象，就是这种目标导向超越老板权威的最突出表现[1]。在一个公司集团中，一个分支公司的负责人在法律上是

---

〔1〕　Cf.《Les nouveaux visages de la subordination》, op. cit.

要服从母公司命令的；然而，在一个企业网络中，每个企业的活动都要服从对质量和效率标准的尊重，而这些标准是不依赖于任何一个企业的主观意愿的，这些企业都以合同方式加入到这些标准之中。这些"客观的"标准（ISO）都是一些私法性的标准，由专家在一些假设具有独立性的代理机构中制定。对这些标准的遵守也同样由认证的独立机构进行监督[1]。这些标准的法律效力来自以法律方式编织网络的合同网络系统。这种拼接在一起的方式，不禁令人想起工业革命之前一段时期的经济组织方式[2]。另外，在这种拼接方式之下，合同就成为共同遵守的纪律工具、最具有技术意义的标准化工具以及企业负责人行使指挥管理权的工具。

　　这些标准化技术的实施也用于使企业负责人服从于对股东 263
利益的捍卫。这曾是公司治理原则的目标，公司治理原则首先由英美国家提出[3]，后为欧洲国家所接受。这些原则的目的在于使企业的管理服从为股东"创造价值"的目标（如扩大社会资本持有人的目标）。这种服从并不表现为给负责人提出的命令（负责人在"价值创造"的途径和手段上是自由的），而是通过

---

〔1〕　Cf. F. Mayer（dir.），*Certifier la qualité?*，op. cit.

〔2〕　Cf. Ph. Minard，《*Contrôle économique et normes de production dans la France des Lumières*》，in Istituto Datini，Poterieconomici e poteripolitici（secc. XIII-XVIII），Firenze，Le Monnio，1999，p. 641 *sq.*

〔3〕　英国根据 Cadbury 委员会的研究成果形成并出版了"最佳管理指南"（Code of Best Practice），后在 20 世纪 80 年代末，美国法研究院（*American Law Institut*）出版了名为"公司治理的原则"（Principals of Corporate Gouvernance）的报告。参见 A. Tunc，《Le gouvernement des sociétés anonymes. Le mouvement de réforme aux Etats - Unis et au Royaume - Uni》，*Rev. interna. dr. comp.*，1994，vol. 1，p. 59 - 72；add. N. Decoopman，《Du gouvemement des entreprises à la gouvernance》，in *La Gouvernabilité*，ouvrage coll.，PUF，1996，p. 105 sq.；B. Brunhes，《Réflexions sur la gouvernance》，Droit social，2001，p. 115.

会计标准——同时传递和表达着负责人的管理决策。人们都知道，会计有管理会计（用于分析的）和财务会计（为第三人提供信息）之分。在公司集团的情况下，财务会计准则（账目核算）都是由私法性质的国际权威机构制定的，这些机构由独立的专家组成[1]。近二十几年来，这些机构制定的会计准则已经进行了改革，目的在于通过*经济增值*（*economic value added*）这一指标的实现更准确地反映企业在"价值创造"上的业绩。如此一来，旧的（谨慎的）历史成本原则被放弃了，历史成本原则就是，人们对一项财产的记录只是基于其购买价值而计入。事实上，其谨慎性在于，一项财产的贬值会被纳入考虑范围（通过折旧或储备、备用）。但是，人们不会基于假定的估值进行投机活动。目前，这一原则已被"公允价值"（fair value）原则所取代，据此原则，一项资产应以其未来现金流的现价被记录，即实践中，以报表日的市场价被记录。

265　　企业负责人的所有问题以及维持其职务的条件，就是要增加这种价值。相反地，工资被记为负债，那么，大幅降薪，尤其是通过裁减人员的方式，在这样的企业会计制度中，就足以机械地为企业创造"价值"。领导企业（招聘、解雇、购买、销售、借贷等等），由此变成整个企业要受制于这样一个会计制度的要求了（由此产生了一类特殊的裁员——"股票性裁员"，即企业在股票行情上涨后进行的裁员，目的是满足股东的收益）。

---

〔1〕　一方面，有一个财务会计委员会（*Financial Accounting Standards Board*）（FASB），美国的企业都执行财务会计委员会制定的标准（US GAAP），另一方面，还有一个国际会计标准委员会（IASC），制定国际会计标准（IAS）。国际会计标准委员会（IASC）是一个私法上的主体，设在伦敦，主席是美联储前任主席。Cf. Y. Lemarchand,《Le miroir du marchand. Une histoire de la norme comptable》, in A. Supiot（dir.），*Tisser le lien social*, *op. cit.* p. 213.

"公允价值"原则在美国表现出严重缺点的时候，却被欧盟以全票通过的方式引进[1]。那种认为会计准则都是一些"纯粹技术"准则的观点，显然是不现实的。评估未来的收入实际上就是碰运气，与实验科学相比，它的随意性太大。其实，人们不妨可以去构想，值得重视的价值创造，应在于企业给所在投资国真正带来的利益，而不是给股东带来的收益；或者在确定企业的价值上，把用于发放退休金的资金记为企业的一种负债，而不是企业的一种收益，或者把股权激励记为企业的负债。事实上，会计技术，不是纯粹的技术标准，如同其他标准制度一样，是被一种正当秩序的确定性表象所支撑的，是被一些信仰而不是一种实验科学所影响的。如果立法者处心积虑想要阻止"股票性裁员"（licenciement boursier）现象，也许可以从对这些标准的内容担忧中受到更多启发，而不是从严格适用解雇法中得到启发。对此，立法者恐怕要更多地回溯到雇主作出决定的阶段，把解决问题的重点放在影响决定作出的那些因素上，而不是想尽一切办法去限制雇主决定的后果。在一个总是把人的成本算为负债而不是财富的会计制度里，解雇法只是一种限制手段而已：限制已被事先程序化了的社会的断裂。

这些在私法领域中实验和实施的方法，也流行在公共事务 266 的管理中，这应该会深刻地改变行政管理本身的概念。在法国，

---

〔1〕　2002年3月1日，欧盟议会几乎全票一致通过欧盟委员会提议的条例草案，要求公司从2005年开始实行国际会计标准。在此领域的公共规则，未来会被称为国际财务报告标准（International Financial Reporting Standards）（IFRS）。

有一个特别明显的例子，就是一种新的《财政法组织法》[1]。
这一新的"财政宪法"将对公共支出采用目标化的管理方法。
预算将根据项目来分配，这些项目"目标在于落实某一行动或
者同属于一个部委的协调一致的整体行动，该部委也同时负责
根据共同利益目标所确定的一些具体目标，以及作为考评对象
的一些所期待的结果的实现"（该法第7条）。分配给确定项目
的预算是可替换的，这使得项目的进行不再受到任何事先确定
的支出类型的限制。在每次提交财政草案时，每个项目都必须备有
一份"业绩年度方案"，尤其要包括"根据事先被证明过的具体
指标来衡量的、未来要采取的行动、要配合的成本、要实现的目
标以及要取得和期待取得的结果"（该法第51条）。相应地，一
份"业绩年度报告"也会明确每个项目已经确定的结果。通过
这次改革，该法确立了被称为"应计制会计"（comptabilité
d'exercice）的国家财务会计体系，其准则与适用于企业的会计
准则的区别只是在于"其行动的特殊性"（该法第30条）。如同
企业账目一样，国家的账目也应当是"定期的、真实的、提供
其财产和财政的真实状况"（该法第27条），同时也是要提交审
核的（国家审计院）[2]。这一改革的目标在于在行政管理中传
播"治理"文化。国家财政的负责人们，不是要确保支出符合
事先制定的规则，而是要在实现他们自己参与制定的一些目标

---

〔1〕 2001 年 8 月 1 日 n. 2001 – 692 号法律，于 2006 年实施。参见 la *Revue française de finances publiques*, 76, nov. 2001, et 82, juin2003; add. M. Bouvier,《La loi organique du 1^{er}août 2001 relative aux lois de finances》, *AJDA*, 2001, p. 876; L. Tallineau, *Rev. fr. dr. adm.*, 2001, 6, p. 1205; L. Philip, *Revue française de droit constitutionnel*, 2002, 49, p. 199 S. Damarey,《L'administration confrontée à la mise en oeuvre de la LOLF》, *AJDA*, 2003, p. 1964.

〔2〕 参见 L. Levoyer,《Fondements et enjeux de la réforme de la comptabilité de l'Etat》, La Revue du Trésor, janv. 2003, 1, p. 3.

的行动上拥有更多的自由。然而，他们也应当相应地考虑到行动的效率，该效率将根据"客观的"和量化的标准来考评。这一改革为公共事务合同化提供了它以前不具备的财政工具。

法的渊源的工具化

在**法**的制定中也可以观察到合同技术的强势上升。但是，它不表现为合同当事人的自由的增多，而是相反地，一旦合同技术具有**法**的渊源的属性，契约中就充满着与谈判契约或履行契约的当事人意愿无关的规范。契约法被规制契约谈判的法律工具化了。然而，相反地，法律和条例也可以被协议工具化，这些协议存在于作出政治决策之前，并且决定着决策的方向。

这种**法**的工具化，首先表现在集体谈判法的变迁上。近三十多年来，集体合同逐渐不再是关于劳资集体谈判时各自主张利益的简单协议了，而是在成为实现超越这些利益的一些目标的工具。这一变迁对集体合同当事人的身份和集体谈判的目标都产生了影响。

法国这些年以来，达成一个集体合同所要满足的条件也变得日益严格起来。起初，集体合同的签订是向任何雇员或雇主协会开放的，后来，提出了越来越严格的*协约能力*的条件。就雇员方面看，这一能力首先保留在职业工会，后来也赋予能证明其代表性的工会。随着 1981 年劳资团体关于签订变通的集体

267

268

协议[1]方面的法案和后来的每周 35 小时工作时间改革法案的实施，又提出了要满足多数代表性的条件，劳资团体要求把这一条件在全国普遍化，后来这个条件也得到了全面实施[2]。法国这一变迁在欧盟法中也能找到对应的变化，即实施《马斯特里赫特条约》确立的、具有立法性质的集体协议签订方的"足够的合并代表性"[3]。

269　　　要求协约能力是集体合同功能变化的一个必然结果。只要集体合同用以解决一般利益问题，其签订就应当由那些被公共权力部门（政府或法官）授权并在数量上证明了代表性的（多数代表、全民选举）法人来进行。可见，通过集体合同变迁而寻求的非议会制的民主，如此开启了一些授予当事人合法资格的技术，而这些技术又带来了以合同方式起草法律的实践。

　　随着集体谈判义务在法国劳动法上的确立，集体合同当事人也被强加了集体谈判的目标。根据合同自由理论，任何人都不得在法律上被强迫进行谈判或被强迫签订合同。法国劳动法自 1971 年起，更准确地说，自 1981 年第一次确立集体谈判义务

---

　　〔1〕 集体协议（accord collectif）和集体合同（convention collective）是劳动法上的概念，含义基本相同，都是指劳资团体通过集体谈判达成的协议，其细微的差别仅仅在于，集体协议内容通常是关于某个问题或某些问题的劳资团体协议，而集体合同通常指关于劳资关系方方面面的一揽子式的劳资团体协议。汉语表达和法语表达上的不同也对应于此（译者加注）。

　　〔2〕 劳资双方 2001 年 7 月达成的"关于深化集体谈判的方法和途径的共同立场"集体协议（Liaisons sociales, 1er août 2001, C1, n. 174），已经被议会在 2004 年进行的改革集体谈判法所采纳。参见 M. -L. Morin,《Principes majoritaire et négociation collective : un regard de droit comparé》, Droit social, 2000, p. 1083 sq. ; G. Borenfreund,《L'idée majoritaire dans la négociation collective》, Mélenges M. Despax, Toulouse, Presses universitaires de Toulouses, 2002, p. 429~444.

　　〔3〕 参见 Trib. des Communautés européennes, 17 juin 1998（aff. T-135-96）, CG-PME, Droit social, 1999, p. 53.

起，就开始撇开合同自由这一原则，同时赋予雇员以集体谈判权。这一立法创新被立法者推举，同时也被司法界和学术界解释为对劳动者享有的一种新权利的确认。这种分析有一定道理，但是，其实质内涵却是不全面的。因为，实际上法律并不局限于规定集体谈判的强制进行，它同时也确定该谈判的目标。这些目标的单子，即谈判义务的目标在逐年增多。1981年，奥胡（Aurou）改革只是把年度集体谈判的义务限定在工资和劳动时间上、把五年一度的集体谈判义务限定在职业资格上，即把集体谈判义务限定在劳动关系的最基本事项上。但是，从那以后，劳动法上更广泛的事项都被逐步纳入集体谈判义务之中：职业培训、雇员储蓄、男女平等等。欧盟法上也有同样的趋势：不论是涉及在跨国公司中设立“欧盟企业委员会”，建立欧盟股份公司，还是组织职工代表的征询，欧盟都会通过指令设立集体谈判的义务，有时是特别的谈判（谈判的特别团体），有时是一般性的谈判[1]。事实上，集体谈判的义务不是一个简单的签订合同的义务。如果从其中看到的是雇主单方权力的简单倒退，那就错了。也许，最根本的东西是在别处：集体谈判的双方不再是自由的合同当事人、不再是他们合同目标的主人，而是一些共同利益政策（职业培训、男女平等和就业政策等）的实施主体，或是一些他们并不参与制定的目标的、不得已的实现工具。

当立法权的行使是为了实现国家加入的公约所确定的目标 270

---

〔1〕 2002年3月11日欧盟指令（2002/14/CE）第4条规定，当劳资集体谈判的内容涉及对劳动组织和劳动合同带来重要修改的时候，谈判的开展应当是“为了达成一份集体协议”。在此，我们可以看到，在此领域没有什么重要决定可以逃脱这样一个笼统的界定。

时，**法**的渊源的工具化就会影响立法权。如同大企业的领导是服务于价值创造的目标的实现一样，大部分其他国家（美国除外）的治理，也是被迫成为它们被认为自由加入的那些项目的实现工具，并且这些项目的实施都有国际权威机构指定的"技术"标准。很多不发达国家就是这样被劝说，以至于自愿地服从"结构调整规划"的要求，而这些规划是用来实施由国际财经机构专家所界定的良好管理指标的。欧盟以类似的方式建立了新的治理模式，即成员国同意欧盟委员会制定的共同指南，并依此指导国内的政策走向。自从通过由共同货币引入的货币政策和经济趋同标准以来，这种"开放的协调方法[1]"，就并不仅仅用于解决社会问题（尤其是就业政策方面，每年都有指导性的方向[2]），而是成为欧盟"治理"的最佳方法了。我们看到，严苛的罗马法规则在此让位给了柔和的协议规则（软法），成员国制定自己法律的自由因而要受到这些协议规则的限制。成员国可以追求自己认可的那些目标的实现，但是，这些目标的实现，要接受欧盟机构（欧盟委员会、欧洲银行）在"技术"标准基础上的定期评估。这里涉及的仍然是一个目标导向的逻辑，带有惯用标准的全套装备：业绩考评的"中性"指南、**法**的主体享有被程序化了的自由和负责监督承诺目标实现的专家的权威。

当然，如同会计标准或 ISO 标准一样，欧盟层面建立的公共政策领域的那些指南，只是"纯粹技术的"标准，从性质上，

---

〔1〕 正是基于这样的表述方式，研究欧洲的美国法律人才将这些新的形式称为软法（soft law），尽管这样的表述在《欧洲联盟条约》中的使用是很严格的（《欧洲联盟条约》第 30 条和第 40 条）。Cf. Ch. Sabel，《L'Europe sociale vue des Etats-Unis》，in *Le Droit social vu d'ailleurs*，Semaine Sociale Lamy，numéro spécial，2002。

272 〔2〕 Cf. P. Rodière，*Droit social de l'Union européemne*，op. cit.，n°18.

应该不接受议会或司法的抗辩式辩论[1]。这些指南实际上也是这样被对待的。这就是"治理"这一新模式使民主承受的最大风险之一，这种"治理"并不表现为法律在面对合同时的后退，而是表现为合同与法律之间变动的过程。当今，这种"治理"的特征，不在于确定规则，而在于建立制约着每个法律主体（国家、工会、雇员、企业主等）行为的联系。在这样的体系中，不再有把握绝对至高权的主体了，因为每个主体都得是整体调节中的一分子，而该调节不再是真正经过审议而决定下来的一种机制[2]。

从上述角度看，对于这种封建风格的**法**的联系的再现，不考虑情形就悲叹是徒劳无益的。然而，相反地，应当批判这种新兴的规范秩序的根基，即构成其基础的那些事物，它们是彻头彻尾全新的，不论是技术标准的中立、专家鉴定的科学权威、超越法律的主体，或是当代信条的其他表达方式。因为，如果合同化能使特别利益与普通利益之间进行必要和解的用语表达得以更新，那么，它也能以前所未有的形式打开压制和反对它们的通道。为了构建一幅制度性的愿景（scène institutionnelle），我们都知道，至少自盖尤斯（Gaius）以来，不仅应当依靠人和

---

〔1〕 关于这一点，参见萨莱（R. Saiais）的出色阐述：《La politique des indicateurs. Du taux de chômage au taux d'emploi dans la stratégie européenne pour l'emploi》，*op. cit.*

〔2〕 最恰当的用语恐怕是基尔克（Gierke）19 世纪用来反对罗马人传统所阐述的用语，该用语在纳粹统治下的德国学术界产生过重大影响：属于共同体的人的法律关系。其表达的是共同体联系中的主观层面。

物，还应当依靠诉讼[1]，即依靠向人人开放的质疑事物的权利。"治理"这一意识形态令人担忧的众多方面之一就在于，它在社会发展中不给冲突和人们的集体行动留下空间[2]。"治理"就是这样不可思议地，与清除了任何社会冲突的一个专制的乌托邦世界相联系。

---

〔1〕 盖尤斯《法学阶梯》I, 8："我们所有的法律都是或者和人相关，或者和物相关，或者和诉相关"《Omne autem ius quo utimur vel ad personas per tinet, vel ad res, ved ad actiones》(Gaius, Institutes, I, 8)。

〔2〕 Cf. A. Supiot,《Revisiter les droits d'action collective》, *Droit social*, 2001, p. 687.

第六章

将人类联结在一起：从善用人权开始

人们应该能够理解，事物本没有什么希望可言，但人们却决意要去改变它们。

——斯科特·菲茨杰拉德（F. Scott Fitzgerald）[1]

人们所称的"全球化"（globalisation）并不是一种全新的现象，而是世界化（mondialisation）——多个世纪进程的最后一个阶段，其起源可以追溯到文艺复兴和对新大陆的征服时期。从根除美洲印第安人到如今，这一进程总是和西方国家对其他国家的支配进程相一致。这种支配地位并不建立在任何一种西方人的体格和道德的优越之上，而是建立在西方从科学和技术获得的物质性的强大力量之上。西方科学技术扩展到全世界，以及伴随它的市场经济的全球扩展，在当今，以新的方式提出了一个没有新意的问题：是否存在着一些对于全人类而言都是共同的信仰？即是否存在普世承认的或观察到的可能为这个全球化提供制度基础的价值？或者反过来表达，难道各种教义体系之间是相互不可渗透的、只能是相互不理睬或者发动战争吗？

275

---

[1] *La Fêlure*, Gallimard, 1963, p. 341.

276 　　当然，这首先是一个关于人权的问题。它让相信人权普世的人们和不相信的人们对立起来。对于一些人而言，人权为全球化的世界提供了它所需要的普世法律的铭录；而对于另一些人而言，人权只是"白人们的权利"，用来证明西方人支配世界其他人的正当性。拒绝承认人权，不论是西方专制的还是殖民式的经历，已经给世界提供了例证，因而，这种观念也正在精神上赢得那些不得不接受西方主宰的国家的众多人民。正如西蒙娜·薇依 1943 年在写给流亡伦敦的法国政府的关于殖民的一篇笔记中写道的，"如同酗酒、肺结核和其他疾病一样，怀疑论的毒药对于从未受过打击的领域更为致命。不幸的是，我们什么都不信。我们成为一种什么也不信的人。如果这样下去的话，我们有一天会遭受回击的，并且是突然地遭受，1943 年的日本只是给我们提供了一个预感[1]"。

　　实际上，人权问题的提出，恰恰是在信仰的领域。关于这个话题的任何思考，都应该从如下的认识开始：注意到信仰的教义性质，并承认人权是来自西方基督教价值信条的组成部分。但是，这一教义性质的导向不应当使信仰失去信誉。教义（dogme）也是一种资源，也许是人类生命最不可缺少的一种资源，因为，生命的本体就在于，人应当给生命赋予一定的含义（意义），即使它没有任何可以通过论证的含义（意义）。人类生存应当需要依靠这一含义（意义），否则就会陷入无意的和个人的或集体的狂妄之中。我们如果没有可信靠的、赋予我们行动以意义的参照标准，就不能自由地行动，这就是为什么托克维

---

〔1〕 S. Weil,《*A propos de la question colonial dans ses rapports avec le destin du peuple français*》, in Oeuvres, op. cit. p. 429.

尔（Tocqueville）讲道，"缺乏一些相类似的信仰，没有哪个社会能繁荣发展；或者，更确切地说，没有哪个社会能存在下来[1]"。人权正是作为教义性资源（ressource dogmatique）参与到科学技术的活动中的。一方面，人权使得科学技术活动具有正当性；另一方面，人权用于疏导科学技术活动，使之避免成为一种失去人道的活动。20世纪人类所做出的前所未有的大量凶残行为已经说明，人权的后一种功能是何等的不可缺少、科学技术从人权教义中解放出来又会把人类引向何等的灾难。然而，为了使人权继续发挥这种教义功能，必须要使人权的诠释根据历史发展、科学技术的地理扩展进行相应的变化。这也就意味着人们可以把人权视为属于他们所有的，并由此来丰富其内涵和影响。因此，只有当人权停止成为*强加*给人类的一个信条时，它才能成为接纳所有人对其诠释的一种共同的教义性资源。

人权信条

人权的教义性质是很难被异议的。诚然，当今很多人想要把它建立在一种"科学真理"之上，例如，到处都有这样的人，想要从所有人类的生物学身份上寻找证据，来证明人类在法律上的平等[2]。尽管他们是出于期望世界更美好的目的，但是，

[1]　Cf. Tocqueville, *De la démocratie en Amérique*, II, I, chap. II, 《De la source principale des croyances chez les peuples démocratiques》, op. cit.

[2]　《自然与科学》2001年2月11日公布了人类基因排序，同时有大量相关报道，根据这些报道，阅读这一表明"生命之伟大书卷"的基因图谱，似乎告诉我们种族的区分是不存在的(《Les bouleversantes révélations de l'exploration du génome humain》, *Le Monde*, 13 fév. 2001)。

他们如此一来却是与曾经作为纳粹屠杀犹太人事件的滋生"土壤"连接上了。因为，这就等于主张，生物学上的区别具有证明法律上不平等的性质了；并且，科学曾经在很长时间内承认这样的区别是确实存在的，如果科学在未来又提出新的观点，那么，恐怕就得放弃平等原则了[1]。如果人们在思想上排除了这种唯科学主义的原教旨主义，那么，必须承认的就是，人权更是制度性的公理：这些不可论证的断言，是构成我们法律大厦穹顶的关键。如今上帝从我们的制度性构建中退出了，人类替代了上帝的位置，根据奥古斯特·孔德（Auguste Comte）的预言，我们社会的世俗化使得一种"人道教"（Religion de l'humanité）得以产生[2]。然而，这一宗教，即我们邀请整个世界在其中进行和谐构建的一种宗教，如同本书所阐述的，也是属于支配和孕育了西方信仰体系悠久历史的一部分。

279　　　　首先，在非物质的、普世的、人的脸庞上，可以发现这种前后演变关系，权利宣言都是以此为参照标准的[3]。人权上的这个人，具有我们在西方法律人中所揭示的"上帝的形像"的所有特征[4]。如同法律人一样，人权中的人，第一，是一个个

----

　　〔1〕　我们看到一些持有两性无差异观点（性别理论）的人，宣称由于科学提供了证明，认为应当面对关于两性在大脑组织上存在差异的"科学真相"（cf. M. Lansky,《Du genre, des femmes et de tout le reste》, *Revue internationale du travail*, vol. 139, 2000/4, p. 539, spec. p. 553 sq）。

　　〔2〕　孔德（Compte）在总结其《实证主义教程》时写道："人类最终代替了上帝，但是没有忘记上帝给人类提供的那些暂时的服务"（op. cit. p. 299）。勒南（Renan）在结束其著作《科学的未来》时也回应了这个问题，他对上帝说："再见了！尽管你骗了我，但是我还是爱你的！"（1890, G F-Flammarion, 1995, p. 491）

　　〔3〕　笔者在此主要指的是联合国大会1948年12月10日通过的《世界人权宣言》。

　　〔4〕　参见本书第一章。

人，具有"个人"这个词在法律起源上（罗马法上：indivis）的定量（单一性）和定性（唯一性）两方面的含义。作为不可分割的个人，他是任何人类社会的组成粒子，稳定的和不可论证的粒子，具有恒定而均一的法律属性。作为具有唯一性的个人，他与其他人是不可比的，有其自身的命定。他是一个完整的、孤立的存在，超越他参与其中的各种各样的、处于变化中的社会团体[1]。由此"人类大家庭[2]"就是一个博大的由众多兄弟姐妹组成的平等的社会，其中，个人权利之间的冲撞必然会与"博爱精神[3]"相冲突。在这样一个缩减为表面上平等的个人集合的社会中，正义秩序的关键实际上无法在他处找寻，只能在这些个人的竞争中找到。这样一幅关于人的形象显然与其他众多文明中关于人的形象不同，在这些文明中，人是多个存在共存其身的、人把自己看成是任何一个存在的一部分，即穿过自己的和越过自己的、在自己前面的和跟在自己后面的任何一个存在的一部分。

第二，人权上的人是一个有意志主权的主体。如同法律人一样，他拥有自身内在的尊严[4]，他生而自由，富有理性，并享有权利[5]。他是一个主体，是就"主体"这个词的两种含义而言的：服从于对法律的尊重、并且被法律所保护[6]；能够制定关于自己的法律，并在法律面前对其行为负责。我们在《世

---

〔1〕《世界人权宣言》第16条，把结为夫妻和成立家庭视为个人性权利。

〔2〕《世界人权宣言》序言的第一个"鉴于"。

〔3〕《世界人权宣言》第1条。

〔4〕《世界人权宣言》序言第一次确认人的尊严。关于尊严概念在君主时代的起源，参见本书第一章。

〔5〕《世界人权宣言》第1条。

〔6〕《世界人权宣言》第7条，第29条第2项。

界人权宣言》中看到人类对律的把握有两个层面的表达。一方面，是对科学规律的掌握，科学规律的"发现"替代了神圣的启示[1]，并使得人类成为大自然的主人[2]；另一方面，是对民事法律的掌握，其正当性来自所适用的人民[3]：个人的意志主权，正如通过选举表达出来的那样（选举不再被界定为一个功能，而是作为一项个人权利来界定[4]），是制度的基础，其中，人人都能作为主人而行动[5]。这样的看法和视角，显然是其他看重消除个人意愿的伟大文明所完全陌生的，例如，在日本[6]或者伊斯兰国家中，上帝被视为唯一真正的律的制定者，人只能通过在上帝面前承认其无力来获得自由。

280　　　第三，人权上的人是一个人格层面上的人。1948 年《世界人权宣言》（第 6 条）宣称，"人人有权在任何地方被承认其法律人格"。我们已经看到，恰恰是基督教，把人格视为人具有的一个属性[7]，并通过基督的形象，赋予人以双重性质，即物质的和精神的，同时，将其必死的身体看成是其不朽的生命之殿。人权，通过反反复复对"人格自由和全面发展[8]"主题的阐述，已形成这样的观念：即每个人都是独特的精神个体，在其一生中全然绽放，并透过其作品在其身后仍然继续存在[9]。如

------

〔1〕《世界人权宣言》第 27 条（人人有权……享受……并分享科学进步及其产生的福利）。

〔2〕《世界人权宣言》第 17 条（财产权）和第 23 条（劳动权）。

〔3〕《世界人权宣言》第 21 条第 3 项。

〔4〕《世界人权宣言》第 21 条第 1 项。

〔5〕《世界人权宣言》第 21 条第 1 项和第 2 项。

〔6〕Cf. O. Nishitani, 《La formation du sujet au Japon》, op. cit. spec. p. 70.

〔7〕见本书第一章。

〔8〕《世界人权宣言》第 22、26、29 条。

〔9〕《世界人权宣言》第 27 条第 2 项："人人对由于他所创作的任何科学、文学或美术作品而产生的精神的和物质的利益，有享受保护的权利。"

此构思的人格，不是在印度哲学中要扯掉的一个面具，而是每个人的精神个体身份在其个人生命经历中的展现。1948 年《世界人权宣言》把法律人格列在人权之中，不仅仅是因为法律人格是享有其他权利的技术上的必需要素；其根本原因实际上要在别处找寻。西方在唯科学主义支配的年代里就已经认为，人类的唯一真理在于其生物学层面上，法律人格只是人们可以随意处置的一种纯粹技术。但是，纳粹恐怖已经表明，这种把人克减为一种生物存在导致的后果就是，把人类社会变成一个只服从强者的达尔文主义的世界。这才是《世界人权宣言》把法律人格规定为一项普世和不可克减的权利的根本理由。法律人格的这一确认后来又被新的人权类型即"第二代"人权所补充，这些新型人权实际上是人的物质和精神尊严的必然结果[1]。这些第二代人权（劳动、社会保障、教育和文化方面的权利）的确定，当然是来自坚持走福利国家道路的特别经验，而非极权制度的经验；另外，第二代人权中包含的一些概念（如"劳动"概念暗指"雇员"）也是与非西方国家经验不能对应的。

其次，人权的用语，没有任何的天生普世的含义，只表达着西方独有的信仰体系。世界服从于普世的、永恒不变的律的这种思想是有圣书的文明所特有的。对于一个虔诚的穆斯林，如同对于爱因斯坦或者一个神经生物学家一样，人类是服从于一些不可变的律的，正如迈蒙尼德（Maimonide）所论述的，没有什么比承认和研习这些律更为重要的了[2]。他们唯一的区别

──────────

〔1〕《世界人权宣言》第 22 和 25 条（社会保障权）、第 23 和 24 条（劳动保护权）、第 26 条（受教育权）和第 27 条（文化权）。

〔2〕 Maimonide, *Le Livre de la comnaissance*, PUF, 2ᵉ éd. 1990, p. 178.

在于方式的不同：一些人在*神圣*的启示中找寻*律*（律法）；另一些人则是努力去发现*自然*的伟大书卷中所蕴藏的*律*（规律）。他们都相信一个被各种*律*所管辖的有秩序的世界，而这些*律*，又是人类可以认知和遵守的。我们由此可以看到，这样一种信仰，对于其他的伟大文明而言是完全陌生的[1]。在儒家思想中，自然或社会秩序来自于每个人把自己位置的内在化，完全不是来自统一的*律*对所有人的适用。这些文明过去不得不、以至于当今仍然要吸收来自西方的法律思想的这一事实，给我们以错觉——以为他们都已经转向认同西方的法律文化了。然而，这却忽视了以下的事实：西方的法律观念，不是简单地通过殖民力量强加给他人的，而是作为与西方进行贸易的一个必要条件而被输入到非西方国家中的，完全不是作为人类或社会价值的表达方式而被输入的。在此，日本的例子特别具有说服力：日本采纳了西方的法律文化，但同时继续保持了其特有的社会价值秩序昌兴[2]。

283　　**法**的观念，本身就远不及**律**的观念，恐怕更不能自称为是普世性的。伴随着**法**的观念，**律**的性质也发生了改变。**律**，已经从永恒的圣书所揭示的指示，变成技术性的物了，其含义来自于人类的智力，人类可以创造或改变其含义[3]。如此一来，**律**就成了欧洲悠久历史的产物，这些历史引导人们认知到人类能够掌握统治他们的**律**。如同哈罗德·伯尔曼（H. J. Berman）和皮埃尔·勒让德的研究所展现的，这段历史的决定性时刻就

---

〔1〕　参见本书第二章。
〔2〕　参见本书第三章。
〔3〕　参见本书第四章。

是格里高利改革（11～12 世纪）[1]。教廷通过改造罗马法为其所用，使其自身地位得以建立在适用于整个基督教世界、即整个世界的有活力的*律法*渊源之上。艾利·福尔（Elie Faure）曾观察到，"教廷只是罗马统治在西方的一种抽象延伸而已"[2]。由此引出了西方的**法**和国家的观念。**法**的观念，如同规则的体系，是自主的、自成一体并演变的；国家的观念，如同一个永远不会死亡的人，是法律的源泉和个人权利的保障者。随着教会和国家的分离，这种制度性结构获得了现代的表达方式。科学，取代了神圣宗教的地位，成为全球范围内的真理代言人，并根据圣西蒙（Saint Simon）的预言，变成了在公共范畴上拥有权威的唯一的*精神性权力*；民族国家从教会的权威中解放出来了，成为国内舞台和国际舞台（设计为由国家组成的社会）上拥有至高权的主体；人类则变成了以其自身为终极目的、从此与任何神圣的参照标准都无关的存在（随着人道教的设立，人类为自己配备了十诫：人权）。

　　这一当代的构建，由于是从最初构成唯一宗教参照标准的 284 那些东西的支离破碎状态走来，所以，从一开始就被一种矛盾所缠绕，这一矛盾在当今随着全球化而凸显了出来。一方面，国家和**法**实际上是建立在各个国家的国内基础之上的，国际社会是一个被构想为由国家组成的社会；另一方面，仍然存在着来自罗马教会法影响的、关于一种普世的统治权和适用于全人

---

〔1〕 Cf H. J. Berman, *Law and Revolution*, op. cit. ; P. Legendre, *La Pénétration du droit romain dans le droit canonique classique*, op. cit. ; et id. , *Les Enfants du texte*, op. cit. , spéc. p. 237 *sq.*

〔2〕 Eile Faure, *Découverte de l'archipel*, op. cit. , p. 217.

类的共同法的观念〔1〕。历史上的每个大国，都曾经轮流谋求通过宣传或武力，把对其权力的信仰作为普世价值强加给他人。过去的法国、英国、德国和苏联的"文明使命"如此，当今的美国认为用"财富帝国"来达成统治全球的目的也是如此。

当然，这种强权的诱惑，只能造成与那些只把人权看作是西方救世主化身的人们越来越多的冲突，并且，还会导致他们用自己的价值观来反驳西方的信条、用西方自己的武器和技术来反击西方。由此而来的风险就是，陷入一种"文明冲突"的旋涡之中〔2〕，换言之，就是陷入全球范围的宗教战争之中，没有人可以从中找到出路。事实上，用炸弹来迫使人改变的想法是令人质疑的。人权，作为西方思想的最确切表达方式之一，具有人类对自身认知的属性，无论如何，值得一种更好的对待。

西方原教旨主义的三种表现

285　　为了能有前进的机会，任何关于"人类共同价值"的思考

〔1〕 关于这一思想的其他变化形态，参见 A. Wijffels,《Aux confins de l'histoire et du droit : la finalité dans le débat sur la formation d'un nouveau ius commune》, Revue d'éthique et de théologie morale,《Le Supplément》, 207, déc. 1998, p. 33‑66; et id,《Qu'est‑ce que le ius commune?》, op. cit. 关于这一观念在法国的现代表现形式，参见 M. Delmas‑Marty, Pour un droit commun, Seuil, 1994; et id., Trois défis pour un droit mondial, Seuil, 1998.

〔2〕 大家都知道，这一表达来自亨廷顿的书（The clash of Civilizations and the Remaking of Word Order［1996］, trad. fr. Le Choc des civilisations, O. Jacob, 1999）。实际上，美国学者中，亨廷顿第一位提出了法国勒让德（Pierre Legendre）教授在此十年前就清楚指出的问题："管理和知识的全球扩展（全球从中汲取养料），不会让处于竞争中的宗教消失……企业界不会只碰到经济学家所称的全球竞争，还会碰到非工业化国家中的各种宗教，尤其是伊斯兰教"（P. Legendre, L'Empire de la vérité, op. cit. p. 41~42）。

都应当从避开原教旨主义的邪路开始。原教旨主义，作为起源于新教的一个概念，最早是指出现于 19 世纪末传统美洲的一种学说（1895 年通过的基要真理），该学说特点在于捍卫对基督教福音书（圣经）的字面解释，与神学自由主义和社会福音相对立。这种把思想禁闭在文字中的做法，在当今人们称为的伊斯兰原教旨主义中也存在。伊斯兰原教旨主义，把律法渊源中的中世纪法律思想的成分和学者们一致同意的一些技术都抛开了，目的是把对伊斯兰教的理解限制在《古兰经》和圣训的文字之中。对人权的原教旨主义式的理解可以表现为三种形式：第一是当人们寻求给全世界强加一种字面解释的时候而出现的救世主降生的面目；第二是当人们使人权成为西方优越性的标志、并以文化相对性否定其他文明有能力将人权转化为其所有的时候而出现的社群主义面目；第三是当人权的诠释要服从于生物学或经济学原理、并认为这些生物学或经济学原理才是人的行为上真正不可变的规律的时候而出现的唯科学主义面目。

救世主主义（Messianisme）

救世主主义把人权视为新的十诫，一种"发达"社会向 286
"发展中"社会所揭示的纲领性文件，并且，"发达"社会没有给"发展中"社会提供别的选择，只有"填补落后"并转向由人权和市场经济汇合的现代性。这就是一种原教旨主义，因为，它只允许对人权的字面解释，而不理睬通过国内法采取的目的论方向的解释。如果只从字面解释，那么，作为人权基础的平等以及个人权利方面的原则，就会有荒谬的解释。例如，当圣保罗（Saint Paul）确信地说"既没有男人也没有女人[1]"时，或者西蒙·德·波伏娃（Simone de Beauvoir）认为"女人不是生而为女人，而是变为女人[2]"的时候，他们并不是想要否定性别之间的差异，而是在确定两性在宗教层面（圣保罗所指）或短暂时间上（西蒙·德·波伏娃尔所指）的完全平等，即对于第三方对象（上帝或社会）而言，男女是平等的，而每个人也都是在此第三方的庇护下各归其位。与数学含义上的平等不同，法律平等排除它适用于其上的那些对象之间的替代性。例如，儿子与父亲平等的事实（民法典或基督教里皆如此），并不意味着儿子就是父亲。一个父亲和他的女儿的求爱者是平等的，并不意味着这个父亲和这个求爱者拥有同样的婚娶他的女儿的权利。换言之，法律平等必须一直是在一个有确定参照对象的范畴内来解释的。原教旨主义对人权的解释，是把平等原则与其外部的参照对象割裂开来、把人类作为民法典所称的"种类物[3]"来看待，即可交换的、没有特质的批量产品，把人类社会视为基础单位的算术数字的组合，或是除了银行存款数字的差别之外，再也没有任何其他区别的、被契约连接在一起的粒子的组合。如此看待人权，人权就被用来达到把千姿百态的人都变成一张白纸的目的，而人从出生开始本来就可以自由地在这张白纸上绘制自己的人生画卷。很多知识分子以及当今的一些政治家们，置社会问题于不顾，但是却使自己成为反对所谓

---

〔1〕 Epître qux Galates, 3, 28.

〔2〕 *Le Deuxième Sexe* [1949], Gallimard,《Folio》1986.

〔3〕 C. civ., art. 1246, 1291. "种类物"只是从其种类角度进行界定，因而它们之间是可以相互替代的。参见 Carbonnier, *Droit civil*, t. III *Les Biens*, PUF, 12^{e}éd. 1988, n°20, p. 88 sq.; P. Jaubert,《Deux notions du droit des biens: la consomptibilité et la fongibilité》, *RT civ.*, 1945, p. 75~101.

"最后禁忌"的积极勇士、为一个如下所示的社会而奋斗：一个取消性别差异的、取消生育、亲属关系被契约所替代的、儿童从"被压迫的少数"的"特殊地位"中解放出来的、把成为疯子确认为人类一项不可剥夺的权利[1]的社会。

最后，无论在西方还是在其他地方，对于不愿认同这一光 288辉灿烂前景的那些落后的人，还有可能遭受报复的威胁。事实上，救世主式的原教旨主义主张把这种对人权的理解扩大到所有的国家：首先在发达国家，其次在发展中国家。它们使用信仰宣传的各种现代工具，首先是从媒体和社会科学开始的[2]。我们仍然可以在半个世纪以来、为与"落后"作斗争而实施的"发展"规划或"结构调整"的经历中，找到无数这样的例子。在欧洲人权法院判例中也有大量这方面的例子。正是基于这样的方式，当土耳其议员——正常选举出来的、但是却被军队勒令去职——向欧洲人权法院申诉时，被欧洲人权法院驳回，理

---

〔1〕 当代著名法学家们主张的这种"不可克减的成为疯子的权利"（O. Cayla, Y. Thomas, *Du droit de ne pas naitre*, *op. cit.*, p. 65 sq.），实际上是在把西方法律文化演变推向一个极端的边界，对此梅茵（Henry Summer Maine）已经看到，并指出："在很多情形下，关于人的基本地位和身份，过去的法律以不可废止的方式所确定的东西，在现代法这里都已经变为可以通过协议来确定了；这一规则的尚存的少数例外，也是每天处在被废除之中，并伴随着人们的气愤填膺"（*L'Anncien Droit* …, *op. cit.*, p. 288 sq.）。读者想了解对此持有自己独特见解的专业人士的观点，请参见本书第一章第71页上的脚注。

〔2〕 例如，西方帮助性别研究领域（Gender studies）的非洲研究人员的计划的大部分属于此类。这些非洲研究人员，在对待性别问题上，实际上接替了过去传教士强加的性别上的统一看法。关于有必要去社会科学范式的论述，参见 I. Wallerstein, *Unthinking Sociai Science. The Limits of Nineteenth Century Paradigms*, Cambridge, Polity Press, 1991, trad. fr. *Impenser les sciences sociales*, PUF, 1995, 特别是作者对"发展"（développement）观念的批评，p. 51 sq.

由是，伊斯兰教规"忠实地反映了宗教的神圣教义和规则，具有稳定不变的特性"，"对于一些例如政治参与上的多元化原则或公共自由不断变化的原则，却是陌生的[1]"。这个判决，等于把穆斯林法律思想的丰富历史完全否定了，并且关闭了通向借助穆斯林的律法价值来使人权本土化的所有大门。这样做，也就等于赋予穆斯林原教旨主义所捍卫的伊斯兰律法的解释以法律效力。原教旨主义对人权诠释的最确切的效果，就是反过来滋养了反西方的原教旨主义，并使人权陷入宗教战争之中。性别平等问题是一个很好的可供观察的例子：对于那种否定性别差异的平等原则的荒谬解释，其回应也是同样荒谬的，即那种主张把女人封闭在一个永远固定角色上的回应。

社群主义（communautarisme）

289　　社群主义则与上述观点相反，它认为人权是单单启示给西方的十诫，并且认为，自由、平等或民主在其他文明中都不能有意义。社群主义假定教义性的东西都是不可交流的，从而赋予文化相对性以一种规范的价值。这属于原教旨主义，因为它把教义性东西视为是永恒不变的、是不可能随着诠释资源的改变而改变的。在西方国家内部，它鼓励那些被五十年"发展"政策从原籍国驱赶到西方的移民的聚集区域的社群主义，并且，

---

　　[1] CEDH, 31 juillet 2001, aff. Refah Partisi c/Turquie, point 71. 欧洲人权法院在这个判决中还援引了原告的陈述，这些原告陈述是"有关建立正当或正义秩序或上帝的秩序的，虽然对此正义或上帝秩序可以有不同的理解，但是，政治演说家们在论证希望建立的政治体制所应当包含的东西时，为了援引神圣的宗教规则都会这样做的"。依此判决理由的逻辑，人们可以推导出，美国民选选举出来的总统也可以因为其前文提到的美国秩序建立在神圣基础上的宣称而被罢免。

它还在移民的原籍国散布"多元文化主义"的理想。多元文化主义，以文化参照的婉转形式，实际上建立的是种族归属（在北美的表现形式）或者宗教归属（在欧洲的表现形式），以此作为人类身份的终极根基[1]，并把社会缩减为种族或教派"社群"的简单拼凑物。这种社群主义的后果已经显现了，例如"原籍国居民"社群主义的出现、种族主义和暴力土壤的培育。它是一种身份上的原教旨主义，因为它把人类封闭在最初的种族或宗教的命定之中。在这种社群主义看来，似乎有些人是自由的、享有人权的，有掌管自己生命的命运（例如，在美国，人们所称的"wasp＝white anglo-saxon protestants"："信奉新教的盎格鲁-萨克逊白人"），而另一些人似乎还只是类人猿[2]（人类学研究的新对象，人类学研究涉及的地域范围已经从过去的殖民地转移到国内的"问题郊区"来了），从出生就被刻上他们社群归属的烙印（例如，美国的非裔美国人、西班牙裔美国人、亚裔美国人，法国的"外裔法国人"、犹太或穆斯林"社群"挑选的人[3]），他们只能通过否定自己，即成为自己社群的背叛者，才能逃脱这种烙印。在国际层面，这种观念带来的

---

〔1〕 Cf. P. Anderson,《Réflexions sur le multiculturalisme》, in A. Supiot（dir.）, *Tisser le lien social*, *op. cit*, p. 105 *sq.*

〔2〕 关于人类/类人猿这对概念的使用，我们要感谢 Osamu Nishitani，在描述西方人对其他地区人的看法上很有启发意义：cf. O. Nishitani,《Deux notioins de l'homme en Occident : Anthropos et Humanita》, in A. Supiot（dir.）, *Tisser le lien social*, *op. cit*, p. 15 *sq.* 关于 E. D. Saïd 在东方是作为他人的形象而构建的观点上的批判，参见 *Orientalism*〔1978〕, trad. fr. Ch. Malamoud, *L'Orientalisme. L'orient crée par l'Occident*, Seuil, 1997.

〔3〕 恕斗胆直言，法国政府 2003 年第一次大张旗鼓宣布了对第一位"穆斯林省长"的任命，实际上说明法国政府从根本上是谴责法国公民成为共和国省长的做法的。而这一任命的唯一新颖之处（选择一个商校校长来代表政府）则是媒体所不知晓的。

就是对民族国家正当性的破坏，目的是试图建立一个宗教和教派并存的奥斯曼模式的帝国体系，即把财富剥夺的全球性和放任信仰、习俗自由的种族或宗教社群的地方性制度结合起来的一种组织[1]。当有人重新提起地方的和全球的这些理论的时候，我们应当重新想到，这种帝国模式自 1914 年以来给巴尔干地区所带来的那些无尽战争和谋杀。我们期望文化的相对性，不论是在国内的还是在国际的使用，都能自动地换上一种普世宽容的装束；但是也要看到，这种相对性总是建立在一种信仰之上的，如果说所有的文化都是同等的，那么，那种能保障这种同等性的信仰应当比其他的信仰更有价值。

唯科学主义（scientisme）

291　　唯科学主义所导向的就是，使人权的诠释服从于那些被偶像化的科学所揭示的、关于人类行为的真正规则[2]。各类科学在面临唯科学主义蜕化的风险上，受影响的程度是不同的。最严谨的科学，比如数学，还有那些不认为是科学的学科（比如文学和法学，少数例外），好像没怎么受到它的影响；相反地，理论基础最不确定的一些学科，比如在社会科学和生命科学中，唯科学主义的表现是最为猖狂的。特别是生物学和经济学，一个世纪以来，或是单独地或是联合地，都在进行规范构建，而这些规范构建，在不公开与人权相悖的情况下，总是主张把它

---

〔1〕 Cf. A. Gokalp, 《Palimpseste ottoman》, in A. Supiot（dir.）, *Tisser le lien social*, *op. cit.*, p. 93 *sq.*；关于奥斯曼模式的帝国，参见 R. Mantran, 《L'Empire ottoman》, in Centre d'analyse comparative des systèmes politiques, *Le Concept d'empire*, PUF, 1980, p. 231 *sq.*

〔2〕 参见本书第二章。

们认为的人权解释强加给他人。给欧洲近两个世纪刻下烙印的独裁或极权的经历，抑或近三十年来社会领域基本权利上显而易见的倒退，事实上，都表明了在关于人道与人类尊严相关的根本价值认定上，是不能承受唯科学主义的"现实论"（"réalisme" scientiste）的。人权，单单依靠着一种法律教义的属性，即使在西方，也是脆弱的、保障性很差的，因为，在西方，人权总是处在一种要面对各种不同信仰的处境之中，而这些不同信仰为了对人权的合理性提出异议或阻止其实施，都宣称自己是科学的。

　　因此，近三十年来，第二代人权的合理性就遭到以经济学 292 为名义的猛烈质疑。一些最有影响力的经济学家们，比如弗里德里希·哈耶克（Friedrich Hayek），他认为，自由竞争的理论应当能够建立"强大的社会"，这种理论应当被应用到世界上的所有国家；他们把 1948 年《世界人权宣言》对经济和社会权利的确认，归于一种极权思想（他们从斯大林一直追溯到柏拉图[1]），并认为"这些权利，若没有同时破坏传统民事法律所追求的自由秩序，也就不会转化为强制性法律[2]"。对社会权

---

　　[1] 这一派思想总是援引亚里士多德来反对柏拉图，指责柏拉图是认可人的奴役的理论家。这其实是挺奇怪的，我们可以回忆起，是亚里士多德，而不是柏拉图寻求在自然法上建立奴隶制，认为（*Politiques*，1254b，21~24）在人和动物之间，存在着自然形成的奴隶，因为"他们只是在领受理性而不是自己具有理性的情形下，才属于是有理性的"（cf. P. Garnsey, *Conceptions de l'esclavage d'Aristote à saint Augustin* [1996]，trad. fr. Les Belles Lettres, 2004, p. 151 sq.）。柏拉图从没有如此的论述，他把奴隶看作是战争的痛苦或结果（*Le Politique*，307-309, *in Oeuvres complètes*, *op. cit.*, t. II, p. 422~425）。

　　[2] Voir F. A. Hayek, *Droit, législation et liberté. Une nouvelle formulation des principes de justice et d'économie politique*, vol. 2: *Le Mirage de la justice sociale* [1976], trad. fr. R. Andouin, PUF, 1981, p. 123 *sq.*

利的谴责，来自一种社会达尔文主义的思维[1]；人们知道，这种思维已经在一些国际机构，例如国际货币基金组织和世界银行中，取得了教义的价值。人们不太知道的是其影响在负责经济和社会权利的国际机构中，例如国际劳工组织中也存在[2]。人们也不太知道，哈耶克曾经以蔑视工会人员的态度责难道："1948年《世界人权宣言》的整个文件，是用一种有组织的思维模式所特有的行话起草的，即人们期待在工会领袖的讲话或国际劳工组织的宣言中使用的那种语言——这种行话与一个强大社会秩序建立其上的那种理论毫无关系[3]。"为了把社会权利从法律范畴排除出去，他们提出了两个论据：第一个是社会

---

〔1〕 哈耶克（Hayek）是经济学领域进化论的主要代表，根据这种进化论，人类的行为举止是建立在每天的日常行为之上的，而非建立在行动者的理性之上，日常行为起着生物学上的基因的作用；人类历史就是一个选择最能适应环境的行为的过程，法律不应当阻止这样的选择过程，而是应当为这种自然选择提供便利（关于这些理论的清晰而简要的阐述，参见 F. Eymard - Duvernay, *Economie politique de l'entreprise*, La découverte, 2004）。

〔2〕 参见国际劳工组织1998年《劳动基本原则和基本权利宣言》：尽管该宣言与1948年《世界人权宣言》相比，在目标上已经是大大地后退了，但是，如果严格实施其第5条的规定，就可能使该宣言完全失去了应有的意义，因为禁止工会自由或强迫劳动都可能会构成国际贸易中的比较优势（按照第5条，这些都不应被质疑）。第5条"强调劳动标准不应服务于贸易保护主义的目的，本宣言任何内容及其后续内容都不应被引用用于此目的，另外，任何国家在国际贸易中的比较优势，都不能因为本宣言及其后续内容，而以任何形式被质疑"。

〔3〕 F. A. Hayek, *Le Mirage de la justice sociale*, op. cit. p. 126. 工会自由是1948年《世界人权宣言》确认的主要社会权利方面的原则之一，也是被哈耶克所谴责的。当人们回忆起，智利皮诺切（实施哈耶克经济理论模式的代表）如何对待工会分子，或者工会在波兰推翻共产党执政中所起的作用时，在这种关于人权经济分析的价值和影响上，人们可以得到更为准确的看法。哈耶克（以及众多持有同样观点的人）被"册封"诺贝尔经济学奖，实际上传达出一个想法，即该授奖机构在西方内部教义冲突中所要起的作用［为了给诺贝尔（Alfred Nobel）正名，有必要指出，1969年设立的这个诺贝尔经济学奖的最初命名是瑞典银行为纪念诺贝尔而设立的经济学奖（*The Bank of Sweden Prize in Economic Sciences in Memory of Alfred Noberl*）］。

权利的目标在于财富的分配，而法的范畴从本质上看，则局限于"正当行为的规则"。第二个是社会权利采用的是针对集体享有一种债权的结构，而不是对个人的保障。只有那些"享有某权利意义上的权利"（droit de）（政治权利和自由的法文用 droit de ——译者加注），才可能是真正的权利，因为它们的存在不依赖于任何债务人的存在；而另一些"能做某事的权利意义上的权利"（droit à）（经济社会文化权利的法文用 *droit à* ——译者加注），只可能是一些原则性的诉求，依赖于一个使其兑现的组织的存在[1]。

　　这些批评都是毫无根据的。经济和社会权利，无论从内容还是从结构上看，都完全是另一类权利。从内容上看，1789 年法国《人权宣言》等一些最早的人权宣言上的"人"，都只是一个纯粹的理性存在，其身体的存在，只有从劳苦权（droits des peines）的视角看才是值得被考虑的。然而，历史已经表明，这些早期确认的民事和政治权利，在人类大众普遍遭受苦难和恐惧的地方，是被剥夺了意义和面临消失威胁的。为了能捍卫自由或所有权，人首先应当被保障最低程度的身体和经济安全，并且免除受到攻击、饥饿、寒冷或疾病的煎熬。布莱希特（Brecht）[2] 在纳粹上升时期曾说过："那些瞧不上饭菜的人，是因为他们已经吃饱了。"同样地，当今那些嘲笑"害怕风险的人"，是因为他们自己处在免遭风险的庇护之下。20 世纪 30 年

294

---

〔1〕　在法语中，第一代人权的表达通常用 droit de …，例如所有权 droit de propriété；而第二代人权的表达通常用 droit à …，例如工作权 droit à l'emploi（译者加注）。

〔2〕　德国剧作家布莱希特（Eugen Berthold Friedrich Brecht），后加入奥地利籍（译者加注）。

代的教训之一就是，大众的苦难和失业成了独裁的温床；在没有身体安全和经济安全保障的地方，人们也就谈不上享有自由，这就是二战之后的《世界人权宣言》要确认社会权利的原因。

295　　从结构上看，第二代人权中的某些权利（例如工会自由）具有和传统民事权利相同的风格（即保障着个人自主的一种范畴）。其行使要以一种集体组织方式为条件（例如健康受保护权），这并不是一种倒退，相反地，这预示着一种变迁，这一变迁在当今影响着"第一代人权"中的一些个人性权利，例如所有权。所有权，在与全球化联系最为密切的含义上，已经是指"知识性的"产权，而不再是物质性产权了，即涉及法律人所称的非物质性财产权利（商标、专利、著作权）。既然从物质上已经无法区分一段音乐、一个奢侈皮包或者一个软件的复制品和真品的区别，并且，这些复制品的制作及其完成，对任何人使用这段音乐、这个奢侈皮包或者这个软件的真品都没有任何剥夺性的影响，所以，对于跨国公司而言，最关键的就在于使这些复制品不得自由流通；产品的自由流通必须服从于以下条件：在产品的制造中已经交过税费，以及在流通中尊重其知识产权[1]。换言之，对知识产权的尊重，是以在知识产权载体上的产品的制造、再生产或销售中的强制缴费为前提的[2]。也就是说，所有权在此和社会权利具有同样的结构。所有权在此并不

---

〔1〕　Com., 24 sept. 2003（Bull. Civ., Ⅳ, n°147, p.166）：对于伪造商标的服装销售，某一上诉法院以既不属于欺诈也不属于错误为由拒绝否认销售的效力，而最高法院则根据《民法典》第1128条和第1598条，否决了该上诉法院的判决，因为"伪造商品不得成为销售对象"。

〔2〕　创立国际贸易组织的马拉喀什协定附录1C（即TRIPS）的规定，要求成员国建立"用于保护知识产权"的程序……以便于对任何侵犯本协定覆盖的知识产权的行为采取有效行动。

是指对一个财产的物质性占有，而是作为一项债权性权利呈现的，其行使要求国家的积极干预。再有，对该项知识产权的尊重也只有通过开展产品的可追溯性，即通过一个集体性组织来实现，为了有效，该组织应当是世界性的。显然，知识产权和社会权利在结构上的这种一致性，提出了一个它们之间的协调和次序的问题。如此一来，1948年《世界人权宣言》有可能在如下含义上得到诠释：医药公司对其专利的所有权，应当在人们享有接受适当医疗的权利面前让步。在此，政治家们重获裁决的能力，而这正是奉行市场法则的专家们所要拒绝给他们的。知识产权与社会权利的趋近也启示着：如同社会权利（意味着受益人根据收入的一定比例参与到互助的集体组织中[1]）一样，知识产权人也应该为了那些保障其知识产权得以行使的国家的好处，而承受缴费的负担。这种诠释，正是哈耶克派、原教旨主义式的经济学家们想要禁止的，因为他们想要使人权服务于"市场的力量"，而不是相反。

然而，还要看到，唯科学主义倾向依据经济学的假定规则来进行诠释的，恰恰是第一代人权。例如，《世界人权宣言》第5条宣称，"任何人不得被置于酷刑、被施以残忍的、非人的或侮辱性的对待或刑罚"，然而，法律经济分析的创始人之一，理查德·波斯纳（R. A. Posner）认为，"如果利害关系足够重要，酷刑是可许可的[2]"。这种诠释在"反恐战争"和"911"之后的爱国动员的背景下至少是够大胆的。它与法经济学分析理

---

　〔1〕　*infra.*

　〔2〕　《*If the stakes are high enough, torture is permissible*》, R. A. Posner, 《*The best offense*》, *The New Republic*, 2 sept. 2002.

论也完全一致，根据这种分析理论，效用的计算是个人权利的根基和边界。一个人不被施以酷刑带来的效用，似乎应和对他人施以酷刑可能有的效用联系起来。这与马苏（Massu）将军在阿尔及利亚战争中施行酷刑给出的更为朴素的理由相比，并没有什么不同，除了前者为了把人权置之一边而采用科学之名这一点外。

另外，经济学并不是在此含义上被援引的唯一的学科。近几年来，赞成同性父母的新闻界的密集报道，作为引证的恰恰是社会学、心理学或生物学，目的在于为同性夫妻设立被法律认可为正常双亲的夫妻权利。当然，涉及同性夫妻养育孩子的话题，人们就援引人权，特别是援引与异性夫妻相比的平等原则[1]。但是，这对于孩子会怎样呢？人们能在不侵犯 1789 年《人权和公民权宣言》和 1948 年《世界人权宣言》确认的第一个原则（即第 1 条规定的"人人生来在权利上是平等的"）的前提下，只给他一种单纯的男性双亲关系（有两个父亲的孩子）或者单纯的女性双亲关系（有两个母亲的孩子[2]）、甚至由此禁止他可以有一个母亲或者一个父亲的权利[3]吗？这个问题，是支持同性父母的人从未提出过的；这些人，一旦谈到孩子，

---

〔1〕 关于平等原则的诠释，参见本书第 271 页。

〔2〕 这就是魁北克《民法典》的规定：赋予女性同性恋人的父母权，使得某些"通过别人基因帮助而出生的"女性同性婚姻的子女有两个母亲。因为别的法律并没有做相应的修改，所以父亲的义务，根据第 531.1 条规定，就由两位女性同性父母中"没有为子女出生提供生理基因"的那一位来承担。

〔3〕 在"通过别人基因帮助而出生的"女性同性婚姻的子女情形下，魁北克《民法典》第 538.2 条禁止，在该子女和"提供基因帮助"的提供方之间建立亲子关系。因而，该法典允许的女性同性婚姻下如此出生的子女，就这样被禁止拥有一位父亲了。

为了转换到科学的视角，就离开了人权的视角。而从科学的视角看，孩子没有被视为是权利的主体，而是可以被以"客观的"方式来对待（同性夫妻欲望的对象或者社会心理认知的对象），并用如下简单的表达方式来解决："在反对同性双亲关系的问题上，没有任何'站得住脚'的科学论据[1]。"对于那些质疑的人，他们反驳说，要想有个定论，试试就知道了。

　　不论是涉及酷刑，还是涉及子女民事身份上的这些尝试，唯科学主义的观点，都是可以通过他们所主张的按照科学教导来诠释人权的做法得以辨认出来。因为，对于唯科学主义来说，规范的问题属于事实范畴，而**法**应当做的只是要加速科学（偶像化科学）所揭示的规范性的到来。换言之，在唯科学主义看来，**法**只不过是一种工具，其正当使用的目的在于打破一些集体性信仰，因为这些集体性信仰阻碍着"有深远意义的个人民主化运动，即鼓动人们从自己被迫接受的角色中解放出来、创造性地畅想自己的新生活的个人民主化运动[2]"。一旦科学（偶像化科学）如此地勾勒出未来人类的前进方向，我们就可以从历史经验中知道，人类也就不再需要**法**了[3]。但是，在此，我们看到，曾经被一致认为是人类最为基础原则的人权，就是在西方，也是在很大程度上面临着被迫服务于一些被认为是更基本的一些规则的风险。

───────────

〔1〕　J. C. Kaufmann,《*Le mariage n'est plus ce qu'il était*》, Le monde, 28 mai 2004 ou 20 août 2004（这篇文章几个月之隔，两次登载在同一份报纸上，批评那些仍然坚持相信性别差异的观点）. 文章作者作为社会学者和法国国家科研中心项目主任，想要给这一主题的讨论增加些科学性。根据该作者，那种认为两性有区分（例如异性父母）对孩子成长是有作用的观点，"完全属于意识形态的，没有任何集体信仰上的根基"，"在另一个时代再作心理分析，或许就不存在了"。

〔2〕　J. -C. Kaufmann,《*Le mariage n'est plus ce qu'il était*》, *op. cit.*

〔3〕　参见本书第二章。

事实上，上述这些西方原教旨主义的不同表现形态，在南北关系上是有所体现的。西方国家的国际政策是适时地混合着救世主主义、社群主义和自然选择的"现实论"的。以人权名义发动的进攻性战争就属于这种情况，同时，他们又以当地情况的特殊性为借口而不遵守人权的要求，并使军事上的胜利成为其价值体系优越性的证据。法国的历史（革命式的、拿破仑式的和后来的殖民式的）中充满了这些矛盾，如今这些矛盾又再现于在美国指挥下进行的"反恐战争"中[1]。实际上，对人权的原教旨主义式的任何诠释，都使相对落后国家处于这样的选择之中：放弃自己一贯坚持的立场而进行转变或者放弃转变而坚持自己的一贯立场。这就是为何在有些相对落后国家，一些政治运动取得了成功，这些政治运动都鼓吹人们要回归到那些表明国家或民族身份的正统源头上，其直接后果就是物质衰退和社会隔离。

打开人权的诠释大门

300 不论人们在其中是否看到"宗教"，所有伟大的教义性纲领的构建，都共同地拥有消化暴力和谋杀冲动的代谢机制，并因此都属于人类对自身智慧认知的组成部分。如此一来，把人权构想为一种教义性纲领的总体构建（或者是人类的共同宗教），就可以使得用另外的方式来讨论"全球化"世界中的"价值"

---

[1] 如同任何在根本上是错的那些立场一样，例如，刽子手要想被看成是受害者，就只有用更为尖厉的声音去盖过受害者的声音，这只需控制主要的媒体宣传就能达到。

问题成为可能。就如同具有无穷无尽多样性的语言一样，这些伟大的教义性纲领构建中的任何一种构建，都给我们传递出一种忠实的、不同于其他的，关于世界的表象[1]。如同葛饰北斋（Katsushika Hokusai）笔下的富士山三十六景一样，对于同一个事物会有同样多的不同视角；和语言现象一样，不可能决定性地说某个语词就比其他的更恰当，因为，这些教义性纲领的构建都不属于通过实验获得真理标准的范畴。这就是为何这些教义性纲领的构建，如同语言一样，既是不可克减的（一种对另一种而言）、又是相互可转译的（一种向另一种）。在思想上记住这种不可克减性和相互可转译性，可以免于陷入关于价值的绝对性和相对性的两难境地，并可以重新走向接纳所有文明关于人权诠释的道路。为了能在这样的道路上前进，应当从面向所有的文明打开人权诠释之门开始。在此，使用"打开诠释之门"这个几代穆斯林知识分子所捍卫的用语[2]是因为，他们为了使国家免遭衰退、并能与穆斯林文明的最辉煌时代重新连接上，做出了不懈的努力。同时，如果西方的思想和价值也像这些伊斯兰国家一样向原教旨主义退让，西方也将遭遇同样衰退的风险。

---

　[1]　关于多样性作为人类资源的主题，参见 G. Steiner, *After Babel. Aspects of Language and Translation*, Oxford University Press, 3ᵉ éd. 1998, trad. fr. L. Lotringer et P. - E. Dauzat, *Après Babel, Une poétique du dire et de la traduction*, Albin Michel, 1998.
　[2]　关于该用语的初步分析，参见 L. Gardet, *La Cité musulmane*, Vrin, 1954, p. 121 sq. ; J. Schacht, *Introduction au droit musulman*, *op. cit.*, spéc. p. 88 sq. ; M. Charfi, *Islam et liberté*, Albin Michel, 1998.

人权：人类的共同资源

301   打开人权的诠释大门，恐怕就意味着要把人权视为人类的共同资源，向所有文明的经验开放。在这个共同资源（罗马法上共有物的含义）的定性上，有两方面原因的引导。首先，这个定性并不是抽象的，因为，它是以国家模式的客观传播和国际社会对人权的认可这些事实为基础的。尽管这种以国家作为参照的方式是多样的并且是演变的，但是，国际社会以联合国的方式组织起来已经是一个存在的事实，所以，我们应当以这个事实存在为支撑、为基础，否则，西方就可能会着手进行一种帝国式的组织活动，这会比以往的形式都更为危险。既然大部分国家都已经正式签署了人权文件，对人权的阐释，就不应该继续只听任西方国家提供的唯一诠释了。其次，共同资源这个定性与合一运动的两种做法是分道扬镳的，后者对于西方而言，目的在于以其他人的卖场作为自己的市场，攫取适合自己的、扔掉其余的。事实上，一项资源为了成为共同的资源，应当是可以被非排他性占有的。使这种占有成为可能，也是尊重每种文明而不使其自我封闭的唯一途径[1]。

302   很多理由促使我们相信这种占有的可能性是存在的。历史上有大量的例子证明，一些国家最终把西方的现代性吸收成为自己的、同时并没有被它所破坏。一些国家，例如，日本和印度，仍然能够坚持它们自己的教义性资源，因为，它们以书面

---

    [1]   关于将现代性转为自己所有的观念，参见 J. Berque, *L'Islam au temps du monde*, Arles, Sindbad-Actes Sud, 2ᵉ éd. 1984, p. 87.

为载体的教义性资源构建是如此之丰富和深厚，对西方没有什么可觊觎的，而且，它们还时刻准备着根据变化作相应的诠释[1]。例如，受到《摩诃婆罗多》[2]熏陶的人并不用担心会在迪士尼文化中迷失……而在另一些国家中，情况则会有所不同，其教义性资源，要么是如同在西方和一些伊斯兰国家一样正受到原教旨主义的威胁，要么是没有书面的教义性资源构建可供使用（大部分撒哈拉沙漠南部地区的非洲国家就属于这种情况）。第一种情况下的危险就是，把伊斯兰教等同于原教旨主义，并认为现代化必须要经过根除公共场合的所有宗教因素这一过程。土耳其对这些文明根基所做的尝试（尤其是放弃使用阿拉伯字母使得土耳其年轻人再也无法读懂其书面遗产），并没有成功。我们可以设想，人权与伊斯兰律法达成和解所涉及的诠释问题，可能提供创新伊斯兰现代化特有道路的优良培育土壤。当然，前提是不要事先就宣布它们之间的不兼容，就像伊斯兰原教旨主义者和欧洲人权法院所做的那样。

实际上，非洲的情况更令人担忧，理由就在于，如果说西方已经认识到对非洲丰富文化中的很多方面（舞蹈、音乐、造型艺术等）可以加以吸收，那么，书面教义性资源构建的缺乏则会威胁到非洲文明的存续。对人权进行原教旨主义式的应用只可能会使这一现象提前到来，因为它是通过加快破坏非洲社会结构的方式进行的，而非洲社会结构正是非洲价值传承富有生命力之所在。例如，在没有学校的社会里禁止童工，就是禁

303

---

〔1〕 20世纪20年代梁漱溟关于三大文明命运的深刻分析，参见 *Les Cultures d'Orient et d'Occident et leurs philosophies*，PUF，2000，L. Vandermeersch（汪德迈）作的前言。
〔2〕 古印度两大著名梵文史诗之一（译者加注）。

止了他们学习自己文化的可能性[1]。然而，打开人权的诠释大门，让非洲可以对此有发言权，就可能迫使西方来反思其儿童成长的方式，不一定就是一种榜样，并且，迫使他们发现学校的学习其实也是一种劳动，尽管劳动法不认可。最终而言，在这个例子上，找到"共同的价值"并不是很困难的：孩子自有当孩子的权利，因而，要把孩子当孩子来对待，即要考虑到孩子的需求和自身的能力。从这一角度看，国际劳工组织正在推广的"体面劳动"[2]理念，比起忽视所适用的文明而单单宣布禁止的要求，这一理念要显得更为丰富和令人充满希望。还可以举出另一个例子，这就是男女平等问题。这种平等，不是算术上的平等，不是一个统一的普遍适用的数学公式，而是一种差异下的平等，一种以尊重差异为基础的脆弱的平衡。无论如何，我们都能理解，非洲人并不喜欢看到当今的西方人去告诉他们，在与他人的关系上他们应该持有的立场。

304　　当然，这并不是说非洲国家从本质上是反对人权所表达的价值的，而是意味着，应当允许他们主张自己的人权阐释。另外，我们恰恰应当要归功于非洲，非洲拥有在人权解释上最卓越的法律尝试，即1981年6月27日的《非洲人权和民族权宪章》[3]。正如其名称所表现出来的，这个宪章，在重申西方人权所载明的个人权利的同时，在坚持其特有的关于人的观念的

---

〔1〕　A. Cissé – Niang,《L'interdiction internationale du travail des enfants vue d'Afrique》, *SemainesocialeLamy*, numéro special：《Regards croisés sur le droit social》, 1095, 2002, p. 9~13.

〔2〕　参见国际劳工组织秘书长的报告《体面劳动》（87e session, 1999）。

〔3〕　宪章全文，参见 Ph. Ardant, *Les Textes sur les droits de l'Homme*, PUF, 2e éd. 1993, p. 92；关于宪章的简要介绍，参见 F. Sudre, *Droit international et européen des droits de l'homme*, PUF, 5e éd. 2001, n°76 sq.

基础上，增加了"人民"。其特有的观念就是：人不是孤立的、个人主体观念上的人，而是与其同类相联系的一个存在的观念，人从其所属的一系列群体中获得其身份。这就是为何在这个宪章中，除了个人和国家之外，还有一些别的主体，并且对于这些主体，个人和国家都负有义务（第27、29条）：家庭（不仅是个人"权利"的客体，如同在《世界人权宣言》的第16条记载的那样）——国家应当协助家庭完成作为"社会所确定的道德和传统价值的管理者"的使命（第18条）；人民——在其"现实状况和对其权利的尊重上都务必要确保人权"，有权为了解放而反抗外国统治，不论是政治的、经济的还是文化的统治（第20条）。

可以设想，如果考虑这里提到的一些"非洲价值"，我们的人权观念可能会有所发展，并由此可以重新打开诠释人权的大门，或许能使西方国家解决他们当今所遇到的一些问题。不要把人从与其同类建立的联系中分离出来（第28条），建立互助原则（第29条），确立人民享有有利于其发展的良好环境的权利（第24条），保护家庭的教育角色（第18和29条），这些"价值"都是《世界人权宣言》所没有的，但是这些都是具有普遍意义的价值。

重新解读互助/连带原则（le principe de solidarité）

为了更好地说服我们自己，可以看一下互助原则。这一原则当今具有很强的现实性，因为，既然全球化构成人类面临重大风险（技术的、环境的、政治的、卫生的）时享有相互依赖的一个缘由——没有一个国家能逃脱这些风险，那么，组织互助以应对这些风险，就具有全球层面上的关键意义。1948 年

《世界人权宣言》中，互助原则并没有以如此称谓出现（如果不算开头提到的"人类大家庭"），因为，它是以个人权利的方式出现的（社会保障权、享有适当生活水平权、免遭丧失生存能力风险的安全权规定于第 22 和 25 条）。相反地，在《非洲人民和人权宪章》中，互助原则是以义务的方式出现的（第 29 条规定：个人有义务保护和加强社会互助和国家互助）。因而，在一种情形下，互助表现为个人对社会享有的一种债权；而在另一种情形下，又是个人对社会承担的一种债务。发达国家宣称的"个人有权享有……"，都是对应着通过强制性缴费的方式来供给互助制度的义务（税费或者社会保障缴费）[1]。表面上看，这种强制性的收费——当然我们都了解其在"西欧"社会模式下的重负，与有收入的任何非洲人承担的互助义务在结构性上是对等的。但是，非洲这种传统的互助是表现在人与人关系的范畴内的，而欧洲"现代的"互助的费用则是交给一些陌生的匿名组织的，不论是国家的公共服务组织还是社会保障组织。

306 　　这种从个人性互助到机构性互助的过渡，在西方，并不久远。互助的概念实际上是来自民法上的连带的概念。民法上，这个概念用于填补在同一个义务之上存在多个债权人（连带债权）[2] 或多个债务人（连带债务）时的缺陷。如果说社会法和社会学自埃米尔·涂尔干（Émile Durkheim）以来已经借用了这个法律概念，是因为它是唯一的一个可以构想集体性义务关系（债权人的集体或债务人的集体）的概念，它既不是建立在个人

---

　　〔1〕《人的权利和义务美洲宣言》（第 35 和 36 条）明确确认了这一义务。

　　〔2〕《法国民法典》第 1197 条："当多个债权人中的任何一人都被明确授权能要求债务人对其履行全部债务，对任何一个债权人履行全部债务后，所有债务人的债务都得以消失，并且债务的标的在不同的债权人之间是可分离和可分配的时候，这种义务就是连带义务。"

合意之上，也不是建立在家庭或社区共同体的联系之上。当然，从民法上的连带如此转换到了社会法上的互助，它不再是指把债权人和债务人直接联合起来的法律关系了，而是成为了一种新型制度的组织原则。这些制度的共同点就在于，它们既是缴费收入债权的持有者（其数额可根据成员的收入而变化），又是提供各种待遇的债务负担者（其债务数额并不与成员加入时该组织拥有的物质和财政收入相挂钩）[1]。因此，互助指的是建立一个共同的资金池，每个人应当根据其能力来投入，并能根据其需求从中支取[2]。

与传统的再分配机制不同，例如非洲的养老储蓄会[3]，这307
种在福利国家范围内建立的互助，已经清除掉关于债权人与债务人之间个人联系的任何痕迹了。这也是为何它能延伸到整个国家，作为社会保障的全国性制度（建立在"全国互助原则"[4]之上），或者作为公共服务（负责保障每个公民平等享有一些被认为是基本的财产：健康、能源、交通、教育和信息等）。如此延伸的互助是匿名的，这既是它的优势所在，也是它

---

〔1〕　欧盟法对互助原则的定义：CJCE, 17 fév. 1993, aff. n°C-159/91 et C-160-91, Poucet et Pistre, *Droit social*, 1993, p. 488, note Laigre et obs. J. -J. Dupeyroux.

〔2〕　J. -J. Dupeyroux：《Les exigences de la solidarité》, *Droit social*, 1990, p. 741.

〔3〕　"养老储蓄会"（tontine）是一些非洲国家很普遍的一种制度的不恰当的翻译。巴米累可人（主要聚集在喀麦隆的西部和西北部）称为 tchaw 或 djangui（放在一起、凑份子）的组织是"常常由一个共同点联系在一起的人的联合组织，例如一个家庭的、一个社区的或一个民族的，它们定期发放待遇，以实物或现金的方式在其成员之间轮流发放"。（参见 J. Nguebou-Toukam, M. Fabre-Magnan,《La tontine : une leçon africaine de solidarité》, in Y. Le Gall et Al., *Du droit du travail aux droits de l'humanité. Etudes offertes à Philippe-Jean Hesse*, Rennes, Presses universitaires de Rennes, 2003, p. 299 sq. : 关于这个主题的罕见的法律研究，资料非常详实）。

〔4〕　《社会保障法典》法律篇第111-1条。这一原则是指居住在法国领土上的任何人必须加入到一种强制性的社会保障制度中，否则要有一份个人商业保险。

的薄弱之处。是它的优势所在，是因为它把个人从他们对家庭成员的忠孝关系中解放了出来，并且建立起数额庞大的资金流动和规模巨大的风险互助分担机制。是它的薄弱之处，是因为这种匿名方式使相互有互助需要的人与人之间的联系完全消失，而让位给个人与一个无人称的机构之间的一种直接关系，因而，这种方式也就容易滋生个人主义。根据人们从获得待遇的角度或是从缴费的角度看待，人们可以看到类似一种"天赐的吗哪"（没有真正债务人的一种债权），或者一种"诈骗勒索"（没有真正债权人的一种债务)[1]。是它的薄弱之处还在于这种互助制度只在国家范围内才能发展，当国家不是管理人的时候，国家仍是其守护者。

308　　基于以上原因，在福利国家得到发展的互助制度正面临着一场深刻的危机。在那些私人之间的互助仍然是人们唯一可依靠的联系的众多发展中国家里，由西方输入的互助制度已被证明失败了[2]。在发达国家，互助制度受到市场原教旨主义者的批评，并面临不断增长的财政困难，而且这种财政困难，由于国家边界的开放使得资本和企业可以逃脱交税和缴费，而变得更加沉重。解决这些难题的方案，并不在幻想出的一个由自给自足的、脱离任何互助关系的个人组成的世界性社会，也不在封闭在自己国内的互助制度里，因为这些国内互助制度构成一个社会的"脊柱"，常常不得不随着社会变迁而变动。如果不赋予互助义务——第二代人权的宣称里所固有的内容——以国际

---

〔1〕 这就是为何收入来自强迫缴费的人（公务员、医生和农业劳动者）常常会出现精神分裂症状的原因了，他们一方面要求提高收入，另一方面又要求降低缴费。

〔2〕 互助公共机构的管理人在此常常看到一个公共资金池，它不属于任何人，人们因而为了自己和家人的利益从中汲取所需资金或其他。

意义，人们就无法面对这些国内制度的不稳定。第二代人权只是体现互助原则的一个侧面，并且是与实施中的宪章和宣言所规定的双向缴费义务相联系的[1]。因而，一方面，我们看到，目前已经明确规定的经济社会权利，能够迫使经济主体在经营业务所在国按照要求进行的足额缴费上，提供强有力的法律武器。另一方面，我们认为，恐怕是要从互助原则中汲取新的力量，并使对经济和社会权利的诠释，朝着重视世界贸易所具有的新型法律制度的方向进行。如果人们想减少国际范围内的社会断层和当今南北劳动者之间的利益冲突，那么，这种诠释的开启，就应当采取发展中国家理解和实施的互助的方式进行。

欧盟法显示，在欧盟东扩到以前东欧国家的压力之下，欧 309 盟在互助原则上已经进行了再确认和再诠释的两种变化。在《非洲人权宣言》颁布 20 年之后，《欧盟基本权利宪章》也确认了互助原则，并同时提出了一些新的扩展[2]。在这个宪章中，互助不仅包括了《世界人权宣言》规定的社会权利，而且还纳入了一些新的基本权利（劳动者的信息权、集体谈判和集体行动权、享有公共服务权）和一些由公共权力机构和企业承担的责任（协调家庭生活和职业生活、保护环境和保护消费者）。如此对互助/连带的界定，可以从两个方面服务于遏制世界化对社会层面带来的破坏效果。一方面，它的结果是承认那些生活和工作条件都受到国际贸易自由化影响的人们，在国际层面上组

---

〔1〕 这一联系在一些宣言中有明确的确认，例如，根据《人的权利和义务美洲宣言》（1998 年），任何人都"负有根据可能和具体情况，与国家、社区共同体进行合作的义务，以实现互助和社会保障"（第 35 条），以及"为了支持所在国家的公共服务，负有缴纳法律所规定的税收的义务"（第 36 条）。

〔2〕 2000 年在尼斯通过的《欧盟基本权利宪章》第 27 条等，见本书第四章。

织起来的权利、采取行动的权利和进行集体谈判的权利[1]。在此，互助被构想为一种方式，一种不仅使人分担生存风险，同时也为他们享有某些自由提供具体手段的方式[2]，例如，西方以外的其他地方实行的多种多样的传统互助形式，像前面提到的非洲养老储蓄会，就显得特别现代。另一方面，它可以为那些抑制人和事物商品化的规则提供基础。正如《欧盟基本权利宪章》所规定的，把环境权和消费权置于互助/连带原则的庇护之下，可以抵制企业逃避责任，要知道现代经济的网状组织是容易造成这种逃避状况的[3]。所有那些从经济运营中获利的企业，不论采取何种法律的组建方式，对于给环境和消费者带来的损害，都应该被认为是负有连带责任的[4]。

互助的法文"solidarité"在民法上的最初含义，是连带责任，到了社会保障领域，曾长时间被保险技术所掩盖，当今又被重新提起。我们吃惊地发现，这些连带责任，与西方之外的、充满活力的那些"传统"互助形式非常相似，因为这些互助形

---

〔1〕 这为人们开展积极的互助提供了法律基础，有代表性的工会和组织就可以超越国界使用这些手段。这也就解释了为何某些政府，在英国带领下，坚决阻止欧盟法院法官对宪章的规定进行自由解释。这些政府已经成功阻止在欧盟宪章中写入劳动者国际范围的集体行动权（参见 C. Barbier,《Un traité constitutionnel en quête de ses ultimes auteurs》, op. Cit.）。

〔2〕 关于"社会性抽签权利"，参见 A. Supiot（dir.）, *Au - delà de l'emploi, op. cit.*

〔3〕 参见本书第四章。

〔4〕 这正是欧盟 1985 年 7 月 25 日关于瑕疵产品责任的指令所采取的措施。指令把瑕疵产品定义为"没有提供人们正当期待的安全的产品"，认定厂商基于该产品瑕疵、对于发生于人和财产方面的损失负有责任，不论在厂商和受害人之间是否存在合同关系。在埃克森瓦尔德斯（Exxon Valdes）造成的海洋污染事件之后，这一措施也被美国极有效率地采用过，此后美国法对于或近或远都参与到海洋运输的企业都追究责任。根据 1990 年美国《海洋污染防治法》，货物所有人、船只所有人或租用人都必须对船只造成的污染负责。

311

式也都是使那些联系在一起的人承担一种个人责任[1]。跨国企业的社会责任，或许就意味着连带责任意义上的互助，是可以在同一个跨国集团或网络下的不同实体之间存在的。那么，在此基础上，在作为跨国企业下属企业所在地的那些国家里，追究那些"能够对其他实体的活动施加一些重大影响[2]"的实体的责任就是可能的了，并迫使这些实体对自己违反由同属一网络或同属一集团的实体在投资所在国所遵守的原则的行为承担责任。这一要求可以鼓励跨国公司的分包商采取好的行动，而抑制不好的行动[3]。这样的追责行动也可以由跨国集团或网络公司的工会，以协调的方式展开。

如此更新了的关于互助/连带原则的诠释，必须向实施互助 312 /连带责任涉及的所有国家开放。这些不同国家的经验，将有助于人权发挥其基本功能，即疏导那些被人类全能这一情感诱发而产生的各种矛盾。这一情感，随着科技的发展，甚至对于人类以后的发展，已经变成了一种威胁，而正是**法**的独特功能，

---

〔1〕《法国民法典》第1200条（新编为第1313条——译者加注）："当多个债务人的债务指向一项共同的债务，并且任何一人都有义务履行全部债务、一人履行了全部债务后，其他债务人的债务也即消灭，这就称为债务人之间的连带债务。"民法上有一种赋予连带债务原则一种新的效果的学术意见，参见 D. Mazeaud,《Loyauté, solidarité, fraternité : la nouvelle devise contractuelle?》, in L'Avenir du droit, Mélenges en hommage à François Terré, PUF, Dalloz et Juris-classeur, 1999, p. 603 sq. ; Chr. Jamin,《Plaidoyer pour le solidarisme contractuel》, in Le Contrat au début du XXème siècle, op. cit. P. 441 sq. ; Chr. Jamin, D. Mazeaud（dir.）, La Nouvelle Crise du Contrat, Dalloz, 2003.

〔2〕借用《经合组织关于〈跨国企业指导准则〉》（1976年通过）中的表达。

〔3〕美国《预防石油污染法》规定的效果之一就是，使大的石油公司在选择运输人时要为了确保安全而极其谨慎。这促使了船舶所有人把最破旧的船舶使用转移到世界其他地方，例如欧盟……

才可以保护我们免受这一威胁[1]。

迈向人权诠释的新机制

我们可以设想，怎样把人权诠释向适用《世界人权宣言》的"人类大家庭的所有成员"开放呢？在提出这个问题的同时，我们应当在头脑中记住这样的事实，即"*教义体系之间能进行的不是媒体传播那种迅速简便含义上的对话，而只能是谈判*[2]"。因而，开放的人权诠释意味着，需要有促进这种谈判并赋予谈判达成的协议以法律效力的特有的*制度性措施*。人们可以质疑，一个可能的人权国际法院会是一个有利于这种谈判的场所，即与经济"全球化"、向资本和商品流动而开放的边界相联系的一种谈判。向商品开放的边界，对人员则是封闭的，不存在全球范围内的人员自由流动。西方国家曾把来自共产主义国家的持不同政见者当作英雄，当今，则是想方设法驱赶那些来自相对落后国家的"无证件人员"。西方警惕自己对这种逃离的理由进行指责，因为这会迫使西方直面它们强加给世界的贸易体制所带来的毁灭性后果。世界贸易组织曾经清晰地告知：除了其章程针对的有关局部性问题以外，人员的事情一概不属于它管辖。但是，不把作为贸易结果的人员的问题加以考虑，贸易的开放就不是持久的。由此，我们看到，当今世界，负责物（商品和资本）的国际组织与负责人（劳动、健康、社会保

---

〔1〕 参见本书第四章。"9·11"恐怖袭击表明了掌握技术和法律文化相分离意味着什么。这些恐怖袭击分子不是什么"落后分子"，相反，他们完全掌握了先进技术，包括涉及精神层面的媒体大规模宣传技术。

〔2〕 P. Legendre, *Le Desir politique de Dieu*, op. cit., p. 183.

障、文化和教育等）的国际组织之间的工作是泾渭分明的。

正是在这样的背景下，才会在世界各地都提出了把市场经 313
济原理与不同文明固有价值联系起来的问题。全球化只有在如
下情形下，才是可令人接受的：只有在全球化不被构想为人员
与文化的标准化过程，而是作为不消灭多样性、反被多样性所
滋养的人员与文化联合在一起的一个过程。如此看来，人权的
阐释就成为经济贸易自由化带来的诸多问题之一。我们认为，
恰恰正是在处理由经贸自由化引起的争议的时候，人权（以及
基本权利）的诠释，才可以并且应当介入。这一方法可以避免
来自发达国家的单边主义，这种单边主义已经导致在国际贸易
条约中增加社会条款想法的失败[1]。

只要特定的制度性措施不允许发展中国家用提出他们自己 314
关于基本权利的理解来反对发达国家，那么，"全球化的社会维
度[2]"这一观念就只能停留在标语口号层面了。例如，欧盟所
建立的重要的农产品倾销制度，给发展中国家的食品业、农业
的持续发展条件造成了破坏，这些国家应当能够拥有捍卫他们
国家人民的体面劳动的权利，并能够通过一个国际机构获得适
当的补偿。如此地，在国际层面上，还应该能够从人类劳动之
基本权利的视角，去实现工业化国家曾经通过国内劳动法、在
近两个世纪中实现的那些目标，即允许弱者运用**法**的武器回击
那些用**法**剥削他们的人，并使他们也参与到**法**的整体进步的进

---

〔1〕　关于社会条款方面的辩论的整体介绍，参见 M. Servais, *Normes internationals du travail*, LGDJ, 2004, p. 17~27.

〔2〕　在国际劳工组织支持下、为讨论全球化下社会问题而建立的一个全球性委员会的名称。参见该委员会的报告 *Une mondialisation juste, Créer des oportunités pour tous*, Genève, BIT, 2004（http：//www.ilo.org/wscdg）.

程中。在此，我们想起，在对待**法**这一问题上，不同的态度造成了工人运动从一开始就出现的分离：一边是革命主义者，在**法**的问题上只看到它是资产阶级剥削的面具、并把**法**和国家的消亡作为自己的目标；另一边是改良主义者，相反地选择了将资产阶级的资源占为己有、并为了**法**的转变而进行抗争。革命派的选择，通过追求消灭掉阶级冲突的乌托邦世界，导向了共产主义实践。而改良派的选择，则导向了建立在对民法进行社会性阐释之上的福利国家的创立。这种社会性阐释是通过对一项权利的认可而成为可能的，即对**法**提出质疑的权利，这是福利国家最为创新和最为持久的经验。

315　　面对市场经济的"全球化"，当今，我们同样需要能够对经济之**法**进行人道的和社会性阐释的一些机制。与上述工人运动经历的不同之处在于，这种阐释不再能够在民族国家的支持下进行了，而应当在国际贸易的调节程序中给它留出一个位置。最简单的解决方法恐怕就是，允许到国际贸易组织去提交贸易争议的当事人，提出一个程序上的无管辖权例外的问题。这样，争议就应当被移送给一个专门的解决机构，一个在有相关管辖权的国际组织支持之下的机构（劳动和社会保障领域，就是国际劳工组织；关于文化事务，就是联合国教科文组织等）。这个机构可以根据其目的需要，引进国际贸易组织中那种体现国家代表性的调查技术，以确保涉及的不同文化之间的代表性的平衡问题。寻找这样的平衡，抑或解决在国际层面上最小的不平衡的问题，也需要承认贫穷国家在与富裕国家经济往来关系中享有一些特别行动权。

315　　实际上，社会历史的教训之一就是，为了平等得以真正存在，只是口头宣称平等是远远不够的。因为仅仅流于形式地宣称平等，在第一时间，只能服务于把最弱势的人所拥有的保护都剥夺了。历史需要用一个世纪的时间，以及社会经济权利的出现，才使雇主和工人的平等不再是证明一方对另一方的剥削，而是成为这以外的别的东西。当今，男女平等仍然是形式上的大于实质上的。欧盟法上的平等规定也主要是用来论证取消某些保护家庭生活免受职业生活侵犯的规则是有理由的，而不是将这些规则的好处延伸适用到男人。人们所宣称的富裕国家和贫穷国家之间的平等，只是用来证明一些国家对另一些国家的过分剥削是有理由的。只有当人们停止把个人和人民视为抽象的存在、并且考虑到人之为人的一些东西时，人们才赋予平等以非形式的有形存在。而忘记这些，同样地对待强者和弱者，就增加了让弱者加入到"平等"的敌对阵营的风险。

在涉及对待人权该采取的态度问题上，我们在南非德班已 316 经看到，当今，发展中国家正在经历一场和曾经记录过工业革命背景下关于工人运动方向的辩论属于同一类的辩论。一些国家毫不犹豫地超越了界限，宣扬一种种族主义的世界观；而另一些国家则相反地，主张发达国家承认对人权的服从、并承认他们也曾经违反了人权。这一主张的全部含义，对于过去而言，可以体现为要求欧洲和美国承认在贩卖、奴役和关押几百万非洲黑奴上负有责任。很难否认这是一种不受时效限制的反人类罪。同样不可否认的是，恐怖主义，以一种为了政治目的而有预谋地灭绝大众百姓这一含义上的理解，也曾经在西方一定范围内实施过、并使之理论化（从法国革命中的恐怖事件[1]到二战期间的广岛，中间还有遭纳粹轰炸的西班牙的格尔尼卡，以及联军对德国进行的"轰炸区"行动）。承认这些，或许可以使

---

〔1〕　关于现代国家的创立阶段，参见 P. Gueniffey, *La Politique de la Terreur. Essai sur la violence révolutionnaire*, Fayard, 2000.

我们着手进行一种阐释性的工作，并可能从中得出一个人人都接受的关于恐怖主义的法律定义，以保护我们免于遭受一场连敌人都没有界定清楚的"反恐战争"所带来的令人担忧的结果。

正是**法**——其诠释真实地向所有人开放的**法**的道路，才是应当被鼓励的，因为唯有它才可以使人类在其无限的多样性中，能够在将其联系在一起的那些价值之上和谐相处。它也意味着，发达国家要放弃时时处处将其观念强加给他人的做法，并且在人类叩问自身这项共同任务中，向他人学习。

译 后 记

不论是反思历史上发生的纳粹恐怖和极权体制所带给人类的灾难，还是预测未来科技日新月异发展可能给人类自身带来的灾难，为了避免人类因为自身的狂妄和非理性走向灾难或自我毁灭，人类必须思考人的理性的构建问题。阿兰·苏彼欧（Alain Supiot）教授在本书中阐释了西方社会关于人的理性的构建方式——使人成为法律人。

阿兰·苏彼欧教授认为构建人的理性，首先要回到人的构建根基上，即看到人存在的含义——西方的法律教义根基。在人的双重纬度的存在上，法的人类学功能，就在于把人的精神世界的无限性与人的物质世界（身体经验）的有限性结合起来，发挥禁止的功能——禁止人类坠入狂妄和非理性的陷阱。西方的历史已经反复证明了，否认人的构建上的双重存在，把人或看成纯粹的物质存在或看成纯粹的精神存在，都会给人类招致灾难。

作者在书中深刻反思了纳粹恐怖和极权体制对西方关于人的观念的破坏，指出西方虽然吸取了这些历史灾难的教训，但是，似乎很多当代人都遗忘了这些教训。作者分析了西方自现代社会以来，在根基性信仰上的各种衰退现象，例如：缺乏公共信仰，唯科学主义大行其道，科学偶像化，把科学规律视为最高真理；经济学规则成为意识形态畅行通途，人的观念上的物质性和精神性的统一被割裂，把社会生活的一切指向效用最大化的度量，或只把人视为是可计算、可程序化、可通信的"颗粒"，或只是看到人是一种纯粹的精神存在；在国家或社会层面，"治理"（governance）流行起来，代替正当权力的行使，实际上是用管理物的方式来代替对人的统治；"调整"模式被"调节"（regulation）模式所取代，人们只需要对收到的信息作出"回馈"即可，整个社会处于"网络"和"网络回馈"模式之下；合同主义成为主导人与人关系的意识形态；法律规范由此也不再需要价值内涵，而成为纯粹的技术规范；技术的发展使得劳动可以"无处不在"，劳动的物化现象加剧等。作者在全面分析各种衰退现象的同时一针见血地指出，上述种种缺乏理性做法的最大危害，在于促使社会变成由装备了一系列个人权利的"颗粒"般存在的、以竞争为唯一法则的无数个人组合，同时它也引导着人们走向突破生命的生物学限制（性别、衰老和死亡）的人的全面解放的梦想，而让人在这样的过程中越来越丢掉人之为人、生命起源、人的代际链条、人与人相处的本源及其含义，丢掉了保障人身份和话语的"第三方"（以前是上帝后来是国家）：万物皆有定期，但是，在科学大旗下，人类渴望突破自己的"定期"。在书的最后，对于重建人与人的社会联结，作者提出，在全球化背景下，既要重建国际范围的社会互助，又要从民事连带责任角度追究责任者的法律责任；在技术使人能"无时不在"工作的背景下，要发挥法的禁止功能，使未来技术发展可以服务于实现符合人道要求的劳动的目标。对于人类社会的文明冲突，作者建议，把人权作为人类的共同资源，开放在人权上的对话和谈判，尊重不同国家和不同文明对人权的诠释，西方要摒弃把自己的价值观强加给他人的做法，同时建立解决人权冲突的国际机制。

这本书是阿兰·苏彼欧（Alain Supiot）教授于 2005 年发表于巴黎 Seuil 出版社的专著。阿兰·苏彼欧教授是法国著名法学家，法兰西学院教授，法国研究院教授，国际劳工组织劳动法专家。该书内容深刻，触及人的生命和人类命运的思考。该书关于西方近年来科技、法律、政府治理、人权方面的历史考察、分析反思和批评建议，对于我们东方人也具有深刻的启发意义。虽然出版时间距今十几年了，但是，作者反思和批评的西方社会出现的问题和现象，目前仍然存在。所以，本书的分析和观点仍然具有很强的针对性和针砭时弊的作用。在我们把经济发展摆在第一位并且已经取得全球瞩目的经济成就的背景下、在我们把科学技术作为第一生产力的国策下，在我国 2018 年下半年出现基因编辑婴儿出生事件时，我们需要思考，科学的目的是什么？科学的边界在哪里？科学来自哪里？对科学应抱有的态度是什么？为什么我们在历史上物质强大时没有发展科学？作为法律人，需要思考法的含义是什么？法的功能是什么？法与正义是什么关系？法与技术是什么关系？法律怎样真正服务于正义？本书为我们廓清了很多认知上的盲区和误区，有益于我们进一步思考这些问题。

译者 2014 年初在法国南特高等研究院短暂停留期间，和作者表达了翻译该书的愿望。但是由于颈椎病的长期困扰，造成经常头痛、精力有限，翻译基本上搁置了起来。2016 年底得到中国政法大学出版社和法国驻华大使馆的支持，才全面着手翻译，期间跨越三年的翻译过程之艰难和漫长，是当初决定翻译之时未曾料想到的。可以说，连续三年的教学和治疗颈椎之余的时间都投入到了这个翻译之中，还常常不得不向催稿的出版社致歉。一方面，是因为该书的内容比较难翻译，涉及哲学、法理和历史等学科知识，作者学术研究涉猎广泛，常有大段的多学科引文，涉及结构主义、语言学分析、透视法和社会学等领域；另一方面，因为译者本人长期受到颈椎病引起的头痛困扰，经常不得不停下来治疗头痛，这很影响思绪的连贯性，时间就花得多。常言道，作者写作是"孕育"作品的过程，翻译作品何尝不是一样呢，只是所"孕育"的对象不同而已，只要没有彻底译完，这个任务如同阿兰·苏彼欧教授在书中描述的一种异域文化的"面具"一样"粘"在脸上，进退不能，着实不爽。只有交上自己认为完美的译作，身心才觉爽快呢。

巴黎一大留法博士、现在德国马普研究院工作的贺林欣研究员专门花费了一段时间对翻译全文进行了通读和修改，改正了多处错误，译者在此向贺林欣表示衷心的感谢！译者非常感谢当年人大法学院在校研究生刘硕、李长春、马铂程和年轻人苏聪聪，很有耐心地把译者的手写稿输入到电脑中，并录入了原书的外文脚注。中国政法大学张莉教授和中国政法大学出版社马旭老师对本书翻译过程的支持和理解，以及编辑路冉女士为使封面和文字编排达到最佳效果而付出的细心和不厌其烦，译者都心存感恩之情。最后，译者特别感恩法国驻华大使馆和法国 Seuil 出版社的积极努力，促成了本书的翻译出版。

由于译者法语水平、知识结构和翻译能力有限，翻译中如有不当或错误，敬请作者和读者谅解和批评指正，本人提前致谢。

译者：郑爱青

2019 年 8 月 30 日于人大明德法学楼